JN194767

拓殖大学研究叢書（社会科学）50

消費税の転嫁と帰着

2014年増税が物価に与えた影響

Pass-Through in Value Added Tax :
Evidence from the Japanese Consumption Tax

白石 浩介 著

税務経理協会

はしがき

　日本の消費税は 1989 年に税率 3 ％で創設されたので，すでに 30 年近くの歴史を有している。その間に税率の引き上げが断続的に実施されてきたが，そのたびに時の政権を揺るがすほどの大きな政策論争を引き起こしてきた。日本の消費税は課税ベースが広く，ほぼすべての商品に課税される。日々の購入に際して受け取るレシートには税額が記載され，国民はその負担を意識せざるを得ない。しかし，世論の関心が高く一般になじみがある消費税であるが，その詳細については理解不足が見受けられる。非課税品の存在や仕入れ税額控除のしくみといった，ごく基本的なことであっても意外と知らない人が多い。とくに学生諸君や社会人生活をスタートしたばかりの若い人たちに訴えたいが，消費税の基本を知らないと就職先での経理で立ち往生したり，これから到来する消費税率 10 ％時代において，税をめぐる政策論議が理解できない。このギャップを少しでも埋めることが，本書における一番目のねらいである。

　本書の二番目のねらいは，これまでに筆者が行ってきた研究成果を紹介することにより，消費税が及ぼす経済的影響について読者とともに考えることである。消費税に関しては，納税事務を担当する企業人向けの解説書が多く出版されている。法人税に比べると消費税のしくみは簡単とされるが，それでも解釈上の争点があるので租税法の研究論文は多い。そして政治学の分野においては，消費税をめぐる与野党の攻防は格好の研究対象となってきた。一方，経済学とその一分野である財政学においては，消費税の研究はどちらかというと低調である。簡単であることが問題がないことと見なされたからである。しかし，消費税率の引き上げが将来にわたって続けば価格へのインパクトは益々大きくなるし，軽減税率のような複雑なしくみが導入されると，税が引き起こす経済効率性の阻害といった問題がないとは言い切れない。これらは経済学が取り組むべきテーマである。本書では消費税が物価に与える影響について取り上げている。とりわけ 2014 年における消費税率 8 ％への引き上げ時に焦点を当て，税が食料品などの価格形成に及ぼした影響について複数のデータ資料を駆使することにより解明を試みている。

第 1 章「日本の消費税」は，消費税のしくみに関する早わかり解説である。「消費税」と呼称されながら，産業機械のように消費財でない製品にまで消費税が課せられるのはなぜか，そして税の負担はどのようにして消費者に帰着するのか。これらの疑問は消費税における転嫁メカニズムに関連しており，第 1 章では，消費税のしくみを転嫁と帰着という観点から説明することにした。ここで政府による転嫁対策の役割や新たに導入される軽減税率について詳しく解説をしている。反対論が少なくない軽減税率であるが，日本でそれが支持された背景には，21 世紀になって浮上した先進国における所得格差の問題があることなどを指摘した。さらに消費税の歴史についても振り返っている。財政再建の必要性が叫ばれつつ，日本において消費増税が遅れてしまった原因を知っておくと，将来の政策議論に役に立つと思われるからである。

　第 2 章「消費税の経済理論」では，租税の経済学について説明した。課税により供給曲線が上方にシフトし，そこで税が生産者と消費者の両方に帰着するというのは入門レベルのミクロ経済学の話である。日本の消費増税については，すべての価格が一斉に上昇するから，価格への影響は実質的にはないとされてきた。しかし，実際には消費増税に伴う商品価格の変化が大きな注目を集めている。本書では市場が不完全競争の状態にあると企業が価格支配力を有しているから，価格転嫁の程度に差異が生じるという考え方を紹介した。続いて，望ましい消費税のあり方を検討する最適課税の理論について解説をした。理論的な支柱があったからこそ，1970 年代以降の世界各国において消費税の導入が速やかに進んだのであるが，最適課税の理論には切れ味が悪い面があって課税根拠をめぐる議論に混乱を招いている。これらの概要を紹介した。

　第 3 章「消費者物価指数にみる消費税の転嫁」は，消費者物価指数（CPI）を用いた 2014 年増税に関する研究である。CPI データを詳しく調べたところ，総合指数レベルでは完全転嫁であったが，その基本分類である 456 品目においては税の転嫁には差異があることがわかった。さらに時系列モデルという統計手法によって解析したところ，5 月以降における過小転嫁といった時間的なズレの存在を確認した。これまで税の転嫁については CPI が参照されてきたが，総合指数レベルでの分析に留まり，そのため日本では消費税が完全転嫁されていると判断された点を指摘した。

　第4章「Point-of-Sale（POS）データにみる消費税の転嫁」は，同じく 2014 年増税に関する研究であるが，POS 価格という CPI とは異なる価格データを用いたものである。CPI には価格が 7 日間以上続いたものという条件があり，一方，POS 価格はスーパーの店頭における日々の価格を集計しているので実勢価格に近い。POS 価格によると税の転嫁は品目別にばらつきが生じており，この違いには市場集中度やコスト構造といった生産者側の要因が影響していることがわかった。ここでの研究は主に食料品目を対象としたが，同じ食料品目のなかでも転嫁の程度に差異が生じることは，不完全競争の状態にある市場に差異があり，そのため税の過剰転嫁や過小転嫁が起こることを意味する。軽減税率が当初のねらいどおりの分配効果を実現できるかはわからないのである。

　第5章「マイクロデータにみる消費税の転嫁」は，日次 POS 価格を用いた税の転嫁に関する研究である。ここでは食パン製品という単一商品を取り上げたが，日次データであるという特性を活かして定価と特売価格の推移を調べた。これより増税直後には税の転嫁が進んだものの，その後は過小転嫁に転じたこと，定価よりも特売価格において税の転嫁が調整されることなどがわかった。増税前後の駆け込み需要により数量が変化することは，従来から知られてきたが，価格の乱高下という現象を明らかにしたことは，わが国では本研究が初めてであると思われる。スーパーは定価と特売価格，その引き下げ幅，価格の持続日数といった複数の方法を用いており，消費税の転嫁の形態は想像以上に複雑であることがわかった。増税時の価格の動きについては，より細かな注視が求められている。

　第6章「産業連関分析にみる消費税の転嫁」では，取引段階を経て税が累増していくという消費税の性質について検討した。日本の実際データを用いて，完全転嫁ケースにおける食料品などの税の累増を推計したところ，製造と販売のバリューチェーンのうち下流部分において転嫁される消費税の割合が高いことがわかった。このことはスーパー店頭における転嫁の性質が，その商品における転嫁の傾向の大部分を説明しており，したがって，前章までの分析結果が有効であることを示唆している。また，産業間の中間取引のどこで税が転嫁されているかを特定化するユニット・ストラクチャーの推計手法を紹介したうえで，食料品などでも幅広い上流工程が存在していることを明らかにした。公正取引の観点から幅広い商取引に目を

配り，そこで転嫁対策を講じることの重要性を確認した。

本書は，筆者が名古屋市立大学大学院経済学研究科に提出した博士論文とその後に執筆した論文をもとにしている。同大学院の博士課程には早期履修かつ夜間授業を中心とするコースが用意されており，筆者のような社会人かつ遠距離通学者には誠に有り難いものであった。教員層が厚い公立大学はさすがだと感服した次第である。熱心なご指導を頂いた森田雄一，澤野孝一朗，山本陽子の3先生には厚く御礼を申し上げたい。こちらとしては大助かりであるが，3先生におかれては大学の教員を相手に研究を指導していくのだから，戸惑うことが多かったと思う。

また，本書の各章は日本経済学会，日本財政学会ほかにおいて，これまで筆者が報告し，あるいは論文投稿をしたものである。コメントを寄せてくださった木村文勝，栗林隆，滋野由紀子，鈴木善充，玉岡雅之，藤川清史，宮崎毅，望月正光，吉田浩の諸先生と匿名レフェリーの皆様に感謝の意を表したい。会社員生活が長かった筆者には知己が少ないから，学会での報告は貴重な機会であり，数多くの得難いコメントを頂くことができた。また，本書では触れていないが筆者には以前，家計データを用いて税の負担を研究した経験があり，その際には高山憲之先生のご指導を仰ぐことができた。この場を借りて御礼を申し上げる。そこでの積み残し課題が本研究の出発点となっている。

本書の出版に際しては，筆者の勤務先である拓殖大学から出版助成を頂くことができた。出版助成に留まらず，日頃から素晴らしい研究環境を提供してくださる拓殖大学と拓殖大学政経学部における同僚の先生方に謝辞を申し上げたい。とりわけ浜口裕子，高橋智彦，岡崎哲郎，宮下量久の4先生からのご厚情に改めて感謝をしたい。先生方の真摯な研究姿勢を目にすると，筆者のような者でも背筋を伸ばさざるを得ない。

税務経理協会の小林規明氏におかれては本書の出版を引き受けてくださったばかりでなく，多くの相談に乗ってくださり感謝の言葉もない。専門書だからこそ一般読者を念頭におくべきであること，そのためには第1章と第2章の書下ろしが必要であること，さらに第3章以降についても全面的な見直しが必要であることのご指摘を頂いた。こうして完成したのが本書であり，誤りのすべては筆者に責があるこ

とは言うまでもないが，大方の叱正を仰ぐことができれば幸いである。

　最後に恐縮ながら私事について述べさせて頂きたい。私の母は60年ほど前に名古屋市立女子短期大学を卒業している。この大学は後に名古屋市立大学と統合したから，私は後輩になったわけである。博士課程に入学した際にこの事実を告げようかと思ったが，早期履修なのだから修了してからでよいだろうとそのままにした。しかし，その1年の間に母は急死してしまったのである。そこで本書を亡き母，白石節子の墓前に捧げたいと思う。

（付記）

　本書は2019年前半に執筆した。消費税率の8％から10％への引き上げは2019年10月とされたが不確定要素が残っている。そこで本書では増税の時期について断定をしていない。読者におかれては，ご諒解を願いたい。

2019年5月
新緑の茗荷谷キャンパスにて
白石　浩介

目　　次

第 I 部　　消費税の現状と経済理論

　4　モデルの推定方法と記述統計量 ————————————— 139

　　4.1　推定モデル　139

　　4.2　記述統計量　141

　5　推定結果 ——————————————————————— 143

　6　まとめ ——————————————————————— 146

第 5 章　マイクロデータに見る消費税の転嫁 ————————— 149

　1　はじめに —————————————————————— 149

　2　先行研究 —————————————————————— 150

　　2.1　日本の実証研究　150

　　2.2　諸外国では増税の影響についても研究　151

　3　データ分析 ― 食パン価格はどのように推移したのか ———— 152

　　3.1　使用データ　152

　　3.2　2014 年 4 月における価格変動　156

　4　モデル推定 ― 生存時間解析とクロスセクション推定 ————— 166

　　4.1　生存率曲線に関するログランク検定　166

　　4.2　Cox 比例ハザードモデルの推定　170

　　4.3　定価からの引き下げ幅に関するクロスセクション推定　172

　5　まとめ —————————————————————— 176

　　【参考】しょう油，乾めん，牛乳パックにおける転嫁状況　179

第 6 章　産業連関分析に見る消費税の転嫁 ————————— 183

　1　はじめに —————————————————————— 183

　2　先行研究 ― 産業連関分析の考え方 ——————————— 184

　　2.1　価格決定モデルの基本式　184

　　2.2　先行研究のサーベイ　186

　3　推計モデルの構築 ————————————————— 192

　　3.1　消費税転嫁の価格モデル　192

　　3.2　消費税転嫁の産業別分解　198

　　3.3　消費税転嫁のバリューチェーン　201

　4　使用データ ― 総務省 2011 年表 ——————————— 203

消費税の現状と経済理論

第 1 章

日本の消費税

1 消費税のしくみ ― 転嫁を中心とする早わかり解説

1.1 税とは何か

　税とは，政府が公共財や公共サービスを提供する費用を，国民から徴収する対価性がない支払いのことである。所得税，消費税，法人税などがわが国における代表的な税であるが，個人や企業によるこれらの税の負担と，政府が提供する公共サービスの受益との間には直接的な関係はなく，政府活動を賄うための財源の調達を主たる目的として国民から税が徴収されている。税の負担という側面だけを見れば，これは国民から政府に向けて強制的に資金を移転するものであるが，民主主義国家においては恣意的な徴税が認められることはないので，国民の代表から構成される議会が定めた法律に従って課税が行われている。本書が研究対象とする消費税に関しては，日本では消費税法という国の法律においてそのしくみが定められている。

　法律に規定されているからといって，税の徴収が無条件に許される訳ではない。法律に定めた税が，望ましい税としての基準を満たしているからこそ課税が認められる。この望ましい税に求められる基準のことを租税原則という。よく知られる租税原則は，公平性，中立性，簡素性の3つである。大学の講義科目のうち「租税論」や「財政学」では，その講義の冒頭において租税原則が解説されることが多いが，これは税の設計において租税原則から課税の適否を判断することの重要性を反映したものである。しかし，本書が明らかにするとおり，租税原則をめぐっては学説の間に対立があり，すべての基準を満足する税を探し出すことは困難である。そのため日本や諸外国では，租税原則のそれぞれに対応した税を用意することにより，多くの税をまとめると全体として望ましい税体系が国民に提供されるしくみになって

いる。

　課税対象（課税ベースという）をもとに税を区分すると，ⅰ）所得課税：所得税や法人税といった人々の所得を課税ベースとするもの，ⅱ）消費課税：酒税や揮発油税（ガソリン税）といった消費額を課税ベースとするもの，ⅲ）資産課税：相続税や固定資産税といった保有する資産を課税ベースとするもの，という３つのタイプに分けられる。ⅱ）消費課税タイプについては，さらにⅱ-1）個別消費税：特定の財だけを課税ベースとする消費課税，ⅱ-2）一般消費税：多くの財・サービスを課税ベースとする消費課税に分けられる。消費税は家計や個人が支出する消費額を課税ベースとしており，そこでは特定の財に留まらず幅広い種類の財やサービスを対象としているからⅱ-2）一般消費税のタイプに属する[1]。

　国と地方の税収合計は約 100 兆円（2017 年度当初予算）であり，数え方にもよるが国税，地方税（道府県税，市町村税）を合わせると 40 個くらいの税が日本にはある。税収額が多いものとしては，所得税（国税）18 兆円，法人税（国税）12 兆円，消費税（国税）17 兆円，住民税（地方税）16 兆円，固定資産税 9 兆円（地方税），事業税（地方税）4.6 兆円，地方消費税（地方税）4.6 兆円がある。消費税率は 8 ％とされるが，これは正確には国税である消費税（税率 6.3 ％）と地方税である地方消費税（同 1.7 ％）を合わせたものである[2]。両者の合計は 22 兆円弱であり，日本の税収合計の 20 ％に達しており，消費税はかなりの税収規模にあることがわかる。

1.2　納税義務者

■　消費税の納税義務者は企業である

　日本の消費税はほぼすべての商品（財とサービス）を対象としており，価格に消費税額を上乗せすることから税を調達するともに，その最終的な負担を消費者に求めるものである。ここからは消費税のしくみについて詳しく見ていくことにしたい。

1　経済学の立場から消費課税について解説したものとしては宮島編（2003）が参考になる。知念（1995）はわが国で消費税を取り上げた初期の研究である。
2　税率が 10 ％に引き上げられると，消費税率 7.8 ％，地方消費税率 2.2 ％が内訳となる。軽減税率 8 ％については消費税率 6.24 ％，地方消費税率 1.76 ％である。

まず，消費税法では，消費税の納税義務が事業者（企業）にあると定めている[3]。消費税の納税義務者は企業とされており，この点は消費税のしくみを考える上で大変に重要である。

　消費税を最終的に負担するのは商品を購入した消費者（家計）とされるが，実際に消費税を納税するのは，その商品を販売した企業である。先に見た ii ）消費課税タイプは，課税ベースに基づく分類であり，その税を誰が負担するかについては何ら言及していない。ある税の納税義務者が，同時に負担者になることは必ずしも保証されておらず，税のなかには納税義務者と負担者が異なる場合がある。これは消費税に限った話ではなく，酒税，たばこ税，ガソリン税といった消費課税の多くでは，税を負担する者と納税義務者が異なっている。なぜ，このような違いがあるのだろうか。

　消費税は，消費支出の背後に存在する家計や個人における経済力に税を負担できる能力（担税力という）を見い出したものであり，商品を販売する企業の営業行為に担税力を求めるものではない。それならば消費者から税を直接に徴収すればよいわけであるが，これは実務的には困難である。消費者が小売店の店頭において商品を購入する際に，購入代金を小売店に支払う一方で，税を直接負担するためには，店頭に控えた税務署員に支払うというしくみが必要になるからだ。全国すべての店頭に税務署員を配置することは非現実的である。あるいは消費者が購入額を控えておき，後日にまとめて消費税を申告納税するといったしくみが考えられるが，正直に申告する人はごく限られるに違いない。消費者は自らの消費額を正確に知っているのは，自分だけであることを知っているから，過少申告しても，さらには消費税を全く納税しなくても，税務署はそれを捕捉することはできないからである。

　そのため消費税をはじめとする消費課税では，納税義務者を購入者側の消費者で

3　日本の法令はインターネット上の「e-Gov（電子政府の総合窓口）」において調べることができる。消費税法，消費税法施行令（内閣による政令），消費税法施行規則（旧大蔵省による省令），消費税の円滑かつ適正な転嫁の確保のための消費税の転嫁を阻害する行為の是正等に関する特別措置法（いわゆる消費税転嫁対策特別措置法）などの詳細がわかる。消費税のうち地方消費税については，地方税法に規定されている。また，法令の条文が難しい場合には，国税庁ホームページの「タックスアンサー」を参照するとよい。消費税のしくみを解説している。

はなく，販売者側の企業としている。全国の消費者の人数に比べると企業数ははるかに少なく，個人に比べると企業は，売上伝票，領収証といった個別取引に関する証拠書類や，それらをまとめた売上高帳簿を整えているので，消費税の課税ベースである取引動向を把握することが容易である[4]。そして，企業には自社の販売価格に，消費税分を上乗せすることを認めるのである。これを「税の転嫁」と呼び，転嫁された税を消費者が負担することを「税の帰着」という。

■ 完全転嫁を法律で保証できない理由

このように消費税とは企業を納税義務者としつつ，税の転嫁を前提とするしくみである。そして，ここが本書における問題意識であるが，実は消費税を転嫁することは保証されたものではない。もちろん消費税法は，企業の税抜き価格に税率分の消費税を上乗せし，そこから後述する仕入れ税額控除を差し引いた部分を納税することを定めている。その際に異なる税率を適用することは明らかに違法である。しかし，消費税を上乗せする前の税抜き価格の設定は，企業の裁量の範囲とされているので，税込み価格の上昇が引き起こす販売不振を懸念する企業が，税抜き価格を引き下げることは，実際によく発生するのである。ここで消費税があるケースとないケースを比較すると，消費税があるケースでは，価格の引き下げという形により税の一部を企業側が負担していることになる。つまり消費税のすべてが消費者に転嫁されていないのである。これを過小転嫁という。研究者のなかには，税制が完全転嫁を保証していないことを理由として，消費税というしくみにおいて，消費者が税を負担していると考えることは虚構に近いと主張する者すらいる。

それでは，なぜ消費税制は完全転嫁を保証しないのだろうか。それは，日本が自由主義経済を信奉する国だからである。市場メカニズムが機能するなかで，需要と供給の相互作用から決められた市場価格こそが，社会全体の資源の最適配分を実現することができる[5]。社会主義体制のように政府が価格を統制すると，むしろ社会

4　2016年度に消費税を申告納税した企業数は，個人事業者110万社，法人企業190万社の合計300万社であった。国税庁「平成28年度統計年報」を参照。
5　経済学のうちミクロ経済学が，無政府的な市場競争が社会全体の資源配分を効率的に実現することを明らかにしている。

の厚生水準を低下させてしまうと経済学は教える。商品の価格設定における裁量性は，自由主義経済において望ましいものとされ，企業の経営権の根幹のひとつであると見なされているから，政府がそれに介入することは許されないのである。消費税法において政府ができることは，価格設定の自由を企業に任せつつ，そのうちの税率分の増税義務を課すことだけである。

1.3　仕入れ税額控除

■　仕入れ税額控除のしくみ

　消費税における転嫁と帰着が，なかなかの難題であることがわかった。実際の税制においては，商品の取引において完全転嫁が実現することを前提としつつ，その時には消費税のすべてが消費者に帰着するしくみが用意されている。そのための工夫のひとつが仕入れ税額控除である。

　仕入れ税額控除とは，納税義務者である企業のための計算ルールである。企業が販売価格に上乗せする消費税のことを，顧客から受け取りつつも本来は企業の収入ではなく，いずれは税務署に納付するという性格に着目して「預り消費税」という。企業は預り消費税の全額を納付することはない。全額ではない理由は，それでは多すぎるからである。販売する商品のすべてを自社で内製している企業はまれであり，多くの企業では自社での製造販売に要する原材料などを外部から購入している。これらの仕入れには消費税が上乗せされており，これを「支払い消費税」という。企業は消費税の負担者ではないから，支払い消費税については何らかの方法によって返金しなくてはならない。そこで消費税の計算に際しては，（預り消費税－支払い消費税）という算式により，企業内の会計において納税額を調整するのである。企業からみると顧客から受け取った預り消費税から，今のところ自社が負担している支払い消費税を除外すれば，上記の問題が解決できる。このようにして納税額を減算するしくみを「仕入れ税額控除」と呼ぶ。

　仕入れ税額控除によって企業ごとに確定される消費税は，それぞれの企業が商品の生産販売において新たに追加した付加価値に対応したものである点に注意されたい。付加価値と消費税の関係について説明をしておく。企業は外部から原材料や部品を仕入れて，これに自社が雇用する労働（従業員が働くこと）と資本（建物や機

械といった実物資産を稼働させること）を投入することにより，新しい商品を生産している。ここで企業が追加した新しい価値が付加価値であり，そのもとになっているのは本源的生産要素とされる労働と資本である。消費税の計算方法である（預り消費税−支払い消費税）は，預り消費税が売上高，支払い消費税が仕入れ品に対応しているから，（売上高−仕入額）×消費税率という計算式に書き換えることができる。ここで（売上高−仕入額＝付加価値）だから，企業の納税義務額とは，つまりは企業の付加価値額に消費税率を乗じたものになっていることが見て取れる。日本の消費税は，諸外国では付加価値税と呼ばれることが多く，本書においても，これから付加価値税という言葉を用いることがあるが，これは消費税が税額の計算において，見方を変えると付加価値額を課税ベースとするものだからである[6]。

■ 仕入れ税額控除のメリット

　仕入れ税額控除のしくみには，以下のような3つのメリットがある。第1のメリットは，消費税における企業負担を排除し，これを最終消費者（家計）の負担に転嫁する点である。仕入れ税額控除を通して確定した消費税は，販売価格に上乗せされるので，納税義務者である企業が税の負担者となることはない。そして，商品の最終購入者である消費者は，消費税を転嫁することができないので，最終消費者に税が帰着するのである。ここで消費税法においては，課税品の売上実績がないと仕入れ税額控除ができないとしている。つまり，商品を誰かに販売しなくては消費税を取り戻すことができない。単に商品を購入しただけの消費者は，販売実績がないので仕入れ税額控除の適用を受けることはできず，そのため税の負担者となる。

　第2のメリットは，納税を分散させることである。ある商品が原材料，部品，最終商品，卸売店，小売店といった製造販売の段階を経て，最終消費者に至る経路をバリューチェーンという。このような商品の形成に関与したバリューチェーンの各段階において，それぞれの企業が付加価値に応じて消費税を納税し，税額が少しずつ累増していくのが消費税の特徴である。税務当局からみると，一度にすべてを徴

6　日本の消費税の英語表記は Japanese Consumption Tax である。付加価値税は VAT，Value Added Tax であるが，諸外国のうち英語圏では，財及びサービス税，GST, Goods and Services Tax と呼ばれることが多い。いずれも日本の消費税と同一タイプのものである。

税できないという難点はあるものの，税源が分散されているので全く徴税ができないというリスクを回避できる。

　第3のメリットは，税の累増（tax on tax）を防ぐ点である。もし，仕入れ税額控除のしくみがなかったならば，取引段階を経るごとに消費税を蓄積してしまう。付加価値税を世界に先駆けて導入した欧州諸国において，1970年代以降に税の普及が速やかに進んだ理由は，それまでの売上高税や取引高税においては仕入れ税額控除が認められておらず，税の累増に苦しんでいた企業が，付加価値税の導入を積極的に支持したという背景がある。税の累増は，とりわけ中小企業において競争上の不利をもたらす。税の累増を防ぐためには，他社からの仕入れ額を節約すればよいが，そのためには生産販売の工程を内製化する必要がある。しかし，これは経営規模が大きな企業にだけできることである。仕入れ税額控除により税の累増が防げる点は，それまでの売上高税にはない消費税の優位性となっている。

　ただし，仕入れ税額控除のしくみにも批判があるので言及をしておく。初学者がなかなか理解できないのは，家計が消費税を負担しているのに，なぜ，企業向けの製品や原材料だけを扱う企業が消費税の納税義務者になっているのか，という点である。すでに述べたとおり，仕入れ税額控除のしくみにより消費税の負担は，最終的には消費者に転嫁されるというのがこの疑問への回答である。しかし，仕入れ税額控除により，消費税の徴税と事実上の払戻しを繰り返すならば，わざわざ中間製品にまで納税義務を課さなくても，最終商品だけに課税した方が簡素だろうという批判には説得力がある。つまり見方を変えれば，消費税の優位性は煩雑性にもなっている。商品を購入したのが企業ではなく消費者であることを確実に確認できるならば，バリューチェーンの最終段階だけに税を課す売上税の方が優れている[7]。

1.4　課税対象—国内品，輸入品，輸出品の扱い

■　消費税における課税対象の定義

　消費税法では，消費税の課税対象を「国内において事業者が行う資産の譲渡等」と「輸入する外国貨物」としている。消費支出に担税力を見出す消費税だが，法

7　仕入れ税額控除をめぐる論点は多い。さらに知りたい読者は西山（2017）を参照されたい。

律においては，企業を納税義務者としているので，課税対象は企業における販売行為（つまり供給サイド）としている。消費課税でありながら納税するのは企業であるという消費税の性格が，ここでもやっかいな問題を引き起こしている。結論を先取りすると，輸入品を販売する企業は海外に立地するから徴税が難しく，国内取引とは別の方法が要請されている。そして，輸出品には課税されないから，これを輸出税額控除というしくみにより還付している。

　まず，消費税の課税標準について説明する。課税標準とは課税額を測る基準のことであり，消費税では「課税資産の譲渡等の対価の額」と「輸入の際の引取価額」とされており，取引金額が税額算出のもとになっている。円単位の金額を基準とすることは当たり前のように思われるかも知れないが，法律では正確を期している。なお，酒税では1キロリットル当たり，たばこ税では千本当たりといったように金額ではなく容量が課税標準となっている税がある。金額が課税標準となることは，それほど普通のことではない。

■　輸入品の扱い

　課税対象に関する規定は，消費税の徴税権が及ぶ空間的な範囲を示している。消費税の課税対象を国内において成立した取引と，海外から国内に受け入れた輸入取引に留め，これに輸出を含めないということは，日本国内で販売される商品を課税対象として，国外に販売されたものは課税対象としないことを意味する。消費税における消費課税という性質に基づけば，国内における消費が対象となり，外国で消費されるものには課税できない。これを，消費税に関する仕向地主義（消費地課税主義）という。仕向け地主義は，所得税や法人税における源泉地主義（所得が発生した場所をもとに課税を判断する）とは異なる点に注意が必要である。所得税や法人税は，所得課税なので国内で発生した所得や利益ならば，それが輸出品の製造のためであっても，日本での課税対象となるが，消費税は消費行為に着目しているので，そうとはならないのである。なお，消費税における仕向地主義は，日本を含めた付加価値税の導入国に共通しており，国際標準（グローバル・スタンダード）となっている。この点も日本の消費税が仕向け地主義を採用していることの理由のひとつである。

　輸入品への課税は，消費課税という性格から見れば当然であるが，問題はどこで課税するかという点である。税が累増していく消費税では，取引段階ごとに課税しなくてならないので，輸入品については国境を越えた段階で，その譲渡を受けた輸入業者を消費税の納税義務者にしている。納税義務者は外国の企業ではなく，輸入品を購入した日本の企業である。つまり，国内品では納税義務者は売り手であるが，輸入品では納税義務者は買い手とされているのである。そのため消費税法では課税対象について，わざわざ「輸入する外国貨物」と別掲している。それではなぜ，国内品のように売り手を納税義務者にできないのであろうか。この理由は 2 つあり，第 1 に，日本の消費税を外国に居住する企業から徴収することが難しいこと，第 2 に，輸入品が通過する国境ポイントが物理的に限られているので，その捕捉が容易であること，といういずれも技術的な理由による。ただし，ネット上だけで利用されるデジタル製品やサービス製品のなかには，それが国内で消費されたと判定することが難しいものがある。このようなケースでは，買い手を納税義務者とする規定が課税をむしろ難しくしている面がある。

　現在の日本では，輸入品に課せられる消費税が 6 兆円に達しており[8]，消費税収の 3 分の 1 は輸入段階で徴税されている。もともと原油をはじめとする鉱産物の輸入が日本では多かったが，グローバル経済の進展により，様々な財やサービスの輸入が増えており，輸入品に由来する消費税が増加しているので，輸入をめぐる消費税の課税問題は，これから重要性を増すことが予想されるテーマである。

▣　輸出税額控除の考え方

　消費税における仕向け地主義に関しては，輸出税額控除という重要なしくみを生み出しており，このしくみについても理解しておく必要がある。輸出税額控除とは，輸出企業が商品の製造販売のために用いた仕入れ品にかかわる支払い消費税を，政府から還付してもらうしくみである。消費税では，商品のバリューチェーンを経て徐々に税が累増して，その負担が最終的には消費者に帰着するが，消費者が国外に

8　よく引用される「4〜5 兆円」という数字には地方消費税が含まれておらず，これを合わせると輸入段階での課税額は 6 兆円をこえる。

いて商品が輸出された場合には，日本の徴税権が及ばないので税の負担を求めることができない。そこで輸出業者には消費税を課さない。しかし，輸出業者からみると，支払い消費税が販売先に転嫁できないので，このままでは自己負担になってしまう。そこで支払い消費税を輸出段階で還付するのである。国内品における仕入れ税額控除に似たしくみと考えればわかりやすいが，輸出税額控除では，輸出企業には差し引きでプラスの還付金が発生する点において，かなり様相が異なる。国内品については，販売額が仕入れ額を上回るので，税務署から見れば預り消費税が支払い消費税を上回っており，企業からプラスの消費税を徴収することができる。しかし，輸出品については，企業の預り消費税がゼロなので，輸出税額控除のしくみにより支払い消費税の分だけマイナスとなり，むしろ企業側に還付金を支払うケースが一般的となる。これが問題の火種となる。

▨　輸出税額控除をめぐる話題

　輸出税額控除をめぐる話題のいくつかを紹介しておく。第1に，輸出税額控除とは輸出企業に対して，税の還付という形で資金を与えているから，これは輸出補助金に該当する。輸出補助金は国際貿易ルールにおいては禁止事項だ。しかし，WTO（世界貿易機構）では，付加価値税に伴う輸出税額控除の制度については，輸出補助金に関する禁止行為の適用除外としている。つまり特例として認めているのである。これは付加価値税が世界中のほとんどの国で導入済みであり，各国における課税と貿易活動の両立を図るために講じられた措置である。輸出税額控除が認められなかったら，輸出企業は仕入れに係る消費税を自己負担することになるので，輸出活動を減らすことを考えてしまう。しかし，消費税を上乗せして輸出したならば，国内における消費活動だけに消費税を帰着させるという目的からは逸脱してしまう。この問題を回避するためには，輸出税額控除を国際貿易ルールに組み込むしかない。

　このような対応策は，付加価値税がない国から見れば不公平なものであり，アメリカのトランプ政権が問題視したのは，まさにこの点であった。アメリカでは，州税において最終製品だけに課税する売上税が広く普及しているが付加価値税はない。そのためアメリカの輸出企業には仕入れに伴った売上税が還付されない。しかも相

手国のほとんどでは付加価値税が導入されているから，アメリカに輸入される製品は輸出税額控除の分だけ価格競争力を増している。さらに貿易自由化によって各国間の関税が引き下げられたといっても，アメリカからの輸出品には相手国において付加価値税が課せられるから，思うような価格が提示できない。トランプ政権はこれを法人税の改革によって解決しようとしたが難しかったようである。

　第2に，輸出税額控除が適用されるのは，輸出企業に限られるという点である。輸出企業には事業規模が大きな企業が多く，それらが多額の還付金を受け取ることを問題視する向きがある。もし消費税がバリューチェーンの各段階において正確に転嫁されているならば，この批判は筋違いである。しかし，輸出企業が仕入れ先に過小転嫁を強いて仕入れ価格を低めに誘導する一方で，その消費税を輸出税額控除という形で得たとする。どうせ還付されるのだから，あるいは少なくとも日本の消費税率の多寡が輸出品の価格に影響することはないのだから，税抜き価格を引き下げる必要はなかったのではないかという納入業者からの恨み節にも一定の説得力がある。

　第3に，不正の頻発である。すでに日本においても架空の輸出取引と仕入れ取引を仕立てることにより，不正に還付請求を行う違法行為が発生している。ある会社が輸出に際して，偽造された高額な仕入れ領収証を提示すれば，それだけ還付金を増やすことができる。なお，最近にマスコミで報道されることが多い金地金の密輸入による違法行為は，輸入段階において，本来は申告納付すべき消費税を納付しないという問題なので不正の原因がやや異なる。密輸された金地金を国内の金の買い取り業者に持ち込むと，消費税つきで買い取ってくれる。もし入国時に消費税を納付していたら，この取引からは何も利益が生まれないが，密輸していると消費税分が不正利得となる。

1.5　非課税—その対象と問題点

■　非課税品のタイプ：その1—課税対象になじまないもの

　非課税とは国内において実際に商取引がなされながら，消費税の課税対象とならない商品のことである。消費税法では，非課税取引を「税の性格上，課税の対象としてなじまないもの」と「社会政策的配慮に基づくもの」の2つに分けている。

　課税対象になじまないから非課税取引となるものには，ⅰ）土地の譲渡及び貸し付け，ⅱ）有価証券等の譲渡，ⅲ）利子を対価とする金銭の貸付けなど，ⅳ）郵便切手，印紙，証紙，物品切手などの譲渡，ⅴ）国・地方が提供する行政サービスの手数料，ⅵ）外国為替取引が含まれる。ⅰ）土地取引については，筆者には，かつて土地を購入した時に「消費税は？」と問うて不動産屋から笑われた経験がある。土地は労働や資本を投入することによって生産されたものではなく，売り手が何か付加価値を追加しているわけではない。土地は転売しているだけなので非課税品である。ただし，不動産屋に支払う仲介手数料はサービス製品なので課税対象である。筆者もしっかりと消費税を取られた。ⅱ）有価証券など，ⅳ）郵便切手など，ⅵ）外国為替取引の３つについては，いずれも金券の譲渡であり，何かが消費がされているものではないので非課税になる。デパートで商品券を購入しても消費税はかからないが，その商品券を用いて万年筆を買えば消費税がかかる。郵便切手は消費税込みの価格であるが，切手を葉書に添付せずに，そのまま第３者に転売した場合には非課税であることを意味している。

　ⅴ）行政サービスの手数料については，消費税は政府経費を調達することを目的としているので，わざわざ課税することはないだろうと考えられがちであるが，非課税の理由はもう少し複雑である。政府部門の活動を考えてみると，窓口サービスに留まらず外交や国防といった業務があるが，これらにはそもそも価格がついておらず課税ができない。そのため行政サービスのすべてを非課税としている。また，行政サービスには社会的な価値があるから，非課税にしてその消費を優遇しようとする考え方もあり，非課税とされた理由は複数あることが見て取れる。

　ⅲ）利子を対価とする金銭の貸付けとは，銀行が企業や個人に融資した資金とその利子を非課税とするものであるが，これには異論が多いので詳しく説明しておきたい。銀行は預金者から集めた資金を企業に貸し付けるビジネスを展開するが，ここで預金金利と貸金金利の差額が銀行の利ざやであり，この利ざやこそが銀行業が生み出す付加価値にほかならない。つまり，銀行は，預金者に預金サービスを提供し，借入者に貸金サービスを提供しているわけであり，こう考えると預金と貸金に付される金利が非課税であるのはむしろ問題である。それではなぜ金利は非課税なのであろうか。その理由は，この利ざやという付加価値が預金者と借入者の両方に

帰属しているからである。銀行以外の通常の企業では，自社で生産された新たな付加価値は製品にだけ反映されて，それは販売先に帰属することになるから，消費税は販売金額だけに転嫁すればよい。しかし，銀行では仕入れ先である預金者にも預金サービスを提供しているから，（銀行業の付加価値額×消費税率）によって算出される消費税の一部は，預金者にも要求をしなくてはならない。これを実務的に算定することが難しいため，いまのところ利子は非課税となっているのである。諸外国では，この問題の解決を図ることにより，利子を課税品に転換する動きが活発化している[9]。

■　非課税品のタイプ：その2—社会政策的配慮に基づくもの

社会政策的配慮に基づく非課税品には，ⅰ）社会保険医療，ⅱ）社会福祉事業，介護サービス，ⅲ）助産，ⅳ）火葬，埋葬，ⅴ）身体障害者物品の譲渡など，ⅵ）教育として行う役務の提供，ⅶ）教科書等の譲渡，ⅷ）住宅の貸付けがある。いずれも課税品であってもおかしくない商品やサービスであるが，非課税とすることが社会的に望ましいとされるのである。

ⅰ）社会保険医療，ⅱ）社会福祉事業，介護サービスは，いずれも公的な社会保障サービスであり，病院や介護施設に通院したり，入所する者は経済的な困難性を抱えているから，消費税の負担を免除して支援しようというものである。ⅲ）助産，ⅳ）火葬，埋葬，ⅴ）身体障害者物品の譲渡についても同様の趣旨による。

ⅵ）教育として行う役務の提供，ⅶ）教科書等の譲渡についても，教育サービスの公共的な性格を反映しているが，社会的弱者に対する支援とは少しだけ考え方が異なり，教育の価値財としての性格や外部性の大きさに着目したものである。教育にはそれ自体に価値があるので，なるべく教育を受けた方が好ましい。あるいは，教育の成果を享受するのは国全体であり外部効果が大きい。教育サービスや教科書を非課税品にして価格を抑制すれば，教育サービスに対する需要が増えるから，それだけ外部効果を引き上げることができる。

9　金融サービスへの消費税の課税は，世界的な研究テーマである。課税が実現した国では，銀行業の付加価値を何らかの基準により預金者と借入者の帰属に振り分けたり，銀行の人件費ほかの付加価値額に課税する方法などを採用している。日本については辻（2017）を参照。

ⅷ）住宅の貸付けに関しては，日本では 1989 年の消費税の創設時には課税品であったが，その後に非課税品に移し替えたという経緯がある。この措置は持家と貸家の間に存在する不公平の解消をねらいとする。持家の保有者は，自宅を自分に貸し出しており，住宅サービスを享受しつつ家賃のやり取りがないので消費税を負担することがない。一方，貸家に居住する者は住宅サービスに対して家賃を支払う必要があり，これに課税されることが問題視されたのである[10]。

■ 非課税品が引き起こす問題点

非課税というしくみの存在は，本書の検討テーマである転嫁問題からみると，仕入れに伴う消費税が転嫁できないという，重大な問題を発生させている。非課税品には課税されないから，消費税の納税義務が発生しないが，非課税業者には仕入れ税額控除が認められないので，それを自己負担することになるからである。消費税は転嫁の繰り返しにより，最終消費者に税を帰着させるしくみだから，このような自己負担は消費税の考え方に反しており，不合理とすら評されている。以下では非課税が引き起こす問題点と，その解決方法について説明する。

第 1 の問題点は，すでに述べたとおり，非課税業者に自己負担を強いることにより，彼らの経営を圧迫する点である。日本において長らくこの問題を提起してきたのは民間病院である[11]。公的医療サービスは非課税であり，これは患者から見ると朗報であり，民間病院にとっても安価な医療サービスが患者数の確保に寄与するならばメリットをもたらすことになる。しかし，民間病院が購入した数億円規模の医療機器に伴う消費税については，仕入れ税額控除ができず，それが自己負担になると話しが違ってくる。

第 2 の問題点は，課税当局に根拠がない税収がもたらされてしまうことである。これを「隠れた消費税」と呼ぶ。上記の民間病院の例において明らかなとおり，病院に医療機器を納入した業者は消費税つきで代金を受け取っており，彼らは納税義

10　持家者は，住宅の購入時に消費税を負担しているから，上記の議論は成り立たないという考え方がある。家賃が非課税である理由には，借家人が総じて経済的弱者であり公平性の観点から支持されるものがある。
11　医療費課税の問題点については安部（2015），淵（2017）が詳しい。

務者だからそれを納税している。医療機器を仕入れた病院は，仕入れ税額控除ができないので自己負担するが，公的医療サービスは非課税だから転嫁ができない。すると販売業者が納税した消費税の分だけ課税当局が得をしたことになる。

　第 3 の問題点は，非課税業者が仕入れに要した消費税を販売価格に転嫁してしまう可能性である。医療関連の診療報酬は規制価格なのでこのような問題は生じない。しかし，銀行業や貸家業においては税抜きの販売価格を引き上げるという可能性は排除できないだろう。非課税品なのに販売価格が上昇したならば，何のために非課税品にしたのかという疑問が生じる。消費税のしくみを支えている根幹的な工夫である税の連鎖について，非課税品はそれを断ち切ってしまう点において大きな問題があることが見てとれる。

■ 非課税品問題の解決方法

　非課税品が引き起こす問題に関して，それらの解決策として 2 つを紹介したい。第 1 に，日本では聞きなれない用語であるが，非課税からゼロ税率に変更するという方法がある。ゼロ税率とは，非課税品を課税品に転換することにより，仕入れ税額控除を認めるものである。ただし，販売価格にゼロ税率が適用されるので事実上の非課税となる。非課税のしくみは，全く不合理なものなので，ゼロ税率は改革方向の選択肢となり得る。しかし，ゼロ税率は多額の還付金を発生させるため，これを課税当局が懸念しているとされる。そのため諸外国でもゼロ税率はなるべく避けるべき方策とされている。なお，公的医療に関しては，日本では増税時に仕入れ税額分だけ診療報酬の引き上げを認めるといった解決策を採用している。

　第 2 に，すべての非課税品について，消費税を適用する課税品に変更するという方法がある。ここでの改革対象になるのは，土地や金券以外の付加価値が発生している商品のすべてである。非課税品がなくなることにより，税の連鎖が確実なものとなる。また，ゼロ税率のしくみに関する懸念材料である税収減少についても，それを回避することができる。この第 2 の方法は諸外国において理想とされ，今後の改革方向とされる考え方である。

1.6 免税点と簡易課税制度

◼ 益税の発生メカニズム

日本において消費税が創設された当初の 1990 年代において，最も問題とされたのが益税の発生であった。益税とは企業が顧客から受け取った預り消費税を納税せずに，自社の利益にしてしまう問題である。これは消費税における免税点と簡易課税制度に原因がある。

事業者免税点制度とは，売上高が 1,000 万円以下の企業について，納税義務を免除するものである。つまり，顧客から受け取った消費税をいわば合法的に獲得することができるしくみである。消費者が負担した税が，国庫に収まらない点において問題がある。わが国の免税点は，消費税が創設された当初には 3,000 万円とされたが，2004 年には現行である 1,000 万円にまで引き下げられた。企業が手にする益税額は縮小している。

簡易課税制度とは，売上高が 5,000 万円以下の企業について，仕入れ税額控除の算出に際して，みなし仕入れ率という特例を認めるものである。現在では 5 種類の事業タイプのそれぞれに 50 ％から 90 ％のみなし仕入れ率が設定されている。例えば，サービス業におけるみなし仕入れ率は 50 ％である。あるサービス会社において真の仕入れ率が売上高の 30 ％であったときに，みなし仕入れ率 50 ％が適用されると，真の仕入れ額を上回る仕入れ額が認められるので，それだけ仕入れ税額控除額が増加して，消費税の納税額が減少する。これが益税の発生メカニズムである。みなし仕入れ率が認められる売上高の上限額は，当初は 5 億円にも達していたが，複数回の引き下げを経て現在では 5,000 万円となっている。

◼ 免税点や簡易課税が認められるわけ

免税点や簡易課税が消費税で認められる理由については 2 つある。第 1 に，企業の納税協力費用を減らすメリットである。消費税における納税義務を果たすために，企業には帳簿の整理や税額計算といった自己負担が求められる[12]。これらの自己負

---

12 金銭的な負担よりは，各種の作業が必要とする時間コストが大きい。日本に関する代表的な研究は，横山（2016）である。

担について，中小企業における負担感には強いものがある。例えば，税額計算に年当たり 3 日間の勤務時間を要したとすると，従業員数 1,000 人の会社に比べて，従業員数が 10 人の会社では労働総時間に占める割合が 100 倍も異なる。これを益税によって補うのである。とくに消費税の創設時には，それが全く新しいしくみであったので，それだけ企業には負担感があり，諸外国に比して寛大な免税点，簡易課税制度を用意した。

　第 2 に，税務当局における徴税コストを節約するメリットである。税務署は消費税を徴収するために企業から提出された申告書をチェックするが，中小企業についてはチェックするための労力に比べると，徴収できる税の金額は少ない。そこで徴税を断念して，徴税コストを節約するのである。ただし，免税点や簡易課税の上限額が高すぎると，断念する税収が多くなるだけではなく，これらの制度が適用されない企業にとっては競争上，不利になるので反発を招くことになる。これらのバランスから免税点や上限額が選ばれるが，国際的に見ても明確な金額基準は存在しない。

1.7　申告・納付

　一時期，テレビドラマで税務署をテーマとする番組が流行したが，そこで印象に残ったシーンに主人公の税務署員が消費税の徴税のために企業に乗り込んだが，現金がなかったというものがあった。手元に現金がなくては税金を納められない。法人税のための現金は残していたが，消費税については忘れていたというのは，実際によく聞く話である。これが申告と納付の問題である。

　消費税の課税期間は 1 年間である。ここでの 1 年間とは，個人企業の場合には，われわれの所得税と同じく暦年基準（1 月から 12 月まで）である。法人企業の場合には，法人税と同じく会計年度が認められており，例えば，9 月決算の会社では 10 月から翌年の 9 月までの 1 年間が課税期間となる。1 年間のうち最後の申告納税を確定申告と呼び，途中の申告納税を中間申告という。

　中間申告の回数は，企業の事業規模ごとに異なっている。前年の消費税の納税額が 4,800 万円以上の企業については毎月の中間申告が求められる。400 万円から 4,800 万円の企業では 3 か月ごと，48 万円から 400 万円の企業では半年ごと，そ

れ以下の企業では年1回の確定申告だけでよい。上記の4,800万円には地方消費税が含まれず，さらに仕入れ税額控除後の金額なので，この会社の売上高がどれくらいかは企業ごとに異なり，正確にはわからない。そこで仕入れ率を50％として試算してみると15億円の売上高であることがわかる。つまり売上高が15億円を上回る会社では，消費税の申告納税は毎月に必要とされており，社内では月末に預り消費税から支払い消費税を差し引いて，その金額を申告書に記して銀行などで納税している。ここで年当たり1回や2回の申告で済む会社とは，売上高が少ない中小企業である。そして，このような会社では，申告納付の手間が少ないというメリットがある一方で，顧客から預かった消費税を納税するまでの月数が長いがゆえに，つい運転資金に流用してしまい，あとで消費税が納められないという悲劇が起きてしまうのである[13]。

2　消費税の創設とその後の歩み ― 消費税の引き上げが難しいのはなぜか

2.1　三度目でようやく実現した日本の消費税

■ 世界と日本における消費税の歴史

　2014年の衆院選挙と2016年の参院選挙に際して，その直前に政権与党が消費税率の引き上げ時期の延期を表明して，その是非について選挙戦で問うという戦術に出たのは記憶に新しい。所得税や相続税でも増税があったが，それで選挙になったことはないし，消費税についても細かな税のしくみが話題になることはなかった。近年の日本では，税のなかでは消費税だけが選挙の争点になる大問題となってきたが，そこまで国民の関心を引く理由はどこにあるのだろうか。本節では，1989年以来の消費税の歴史を振り返ることにより，わが国における消費税の位置づけの推移について考えてみたい[14]。

13　消費税のしくみについて，さらに詳しく知りたい読者は，金子（1995），水野（1995）を出発点にするとよい。海外においてはIMFスタッフがまとめたEbrill et al.（2001）が基本文献とされる。また，OECD（2018）は2年ごとに刊行される先進諸国における消費課税に関するレポートであるが，取り上げているテーマとデータが豊富であり勉強になる。

　日本に先立ち，欧州諸国において付加価値税が登場した理由は次のとおりである。付加価値税は，それまでの物品税や取引高税がもつ二重課税の問題を解決するものとして登場している。物品税はすべての取引段階で課税をする点では消費税と同じであったが，仕入れ税額控除のしくみがないので，仕入れ品に課せられた消費税が除かれず，それが販売価格にさらに反映される二重課税の問題が発生していた。これを取り除くのが仕入れ税額控除のしくみであり，早くも 1910 年代にはドイツとアメリカで提案されていたが，実際に導入されたのはフランスにおける 1948 年の生産税が最初であった。

　フランスの生産税は製造品だけを対象としていたものの，仕入れ税額控除のしくみを取り入れた点において画期的なものであった。より多くの商品を対象にするのが付加価値税である。フランスをはじめとする EEC（欧州共同体）では，1968 年に各国市場の統合を進めることになったが，そのためには消費課税の調和が求められ，そのなかで付加価値税を導入することを決めたのである。輸出税額控除や輸入品に対する課税のしくみにより，各国の徴税権を国内の消費行為だけに留める付加価値税は，共通市場において国境を越える取引が活発化するなかで，うまく機能するからである[15]。その後は世界各国において急速に広がった。

　日本では，第 2 次世界大戦後に税制の骨格を示したシャウプ勧告（1949 年）において，付加価値税の導入が提案されていたが，導入されていない。当時は世界中のどこにも存在せず，新しすぎて政府や民間の理解が得られなかったからである。なお，勧告された付加価値税は，企業の人件費や資本所得を合計した付加価値額に課税するという所得型の税であり，消費税とは課税の方法が若干異なっていた。そして，ようやく 1989 年 4 月になって消費税が税率 3 ％で創設され，その後は 1997 年 4 月と 2014 年 4 月に，それぞれ税率 5 ％と 8 ％に引き上げられ，さらに 2019 年 10 月に税率は 10 ％に引き上げられる予定である。

14　消費税の通史としては，石（2008，2009），岩崎（2013），関口（2017）が参考になる。森信（2000）における資料編は多くの政府資料を収めており，消費税が成立した経緯がよくわかる。

15　調整されたのは各国間の税源だけである。そのため税率が低い国には買い出し客が押し寄せることになった。そこで欧州諸国では税率水準についても調和を図る動きが高まった。

■　一般消費税の失敗：1979 年

　日本では 20 世紀初頭には，すでに所得税や法人税が創設されていたが，税収の主力は酒税や専売納付金（たばこと塩の収益金の一部を国庫に納付するもの）といった個別消費課税であり，さらに明治以来の地租ですら残っていた。これを改めたのが，上述のシャウプ勧告であり，1930 年代における世界の租税理論の成果を反映しつつ，所得税や法人税といった所得課税を税の柱に据えた。そして高度成長期（1950〜60 年代）の日本では，好調なマクロ経済を反映して税の自然増収が続き，むしろ減税が実施されるくらいであり，新税の導入など考えられなかった。このような良き時代が終わりを告げたのが 1970 年代である。オイルショックをはじめとする世界経済危機の影響により，日本でも経済が減速して税収が頭打ちとなった。一方，老人医療をはじめとする社会保障の充実がスタートして，財政支出が増勢を強めた。今日に至る日本財政の赤字体質が顕在化したのである。

　一般消費税は，1979 年に当時の大平内閣が税率 5 ％の消費税として，導入を提案したものである。財政赤字を打開する増税であり，その候補として欧州を参考にして消費税タイプの税が浮上したのである。その内容は，納税義務者を企業にすること，仕入れ税額控除により税の転嫁を促すこと，すべての商品に広く課税すること，簡易課税のしくみを用意することなど現在の消費税に，ほぼ同じ内容であった。しかし，一般消費税の創設は失敗してしまう。国民から激しい反発を受けたからである。

　現在の日本においても，消費税は税としてはすっかり定着しているものの，その増税への国民の眼には厳しいものがある。一般消費税の失敗は，その最初の例であった。この失敗の原因については以下が挙げられる。第 1 に，消費課税というものに抵抗感があったこと。それまで所得税や法人税といった所得に対する課税を主としていたので，消費行為に課税することへの理解が得られなかった。高齢者といった所得が少ない人が増えると，所得税だけで税収を賄うことが難しくなるが，この人口構造の長期的な変化の影響が多くの人には，まだわからなかった。第 2 に，ネット増税であったこと。一般消費税の創設に際しては所得税や法人税の減税が同時に用意されたが，政府が目指したのは財政赤字の解消のための税収増であった。税の負担と政府支出からの受益の間には，明確な対応関係がないので，国民からす

れば全体で増税であるのは反対ということになる。第 3 に，歳出側の削減が不十分であると見なされたこと。当時，税金の無駄遣いとして，公務員による私的な経費の流用を批判した「公費天国」という言葉が流行した。官官接待がそれだけで財政赤字の原因になるとは考えにくいが，政府部門が肥大化していたことは事実であった。増税の前にやるべきことがあるという主張は，消費税に対する有力な反対理由として，その後も繰り返されたものである。

■　売上税の失敗：1987 年

　1987 年には，当時の中曽根内閣が税率 5 ％の売上税の導入を構想したが，これも失敗に終わっている。ほぼ 10 年ぶりの提案であったが，その間にいくつかの環境整備が進んでおり，これを受けての再提案であった。第 1 に，税における直間比率の見直しへの理解が広まったこと。当時の間接税の主力であった物品税については，掃除機に課税しつつアイロンには課税しないといった欠陥が目立ち，幅広い課税の必要性が認識された。また，財政赤字に対応するため所得税や法人税の引き上げが続き，それが限界に来ていた。アメリカのレーガン政権が，いわゆるサプライサイド経済学を標榜して，所得税，法人税の減税による民間活力の引き出しを図ったことは，日本でもこれらの直接税を減税する必要性を認識させた。すると新型の消費課税が必要ということになる。

　第 2 に，行財政改革が進んだことである。「増税なき財政再建」というスローガンのもとで毎年の予算編成において歳出の伸び率を 0 ％とするゼロシーリングが導入されて，財政支出の抑制が強力に進められた。さらに，国鉄は JR へ，専売公社は JT へ，電電公社は NTT に改組されるなど，政府系企業の民営化が進められて政府部門のスリム化が進んだ。歳出削減で一定の成果を挙げつつ，それだけでは財政再建は難しいので増税をお願いしたいという説明が展開された。

　売上税の内容は，一般消費税を小幅に修正したものであり，非課税品を増やしたり，免税点を引き上げて反対論を和らげようとした。売上税が失敗した大きな原因は，それが公約違反と見なされたからである。前年にあたる 1986 年の衆参同時選挙において大勝した政府与党は，選挙戦においては大型間接税を導入しないと訴えていた。売上税の導入に際しては，非課税品などを拡大することにより売上税は大

型間接税でないと説明したが，世論の理解を得ることは難しかった。

■ 消費税の創設：1989年

　1987年に廃案となった売上税であったが，中曽根内閣に続いて成立した竹下内閣において，早くも検討が再開されて1989年4月に消費税が創設されたのである。売上税の失敗と消費税の成功の間には，どのような違いがあったのだろうか。

　第1に，制度設計の違いがある。消費税のしくみについては，前節で見たとおり消費税，売上税ともに諸外国における付加価値税タイプと同一であるが，売上税に比べると，消費税では非課税品の範囲を限定させ，免税点についてもむしろ引き下げている。小規模企業への配慮を厚くすると，そこから漏れてしまう中規模企業からの反発が大きくなるので，これを避けたのである。一方，消費税率は5％ではなく，3％に引き下げることにより消費者の負担を少なくし，導入時のショックを和らげた。消費税のしくみの内部において，ある程度までは公平性を確保しておくことの大切さが窺える。

　第2に，増税理由に関する丁寧な説明である。当時に存在する物品税の問題点と新税による克服が改めて説明され，さらに将来の高齢化社会のための財源が必要であると訴えられた。ちょうどバブル好況期にあり，国民に将来不安などなかったので説得力に欠いたものの，財政赤字や直間比率の是正といった従来システムの問題に加えて，受益面から消費税の必要性を訴える方法が採用されたのである。

　第3に，竹下内閣の政治力である。政権与党であった自由民主党には，派閥という政策集団が存在するが，竹下首相は有力派閥の領袖であり与党内をまとめることができた。さらに与党内ばかりでなく，野党，マスコミ，財界，労働団体といった利害関係者に対しても巧みな折衝を展開することにより，消費税の導入を容認させることに成功したのである。ただし，このような政治的駆け引きが先走りしてしまい，国民に対して，第2の論点である消費税の必要性を訴えることがやや後回しになったきらいがある。また，竹下内閣は消費税の創設の直後にリクルート事件により総辞職に追い込まれるが，長期政権と目された有力政治家ですら消費税によって政治力を低下させてしまったことは，その後の政権担当者に消費増税を敬遠させる一因となった。また，国政選挙で快勝した野党では，消費税に反対することが成功

体験となってしまい，与野党が横断して長期的な税制を討議する姿勢を生まれにくくした。

2.2　その後のトラウマになった 1997 年の消費増税

■　消費税率の 5 ％への引き上げ

1990 年代の日本では，バブル経済が崩壊したことにより経済不況が続き，そこでは景気回復と財政再建の両方に取り組むことが求められた。景気回復をねらいとして公共事業が出動し，さらに減税が実施されることによりマクロ経済を下支えした。いずれも財政負担となるので，結果的には財政赤字が拡大して国債残高の上昇に結びつく。そこで財政再建が要請されることになった。この両立策として，税制面においては所得税と法人税を減税することにより国民所得を増やし，同時に消費増税により税収増を図り財政を再建するという考え方が生まれた。増減税のタイミングに着目して，所得税の減税を先行させて景気を回復させ，その後に消費税を引き上げるという経済戦略が描かれた。

1997 年 4 月における消費税の 5 ％への引き上げの発端は，その 3 年前に当たる 1994 年 2 月に頓挫した国民福祉税である。38 年ぶりの政権交代を実現した細川内閣が，消費税を税率 7 ％の国民福祉税に置き換えると発表したが，政権幹部の一部だけがそれを決定したという政策決定プロセスが問題視され，すぐに増税案は撤回されてしまった。しかし，そこで所得税減税の先行と後年における消費増税という考え方が初めて示された。この政権交代は短命に終わり，1994 年 6 月には自民党，社会党，新党さきがけによる連立政権が成立した。しかし，消費増税の考え方はほぼ踏襲され，1994 年から所得税，住民税の先行減税が実現し，1997 年には消費税率が引き上げられたのである。政権交代という政治的な激動時期であったにもかかわらず，消費増税の考え方が引き継がれたという点が興味深い。この理由としては，第 1 に，消費税を社会保障財源として位置づけることにより増税への理解が進んだこと，第 2 に，所得税の減税を先行させたので税収不足となってしまい，消費税を引き上げざるを得なくなったこと，第 3 に，ほぼすべての政党が一度は与党となることで，それらの支持団体を含めて財政に対する責任感が生まれたことが挙げられる。

■　1997 年の経済危機

　1997 年の消費増税は橋本内閣によって実現したが，のちに経済不況を招いたものとして，激しい論争を巻き起こすことになった。この経緯について振り返ってみたい。第 1 に，増税と社会保険料の引き上げなどにより，国民負担が増えてマクロ経済にマイナスの影響をもたらした可能性が問題となった。消費税率の 3 ％から 5 ％への引き上げによる税収増は 5 兆円であった。同時に，所得税における先行減税 5 兆円のうち，一時的な特別減税が終了となって税負担が 2 兆円だけ増えた。これらの合計 7 兆円が税制面における国民負担の増加である。

　これに社会保障負担の増分が加わった。前年にあたる 1996 年 10 月に社会保険料が引き上げられ，その後は毎年 10 月の引き上げが続いた。さらに 1997 年 4 月には公的医療に際しての自己負担の割合が 1 割から 2 割に引き上げられたが，これらの一連の社会保障負担の合計は 2 兆円とされた。増税の影響である 7 兆円を加えると，国民負担が 9 兆円も増加した[16]。家計における可処分所得の減少は民間消費への下押し圧力となった。

　第 2 に，1997 年 5 月から発生したアジア通貨危機という，突発的な海外要因が発生した。この遠因は，アメリカにおけるドル高政策である。タイ，インドネシア，韓国などにおいては，当時は自国通貨がドルに連動していたので，ドル高は自国の通貨高を引き起こし，これが輸出を低迷させることによりマクロ経済を減速させていた。このなかで通貨安を見越したヘッジファンドが投機をはじめたことにより，各国通貨が暴落してしまい，資金が一斉に国外に逃げ出すことにより不況に見舞われたのである。海外経済の不調は日本企業に先行きに対する不透明感をもたらし，民間設備投資の減少を招いた。

　第 3 に，1997 年 11 月からの国内における金融システム危機である。直接のきっかけはよく知られる山一證券の簿外債務の発覚による自主廃業であったが，これに続く金融機関の破たんは銀行による企業向けの資金供給を収縮させてしまう。このなかで一般企業はバランスシート調整を強く志向するようになり，事業の拡張よりも債務の圧縮を優先するようになる。大きく冷え込んだ企業マインドが，マクロ経

16　軽部・西野（1999）を参照した。

済に対して下押し要因となったことは言うまでもない。

■　経済不況の犯人とされた消費税

マクロ経済の推移を見ていくと，国内景気はすでに 1996 年後半から循環的な要因による下降局面にあった。日本の消費税には，増税前の駆け込み需要の盛り上がりと，その後の反動減を引き起こす特徴がある。そのため，増税直後の 1997 年 4 月には，家計の可処分所得が減少して民間消費が落ち込んだことに加えて，増税後の消費の反動減が加わることによりマクロ経済が弱含みで推移した。これに上述の 1997 年夏のアジア通貨危機と秋の金融システム危機という，2 つの偶発的ながら規模の大きな経済ショックが加わることにより，1997 年後半から不況に陥ったのである。

消費税犯人説は，消費増税がなければマクロ経済は春から減速することはなく，秋以降の大不況を乗り切れたはずであると主張する。一方，金融危機犯人説は，秋以降の経済ショックこそが大不況を引き起こしたと指摘する[17]。既存の研究の多くは金融危機犯人説を支持しているが一般には消費税犯人説が流布し，橋本内閣は厳しい批判にさらされた。消費増税は政府当局と国民のいずれにも不人気となってしまったが，景気回復を妨げる恐れがあるので消費増税を避けるべき，あるいは経済環境に十分な注意を払うことにより，消費増税の時期を探るべきとする意見が有力となった。1990 年代以降の日本で長期にわたり続いている経済低迷も，消費税の引き上げを遅らせた原因のひとつである。

2.3　17 年ぶりの 2014 年増税

■　社会保障と税の一体改革

2010 年頃に知り合いに「消費増税について研究したい」と言ったところ，「本当に上がるのか」と真顔で尋ねられたという経験が筆者にはある。1997 年から 2014 年の消費増税まで実に 17 年間を経ており，2010 年になると消費税が話題になるこ

17　中里（2010），内閣府（2011）は，消費税が 1997 年後半の不況を招くことはなかったとする。

とすら少なくなっていた。ところが急転直下，消費増税が決定してしまうのである。

　1990 年代後半の日本では，不況対策のために大規模な公共事業が展開され，消費増税のように家計所得を減らす政策が顧みられることはなかった。2000 年代前半になると，不良債権処理に目途を立てつつ，歳出の削減による政府改革が進められており，消費増税は政策の選択肢から排除されていた。歳出費目ごとに厳しい見直しを命じる財政規律の圧力を緩ませるからである。しかし，いわゆる小泉改革をはじめとする諸改革が一段落すると，社会保障の問題がクローズアップされて，これが消費増税を実現させる。

　直接のきっかけは年金問題である。1946〜48 年生まれの団塊の世代が 60 歳となって引退期を迎えるなかで，公的年金のゆくえが国民の関心事項として急浮上した。厚生年金や国民年金といった公的年金制度では，現役世代が納める保険料を引退世代の年金に充当する賦課方式によって運営されているが，2000 年代になると「年金保険料の未納問題」や「消えた年金」といった不祥事が相次いだ。保険料がきちんと徴収されなくては，年金給付の資金が賄えない。保険料を納めたにもかかわらず，その納付記録が消えてしまったら引退しても年金がもらえない。これらは年金制度の持続可能性に強い将来不安を引き起こし，これが政権与党に対する不信感を醸成させ，ついには 2009 年の政権交代を引き起こしたのである。

　しかし，与野党ともに消費税に直面せざるを得ない状況に追い込まれていく。新たに政権の座についた民主党は，子ども手当をはじめとする巨額の給付を目指したものの，歳出見直しは上手くいかず，すぐに財源不足に直面してしまう。一方，野党側の自民党にも従来からの制度の継続を求めるならば基礎年金の国庫負担割合の引き上げに伴う財政資金について，きちんと提案することが求められる[18]。リーマンショックという世界的不況は，ギリシャの財政破綻とユーロ危機を招き，ギリシャをはるかに上回る政府債務を抱える日本でも景気回復を頼みとする先送りが許されないという認識が高まった。

　2012 年にまとめられた社会保障と税の一体改革では，医療，年金，介護をはじ

18　日本の公的年金には 1 階部分の基礎年金と，2 階部分の報酬比例年金がある。このうち基礎年金の給付には政府の一般会計から補助金が支出されている。この国庫負担割合を 3 分の 1 から 2 分の 1 に引き上げたのである。

めとする社会保障の機能強化を図ること，そのための財源として，消費税率を
2014年4月に8％へ，2015年10月に10％へ段階的に引き上げることが決めら
れた。与党側が増税を提案すると，野党側がそれに反対することにより，結局，何
も実現しなかったという過去の失敗を踏まえて，与野党合意のもとで改革に合意し
た点において画期的なものであった[19]。社会保障と税の一体改革の具体的な中身を
見ていくと，第1に，年金については，最低25年間とされた保険料の納付期間を
10年間に短縮させ，公務員と民間サラリーマンの年金制度の一元化が実現した。
第2に，医療については，サラリーマン向けの健康保険の適用を非正規労働者の一
部に拡大し，評判が悪かった後期高齢者医療制度や市町村が運営する国民健康保険
を改革した。第3に，少子化への危機感の高まりを反映して，子育て支援策の拡充
が図られている。格差社会の到来が意識されるなかで，社会保障のセーフティネッ
トを充実させることを意図し，その財源対策として消費増税を位置づけたのである。

■　景気弾力条項の考え方

2012年末に政権が再び交代して安倍内閣が成立し，アベノミクスと呼ばれる経
済政策が展開されてきた。大胆な金融緩和による経済回復が実現したが，重視され
たのは景気の腰折れを防ぐことである。1997年の消費増税後の経済不況という経
験を踏まえて，上記の社会保障と税の一体改革では，消費税率を5％から10％に
引き上げつつ，それを2回に分けることによりマクロ経済へのマイナス効果を和ら
げること，経済環境が悪化した場合には，速やかに増税判断を改めることを求めた。
この増税判断の点検を，景気弾力条項と呼ぶ。

2014年4月の消費税率の8％への引き上げについては，アベノミクスにより予
想以上に経済環境が好転したので，当初の予定どおりに消費増税が実現している。
しかし，2014年の消費増税の直後にマクロ経済が減速してしまい，1年半後に控え
た10％への引き上げが危惧され，その増税時期が2度にわたって延期された。
2014年秋には2017年4月からに延期され，さらに2016年夏には2019年10月

19　清水（2013）によると，すでに自民党政権において消費税引き上げのプランが練られて
おり，民主党政権がそれを引き継いだという。伊藤（2013）もこの時期の政局を報告して
いる。

に延期されている。

■　なぜ消費増税は遅れるのか

　筆者が税金の勉強を開始したのは1990年代前半であるが，その時に30年後の消費税率が10％だろうとは予想していなかった。当時から日本の財政は危機的であったから税率はもっと上がると考えていた。しかし，現在ではよく増税ができたものだと思う。消費増税が困難化した理由について，あらためて列挙することにより，本節のまとめとしたい。

　第1に，国民が増税の理由に納得をしなかったことである。この点はとくに消費税の創設時に当てはまり，財政赤字を減らすために増税が必要であるといわれても，やはり国という存在は一般国民からは遠いので，自分の問題として理解してもらうことは難しかった。社会保障という身近な使途を示しても国民感情は，それほど好転をしなかった。2000年以降の日本では格差問題が浮上して再分配政策の復活を求める声が強まったからである。低所得者にも負担を求める消費税は不人気にならざるを得ない。

　第2に，経済環境が悪かったことである。1990年代後半からの日本は，バブル後の不良債権処理に伴う資金不足など構造的な不況が続いており，消費増税を実施する時期としては適切ではなかった。政府には景気対策の発動が強く求められ，マクロ経済が悪化する恐れがある増税が積極的に支持されることがなかった。

　第3に，政争の具にされたこと。国政の場において与野党がともに消費増税に向けて真剣に取り組んだことは事実である。しかし，政治的駆け引きの場や国政選挙における集票戦略として，消費税反対が唱えられることも多く，増税のタイミングを逸することがあった。

　第4に，他国からの圧力がなかったこと。EU諸国において付加価値税の引き上げが進んだ理由は，共通市場の実現に向けて税制面での調和が要請されたからである。欧州委員会から発せられる指令が付加価値税の導入を早めた。例えば，EU諸国ではVATの標準税率は15％以上25％以下と規定されているので，日本のような低めの税率が認められることはない。

　第5に，新しいタイプの税であったこと。既存の税制を発展的に解消させるよう

な改革ならば，新税が目指す内容について国民が理解しやすいので，その実現は容易である。しかし，消費税と既存の税制では違いが大きすぎた。日本ではそれまでの物品税での問題が指摘されたが，消費税はすべての商品に同一の税率を適用するという拡大策により，その解決を図るものである。しかし，所得課税を主体としていた日本においては，物品課税は限定的なものであり，大型間接税は新しいタイプの税と見なされてしまった。なお，アメリカにおいて付加価値税の導入が進まなかった理由も同じである。アメリカでは連邦税収のほとんどは，所得税と法人税で賄われている[20]。現在のアメリカは，付加価値税が存在しない世界的にも珍しい国となっている。

　第6に，日本では課税当局の徴税能力が高いことがある。1990年代の発展途上国では付加価値税の導入が急速に広まったが，この背景には課税当局の徴税能力が不足しており，国民各層の所得を捕捉することにより，十分な所得税や法人税を獲得することができなかったことがある。

　第7に，他国に比べて課税ベースが広いことの逆説的な効果である。日本では非課税品が限定されているから，消費税率1％ポイントだけで2兆円以上の税収が獲得できる。そのため創設時の税率はわずか3％で済んだ。しかし，スタート時の税率が低ければ，国民がそれを普通のものとして受け入れてしまい，その後の引き上げは難しくなる。また，課税ベースが広いから増税によるマクロ経済へのマイナスの影響が大きくなり，その後の消費増税を困難なものにした。

　第8に，単一税率による世論の統一効果である。単一税率のしくみにおいて増税すれば，消費者と企業のすべてが負担増となるので，それに反対する世論の形成が容易となる。もし複数税率であったならば，一部では増税の対象にならない品目が発生するから反対者が減る。軽減税率があると反対の声が小さくなることは，食料品に対する軽減税率の導入時に日本でも経験したとおりである。

　最後に，望ましい消費税のあり方について経済学が上手く説明できなかった点があると思われる。多くの商品に単一税率を適用する消費税が，租税理論において公

20　アメリカでは，支出税（Expenditure tax，カルドア税）という別タイプの税制改革を志向していた点も付加価値税の導入が進まなかった理由のひとつである。

平かつ中立的な税であるためには，いくつかの保留条件が存在する。経済学による説明は高度かつ難解なので，税制改革に対するメッセージが弱くなりがちであった。この問題については，本書の第 2 章で取り上げたい。

3　複数税率をめぐる話題

3.1　複数税率のしくみ

■　標準税率と軽減税率

2019 年に予定される税率 10 ％への引き上げに伴い，新たに軽減税率 8 ％が創設されることになった。課税品に適用される税率が 1 つだけのしくみを単一税率といい，2 つ以上の場合を複数税率という。複数税率において，通常の品目に適用されるものを標準税率，一部の指定された品目だけに適用される低い税率を軽減税率と呼ぶ。これから日本で導入される軽減税率は，標準税率を 10 ％としつつ外食と酒類を除く食料品（酒類及び外食サービスを除く飲食料品の譲渡）と新聞（定期購読契約が締結された週 2 回以上発行される新聞の譲渡）には 8 ％の軽減税率を適用するものである[21]。容易に想像がつくように，納税義務者である企業や税を徴収する税務署からみると，これは税制の複雑化にほかならない。なぜ，軽減税率が導入されるのだろうか。

課税の前後において税抜き価格が変化せずに完全転嫁が実現した場合には，商品価格に対して税率分の消費税（例えば，税率 10 ％ならば 100 円の価格に対して 10 円の消費税）が帰着することより，これが消費者の負担になる。この際に，食料品といった必需品と宝石などのぜいたく品に同じ税率で負担を求めることは公平なのか，という問題が発生する。租税理論においては，この課税のあり方をめぐり多くの議論が展開されているが，庶民感情からすると，生活するために不可欠である食料品に，ほかの商品と同じ税率で課税するのは適当ではない，税率を低くするべきだと考えるのが普通であろう。この考え方が軽減税率の有力な根拠となっている。

21　最近になり軽減税率の解説書が増えており，関心の高さが窺える。矢野ほか（2014），金井（2016，2017），白井・伊藤（2016），日本経済新聞社編（2016）など。

　日本の消費税は 1989 年にスタートしたが，それに先立ち提案されていた一般消費税や売上税では，食料品を課税対象から外して非課税とする案が考えられていた。国民の新税に対する負担感に配慮したのである。税率 3 ％の時代においては，課税の有無による違いは僅かであり，それまでの物品税における複数税率が引き起こした，対象品目の線引きをめぐる混乱が問題視されるなかで，複数税率の導入には至らなかった。しかし，その後の消費税率の引き上げに際しては，消費者における負担の増加を懸念する人たちからは，食料品，住宅家賃，公共料金といった必需品と目される商品に軽減税率を導入することが繰り返し求められてきた。

■　複数税率の導入に至る議論

　社会保障と税の一体改革（2012 年）では消費税率の 5 ％から 10 ％への 2 段階方式の引き上げが決められたが，同時に軽減税率について検討することを決定している。これは政党間の合意のなかで，公明党の主張を反映したものといわれている。福祉を重視する公明党は増税には反対の立場を取ることが多かったが，自民党と民主党が合意するなかで，軽減税率の導入を増税の条件としたのである。

　軽減税率のしくみを設計するには，ある程度の時間が必要となる。そのため 2014 年の税率 8 ％への引き上げには間に合わず，この時には低所得者向けに臨時給付金を支給することが決められた。臨時福祉給付金は，ⅰ）子供を除く低所得者（住民税の非課税世帯であり年収 300 万円以下ぐらい）に 1 人当たり 1 万円を給付し，ⅱ）その際に老人や子供がいる者には 1 人当たり 5 千円を加算するものである。また，中所得者向けには子育て世帯に対する臨時特例給付措置として子供 1 人当たり 1 万円が給付された。これらのしくみは一時的なものとされ，続く税率 8 ％から 10 ％の引き上げに際しては何らかの恒久的措置が求められた。複数税率をめぐる検討は，2013 年から断続的に行われたが，その成案は 2015 年にまとめられた。

　2 年近くにわたる検討過程のなかでは，以下が議論された。第 1 に，軽減税率の導入をめぐっては，総じて反対論が多かったという点である。業界ヒヤリングによると，消費者団体は税負担の軽減を理由として賛成しつつ，販売側の企業や税理士などの専門家は納税事務が複雑化してしまう実務上の問題を懸念した。学者などの有識者は，所得分配上の効果を疑問視して反対した。

　第2に，軽減税率の対象品目と税率の検討である。軽減税率の適用範囲を広げると，それだけ税収減に見舞われてしまう。対象品目を食料品に限定することは，ほぼ決まっていたものの，精米や生鮮食料品など食料品のなかでも限られた品目を対象とする案から，加工食品，飲料，外食を含むほぼすべての食料品に適用する案まで，複数の候補が検討された。また，法令において「食べられるもの」を明確に定義しなくては制度を着実に運用することができないが，これが難題であることも判明した。消費者が購入する「食べられるもの」には，加工食品のようにそのまま食べられるものと，生鮮食品のように自宅で調理して食べるものがあるからである。そこで家計に軽減税率のメリットを実感させることと，食品の定義をめぐる線引き問題を回避するために，軽減税率が適用される範囲は広範なものとなった。食料品の範囲は，食品表示法において「食品」と定義されるものから，酒税法が定める「酒類」を除くものとした。なお，外食については食品衛生法が規定する飲食店，喫茶店を対象範囲の基本としつつ，学校給食などに関しては別の法令を参照するなどして，法令上の問題が克服されている。

■　インボイス方式への転換

　軽減税率の導入に際しての第3の論点が，帳簿方式からインボイス方式（適格請求書等保存方式）への転換である。これまでの日本では，企業における納税事務は帳簿方式によっていた。帳簿方式では，企業会計における帳簿上で売上高と仕入れ高を月別に集計し，これに消費税率を乗じることから納税額を確定させる。しかし，預り消費税と支払い消費税は，日々の膨大な個別の取り引きに基づくものだから，売上高に消費税率を乗じるといった帳簿上の合計値を用いた計算ではなくて，個別の取り引きごとに発生する消費税を集計することが望ましい。これが諸外国で採用されているインボイス方式である。日本では商取引の証拠として領収証（レシート）を受け取るが，諸外国ではとくに企業間の取引において領収証を発行することはまれであり，請求書（インボイス）によって済まされる。インボイスは請求書だから，取引された商品のそれぞれについて価格が記載される。諸外国では，商品ごとに適用される消費税率と税額をインボイスに記載することを義務づけており，これが消費税の計算に際しての証拠書類となる。

　複数税率では，標準税率と軽減税率という2つの税率が発生するので，帳簿上の売上高に単一税率を乗じるだけでは消費税額は確定しない。そこでインボイスを導入することにより，個別の消費税額を積み上げるという方法に転換したのである。また，インボイスには税の転嫁を確実にする機能があるといわれる。個別の取り引きごとにインボイスに消費税額が記入されるなかで，売り手と買い手が転嫁する消費税を相互に確認するからである。さらにインボイス方式のメリットには益税の減少がある。インボイスは課税事業者しか発行ができない。免税点を下回る企業は課税事業者でないから，インボイスを発行しないが，購入者側の企業は，インボイスがないと仕入れ税額控除ができないから，そのような企業との取り引きを控えるようになる。すると取り引きからの排除を恐れる企業は，自ら進んで課税事業者になる。

　なお，インボイス方式にも異論があるので紹介しておく。インボイスがなくても複数税率の計算ができるという意見がある。日本を含めた世界中の企業は，売上高を計算する際には会計システム（ソフトウェア）を使用している。商品データを入力する際に，税率区分を入力すればよいだけで，あとの作業はコンピュータがするから，複数税率であってもそれほど面倒ではない。また，転嫁を確実にするというメリットについても，これまでの日本では領収証に消費税の総額を記載するだけであったが，それが消費税の転嫁を著しく困難にさせていた訳ではない。商品ごとに税額を記載したからといって，売り手と買い手の転嫁をめぐる力関係が劇的に変化することはないだろう。

　最後に，新しく導入される日本版インボイスについて，その詳細を説明しておく。インボイスには，ⅰ）発行企業の名称と登録番号，ⅱ）取引年月日，ⅲ）商品の内容とそれぞれに適用された税率，ⅳ）消費税額，ⅴ）相手企業の名称を記すことが義務づけられた。新しく企業番号の記入を義務づけることにより，税務署による売り手企業と買い手企業の双方の記録の照合が容易になり，脱税などの違法行為を防ぐ効果が高まる。紙資料ではない電子インボイスも認められた。電子インボイス方式が進展することにより，将来の納税事務の簡素化が期待される。なお，日本でインボイスが定着するまでの経過措置として，インボイス方式への転換が難しい中小企業のために「適格簡易請求書」という簡略版を認めることになっている。

■　追加された負担軽減策

2018 年には近づく消費増税に備えて，さらにいくつかの負担軽減策が追加されている。アベノミクスというマクロ経済政策における新展開は，当初には大成功を収めたものの，その後は，物価の上昇がなかなか進まず，足踏み状態にある。物価上昇に対する人々の予想をインフレ期待というが，消費増税では税込み価格が上昇するから，インフレ期待があった方が価格転嫁は上手くいく。逆にインフレ期待が低いと価格転嫁が進まず，企業収益を圧迫してしまう。好調が続いてきた世界経済も一部で変調をきたしているので政府が慌てるのは当然である。消費税率の 10 ％への引き上げ時にマイナスのショックが発生することが懸念された。そこで政府は次のような追加策を行うことにした[22]。

第 1 に，中小店において現金を使用しないキャッシュレス決済（クレジットカード，QR コード，電子マネーなど）をした消費者に，カード会社などを通じてポイント還元をする。実施期間は増税直後からの 9 か月間である。ポイント還元率は 5 ％なので，実質的には期間限定の減税となる。この政策には，外国に比べて日本では普及が遅れているキャッシュレス決済を促進させようという意図もある。第 2 に，低所得者や 0〜2 歳児をもつ子育て世帯を対象とするプレミアム付き商品券の発行である。このプレミアム付き商品券は 2 万円で購入すると，2 万 5,000 円分の買い物ができるから，それだけ民間消費を喚起することができる。第 3 に，住宅と自動車の購入促進策である。住宅ローン減税はそれまでの 10 年間から 13 年間に延長し，住宅の購入時のすまい給付金についても支給額と対象者を拡大する。自動車取得税は廃止され，増税後に購入した新車に課税される毎年の自動車税が減税される[23]。

本書は消費税の転嫁について検討しているので，これらの政策メニューが販売店の価格設定にどう影響するかについては興味を引かれる。ポイント還元によって消費者の購買力がむしろ上昇することを知っている小規模店では，便乗値上げをするかも知れないし，競争環境が悪化する大型店では過小転嫁を志向するかも知れない。

22　新聞報道，経済財政諮問会議（2018），田村（2018）を参照した。
23　自動車取得税の廃止は，2018 年以前に決定していた。

プレミアム商品券は低所得者にしか配布されないが，商店から見れば商品販売の最後まで誰がプレミアム商品券を差し出すかはわからないから，これは価格形成には影響しないかも知れない。しかし，乳幼児向けの商品については，ほぼすべての子育て世帯にプレミアム商品券が配布されるから，これは便乗値上げを誘発するかも知れないだろう。

3.2　複数税率に対する賛否

■ 消費税における逆進性問題

課税の公平性には，水平的公平性と垂直的公平性がある。水平的公平性とは，経済力が同じならば税負担は同じにするべきとする考え方であり，垂直的公平性とは経済力が異なるならば，経済力が大きい者の税負担を重くするべきとする考え方である。消費税は購入者側の事情を考慮しないので，水平的公平性に優れた税だといえる。10％の消費税率を適用することは，その商品を購入できる経済力を有する者に対して等しい負担を求めているからである。一方，垂直的公平性の観点からは，消費税には問題がある。むしろ高所得者において消費税の負担が軽くなるという逆進性が発生しているからである[24]。

簡単な数値例を見ていこう。低所得者の年収を 300 万円，高所得者の年収を 1,000 万円とする。税率 10 ％ケースにおいて，年収 300 万円の低所得者が収入のほとんどである 270 万円を消費していると，これに 27 万円の消費税が課せられる。この 27 万円が収入に占める割合は 9 ％（＝27÷300）である。一方，年収 1,000 万円の高所得者が 540 万円を消費したときの消費税の負担は 54 万円であり，上記と同じ対収入比率は 5.4 ％（＝54÷1,000）に留まる。消費支出に対する消費税の割合は，両者とも税率のとおりの 10 ％であるが，収入額に占める割合は高所得者の方が低くなる。これが消費税における逆進性である。逆進性が生じる原因は，高所得者は収入のすべてを消費に回さず，一部を貯蓄しているからである。消費行為に対して課税する消費税では，収入があっても貯金して使わなければ税の負担が及

24　消費税の負担については多くの実証分析がなされている。金子・田近（1989），上村（2001，2006），村澤ほか（2005），小塩（2010），森・森田（2016）を参照。

ばない。貯金ができるのは高所得者だけだから，収入を経済力の尺度にすると，消費税の負担の程度は，貯金ができず収入の大部分を消費している低所得者において大きくなってしまうのである。

　このように本来は福祉などの再分配政策を実施すべきなのに，消費税ではそれに逆行するような事態が生じている。消費税のしくみのなかで，この問題の解決を図るのが軽減税率である。低所得者だけが消費している商品に軽減税率を適用すれば，それだけ消費税の負担が小さくなるからである。このような商品の代表例が食料品なのである。高所得者が購入せずに低所得者だけが消費するような食料品を探すのは困難であるが，エンゲルの法則によると消費支出に占める食費の割合は，高所得者に比べると低所得者において高いから，食料品に軽減税率を適用すれば逆進性の問題をいくらかは緩和することができる。これが日本において軽減税率が導入された理由である。

■　軽減税率に対する反対意見

　食料品に対する軽減税率の導入には強い反対論がある。第１に，対収入比率という尺度でみると逆進性は緩和されるが，実額ベースでみると軽減税率のメリットを受けるのは，むしろ高所得者であるという点である。食料品への支出額は高所得者の方が多いから，軽減税率により消費税の負担額がより多く減るのは高所得者である。また，低所得者に比べると高所得者が購入する食料品は高級品であり，そのため価格が高いので，それだけ軽減税率で価格が低下する程度が増すことになる。第２に，生涯を通じた消費額でみると逆進性が成立しない可能性が指摘されている。高所得者が収入の一部を貯蓄するといっても将来のいつかには，その貯蓄を取り崩して消費するはずであり，その際には消費税を負担するので生涯収入に対する消費税額の負担率は，低所得者，高所得者ともに同じとなる。第３に，すでに指摘したとおり税制の複雑化を招く点である。企業には，税率ごとに商品価格や売上高を仕訳けする作業が新たに発生し，税務署側には異なる税率が正しく設定され，それに基づいて納税事務がきちんと行われているかを監視する作業が必要になる。

　第４に，消費税の外側のしくみで対応するべきという反対論である。軽減税率のメリットは高所得者にも及ぶので，それだけ逆進性を緩和させる効果が小さくなる。

低所得者だけに限定して，資金を補助した方が効果的である。日本では2010年前後に給付付き税額控除の議論が盛り上がったが，この給付付き税額控除のしくみを活用すれば，消費税の逆進性が緩和できる。給付付き税額控除とは，所得税のしくみを利用するものであり，低所得者の所得税の負担額を税額控除という形で減額する。高所得者には税額控除を適用せず，課税最低限以下で所得税を負担していない人たちには，税の減額ではなく給付金を支給する。つまり，所得税を負担しないほどの低所得者には給付金，所得税をわずかだが負担している中所得者には所得税の減税，そして所得税を多く負担している高所得者には給付金や減税を適用しないという違いを設けることになる。先行研究における試算値によると，消費税率の2～3％ポイントの引き上げケースでの負担額はそれほど多額ではなく，この制度の対象者の多くは課税最低限以下の者である。すると所得税のしくみを併用してまで，給付金を支払う必要があるのかという疑問が生じる。そのためわが国では，給付付き税額控除の導入は見送りとなっている[25]。

　第5に，日本ではすでに再分配政策が展開されており，逆進性対策は必要ないという意見がある。日本の所得税は累進課税であり，そこで所得再分配が行われていること，税制以外にも多くの社会保障政策において社会的弱者が支援されている。消費税がもたらす分配上の問題は，すでに別の政策展開によって解消されているから，軽減税率の必要はないとする反対論がある。

▨　痛税感の緩和を実感させる

　軽減税率の賛成論のなかに，購入頻度が高い食料品に軽減税率を適用すれば，国民は税の軽減を実感するはずだという意見があった。あとから給付金を渡しても，そのメリットは実感されにくく，消費増税への理解を得るためには日々の購入時に，そのつど減税メリットを感じさせた方が効果的というわけである。あいまいで根拠を欠くと批判された「痛税感」について考えてみたい。

　第1に，これは資金制約の問題である。消費税のしくみとは別に給付金を支給す

25　給付付き税額控除は，アメリカのEITC（Earned Income Tax Credit）のしくみを念頭においたが，子育て支援のために金額規模が大きい給付を実施している。森信編著（2008）を参照。試算例としては高山・白石（2011）がある。

る方式だと，前もって手元や銀行口座に給付金が支給されていない限り，消費者は資金制約の問題に直面する。増税後しばらく経ってから給付していたら，それまでの間は資金をやり繰りしなくてはならず，これは負担感となる。第2に，食料品といった生活必需品は，需要に対する価格弾力性が小さい非選択的な商品である点がある。価格が上昇するのならば，その商品の購入を控えればよいが，食料品は値段が高くても買わざるを得ない。これも痛税感といえるだろう。第3に，日本の消費税が他国に比べて優れているとされてきた幅広い課税ベースが痛税感の元になる。ほぼすべての商品の価格が一斉に上昇するため，それだけ増税が強く印象づけられてしまう。

　上記の3つの痛税感が，給付金や給付つき税額控除のしくみによって，いずれは経済的に補償されることを国民に説明し，冷静な判断を促せば対応できると思われる。なぜ，国民は納得しないのだろうか。痛税感の第4の原因としては，国民の政府に対する不信感があるだろう。2000年以降の日本では格差社会が到来し，非正規雇用の問題がクローズアップされ，社会におけるセーフティネットの欠如が指摘された。消費税は逆進的だから，税制とは別に補償策を用意すると説明しても，既存の再分配政策に不備を感じている国民はそれに納得することがなく，消費税のしくみのなかで所得再分配の実現を求めたのである[26]。

■　価値財や外部性の是正

　日本では，定期購読する新聞も軽減税率の対象となる[27]。生活必需品以外の商品に軽減税率が適用される理由は，医療サービスや学校教育が非課税とされることに類似しており，逆進性の緩和とは，やや性格が異なる。この点について解説する。新聞は価値財だからである。欧州では，文化施設への入場料やスポーツ観劇が軽減税率の適用対象となっている。これは文化活動が及ぼす社会へのメリットに着目して，この消費を喚起するものである。わが国の新聞についても報道や活字文化への

26　James（2015）による。欧州諸国において複数税率が存在する理由として所得税における再分配機能の低下を指摘するが，この説明は日本の状況をよく説明すると思われる。

27　ただし，わが家には2018年末に新聞販売店が値上げのお願いに来た。先方が大変なのは承知しているので了解した。

寄与に価値があるとされている。ただし，これにも批判がある。文化保護を目的した軽減税率は，むしろ消費税の逆進性を高めてしまう恐れがあるからである。欧州ではオペラ観劇のチケットに軽減税率が適用されているが，チケット代がとても高価なのでオペラを観るのは金持ちだけだ。するとこの税制は金持ち優遇になってしまう。

■　軽減税率を支持する新しい理由

欧州諸国では軽減税率の適用品目が，飲食料品，医薬品，医療器具，公共料金，新聞・書籍，観劇・テレビ受信料，住宅サービス，社会サービス，ホテル・レストランなど広範に設定されている[28]。これらは基礎財，公共サービス，価値財，へき地優遇といった理由によって支持されてきたが，2000 年以降に 3 つの新たな理由が浮上しているので紹介をする。

第 1 に，自家生産を防ぐという理由である。理髪業，クリーニング，飲食店，住宅リフォームなどへの軽減税率の適用が追加された。理髪業の税率が高くなると人々は自分で整髪してしまう。しかし，これは個人の時間の使い方としては非効率であり，専門家に任せた方が社会全体の時間の使い方としては望ましいと考えられる。経済学の用語で説明すると，経済における効率性が増すということである。第 2 に，地域における雇用を護るという理由がある。飲食店やクリーニング業はサービス労働を要するので，地域社会に雇用の場を提供している。欧州では移民の就職先にもなっている。したがって，これらのサービス業に対して軽減税率を適用して優遇することは，雇用の維持につながる。この 2 つの考え方に基づいて，欧州では軽減税率の拡大が実現している。そして財政学の分野では，これらの軽減税率により価格が本当に低下したのか，といった課税の帰着に関する研究が活発化した。第 3 に，環境関連の商品に軽減税率を適用する動きが強まった。公害という外部性問題への対応が意図されており，税を下げてリサイクルなどの需要を増やせば公害問題の解決につながるからである。

---

[28]　European Commission (2018) など。欧州委員会は毎年，加盟国における付加価値税の適用状況を調査し，これを公表している。

4 消費税の転嫁対策

4.1 何のための転嫁対策なのか

■ 物価モニターと消費税の表示義務

　消費税における転嫁対策は，増税を契機として税抜き価格が変化することを極力，抑制することをねらいとして実施されるものである。税抜き価格が上昇する過剰転嫁とその逆の過小転嫁を回避し，税率のとおりに税込み価格を上昇させる完全転嫁を目指す。しかし，企業が自由に商品の販売価格を決定することは，自由主義経済における大原則だから，完全転嫁を政策的に誘導することは容易ではない。さらに2014年の消費増税では，多くの商品において完全転嫁が一時的ながらも実現したが，それが一斉に発生してしまって，かえって経済ショックを引き起こしたという苦い経験がある。これを受けて，現在では商品ごとに価格の上昇時期をずらすといった転嫁対策が求められている。本節では，近年に注目を集めている消費税の転嫁対策について考えてみたい。

　消費増税の前年にあたる2013年に，わが国では消費税転嫁対策特別措置法（正式名称は「消費税の円滑かつ適正な転嫁の確保のための消費税の転嫁を阻害する行為の是正等に関する特別措置法」）という法律が定められた。消費税の転嫁対策は，この時からスタートしたと考えられがちだが，この理解は正確ではない。1989年に消費税が創設された当初から転嫁対策は実施されている。そして，その内容は消費税転嫁対策特別措置法にほぼ同じであった。時計の針を1989年まで戻して，消費税の創設以来の転嫁対策について復習する。

　消費増税を3か月後に控えた1989年1月に，政府は新税制実施円滑化推進本部を設置している。そこで目的とされたのは，ⅰ）企業や消費者向けに消費税の広報活動を行うこと，ⅱ）価格への消費税の適切な反映と便乗値上げの防止を図ることの2つであった。これを受けて，便乗値上げの防止，転嫁の円滑かつ適正な実施，公共料金における転嫁といった政策が講じられた。また，公正取引委員会では価格表示に関するガイドラインを示している。このガイドラインは，消費者が税抜き価格と税込み価格を誤認することを防ぐことをねらいとして，価格表示において「税込み」「税別」「消費税額」といった表記を明確にさせて消費税の金額をわかりやす

くした。当時，便乗値上げの防止が目指されたことは，その後の日本経済が物価の低迷に苦しめられて，むしろインフレーションが渇望されている現状からみると隔世の感がある。政府は便乗値上げを直接的に規制することはできないので，完全転嫁の実施を民間企業に呼びかけ，物価を注視することくらいしかできない。しかし，政府による物価モニターの強化などには一定の効果があった模様であり，多くの商品においてほぼ消費税率に一致する価格の上昇が実現した[29]。

◼ 買い叩きの防止

　消費税の転嫁対策には，消費者向けの価格政策とは別に買い叩きの防止という重要なねらいがある。増税後の販売不振を懸念する企業が，税抜き価格の引き下げを意図した場合，それを自社の利益を圧縮することによって賄う方法を消転，仕入れ先に値下げ要請をする方法を後転と呼ぶ。このうちの後転が買い叩きである。企業間の取り引き価格は，売り手と買い手による交渉によって決められる。消費税の転嫁対策において問題行為と見なされるものは，売り手が中小企業，買い手が大企業というケースにおいて，買い手側の大企業が売り手側の中小企業に対して，優越的な地位を利用して価格の値引きを要請することである。買い叩きという不正行為を実際に認定するためには，「消費税の一部を御社で負担してください」といった消費増税をきっかけとして値下げ要請があったことを証明しなくてはならず，これは容易なことではない。しかし，先述の販売価格における完全転嫁の要請が，どちらかというと企業に対する協力要請という性格が強いものであるのに対して，買い叩きの監視は，公正な競争の実現という観点から支持されるものであり，規制的な措置を展開することができる。企業間の取り引きにおいて，完全転嫁を実現させる一助になったものと思われる。

　買い叩きを防止するための具体策とは，以下のようなものである。第 1 に，中小

29　個別の商品価格の監視は，消費者や企業向けのアンケート調査によって把握された。全体の物価動向は消費者物価指数（CPI）によって判定される。CPI は消費税込みの価格に関する統計値である。なお，CPI の対象品目には，保険医療サービスのような非課品が含まれるので，完全転嫁ケースであっても CPI の上昇率は，消費税率の引き上げポイントよりもやや小さくなる。

企業に価格カルテルを認めることである。同じ業界などに所属する中小企業が，価格の表示や値上げについて共同歩調をとることは，本来はカルテル行為なので違法である。しかし，増税時に限って，消費税の転嫁を目的とする価格カルテルの形成を容認した。第2に，下請け叩きの防止である。政府内に通報窓口などを設定することにより，買い叩き被害を受けた企業から情報を収集し，問題行為があった企業に対して行政指導を行った。

■ 1997年増税における誤算

　1997年の増税時における転嫁対策は1989年のものを踏襲したが，これが思わぬ騒動を引き起こした。そして，2013年における法律制定の引き金になっていくのである。1997年の転嫁対策でも，消費者向けの商品においては便乗値上げを防止すること，そして中小企業のために大企業による買い叩き行為を防止することがねらいとされた。このうちの前者に問題があったのである。長引く不況により物価の安定が定着するなかでは，対策を講じるべきは過剰転嫁ではなく，むしろ過小転嫁の方であった。ある大手のチェーンストアが，傘下の系列店において増税後に「消費税還元セール」と銘打って特売を実施したところ，予想を超える集客に成功したのである。そして，これに追随する動きが他店にも広がった。

　消費税率が3％から5％に変化するなかで，税抜き価格を引き下げれば，増税後の税込み価格を抑制することができる。これは過小転嫁であるが，問題は「消費税還元セール」や「増税分を頂きません」といった店頭表示が消費者を誤認させる恐れがあったこと，他店における消費税の円滑な転嫁を阻害したこと，そして消費税を負担するのは消費者であるという考え方を否定したことである。実際には増税後の税率である5％が商品価格には適用されており，これが預り消費税になっていたので，旧税率である3％を適用しているといっても，増税分を消費者に返金した訳ではない。

　消費税還元セールは，増税分を販売価格に転嫁するために努力していた他店，とりわけ中小店舗には打撃となり，さらに仕入れ先に対する買い叩きを誘発する恐れが生じた。家計による消費行為に負担を求めるという消費税の理念にも対立した。このチェーンストアは増税分を自社が負担するという消転を選択したのであり，そ

の原資は自社の利益圧縮や経営改善により引き出したと思われる。このような企業行動には，それ自体は問題がないものの，周囲には悪い影響を及ぼしたのである。

■　内税方式と外税方式

2004年に消費税法が改正されて，消費税は内税方式（総額表示方式ともいう）に統一された。内税方式とは，商品のタグや値札，メニューにおける価格の表示において税込み価格を記載するものであり，これに対して外税方式とは，税抜き価格を記載し，消費税額についてはそれとは別に記載する方法である。1989年の消費税の創設時から2004年までの間は，内税方式と外税方式のどちらでもよいとされていた。当初こそ消費税が新しかったので，外税方式により消費税を別掲する表示が多かったが，次第に内税方式が増えていった。そして2004年の改正により，内税方式に統一されたのである。そこでの理由は，外税方式では本体価格と消費税が併記されるので，消費者が一目でわからないというものであった。ところが，2013年末からは再び内税方式と外税方式の併存が認められている。これは消費税率が2段階で引き上げられる予定なので，消費税を別掲しておかないと，値札の差し替えに手間を要するとされたからである。

消費税の転嫁が容易なのは，外税方式と内税方式のどちらなのだろうか。企業間の取り引きにおける価格交渉はシビアであるから，内税方式と外税方式による違いはないだろう。また，冷静かつ合理的に判断できる消費者にとっても両者には違いがない。ところが筆者にとっては，スーパーなどの商品棚で外税価格をもとにして税込みである内税価格を暗算するのはひと苦労だし，傍らに小さな数字で消費税額や税込み価格が併記されていても，そちらに目が向くことはない。「全部で〇円くらいだな」と思ってスーパーのレジで精算してもらうと，予想以上に消費税が加算されていて戸惑うことがしばしばである。そして消費税の負担を強く意識するのである。内税方式だけが認められた時代において，筆者が消費税を意識することはむしろ少なかった。内税方式には消費税の存在自体を隠してしまうことにより，その転嫁を容易にしている面がある[30]。

4.2 消費税転嫁対策特別措置法

■ 買い叩きの防止など

消費税転嫁対策特別措置法の中身について見ていく[31]。独占禁止法では取引上の地位が優越している者が，相手先から利益を提供させたり，逆に損害を与えることを禁じている。また，下請法では親事業者が下請事業者に対して理由がなく減額させることを禁じている。消費税転嫁対策特別措置法は，これらの独占禁止法と下請法が規定する濫用行為に基づいて，以下の4つを禁止した。ⅰ）商品やサービスの価格を事後的に減額して消費税の転嫁を拒否すること，ⅱ）通常よりも低めの価格を定めて消費税の転嫁を拒否すること，ⅲ）消費税の転嫁に応じることと引き換えに自社の商品を購入させること，ⅳ）公正取引委員会などに不当行為を知らせたことへの報復行為，である。この法律の実効性についてはそれを疑問視する見方もあるが，企業間の取り引きにおいて下請け企業が過小転嫁に陥ることを防いだことには一定の効果があったと思われる。

■ 商店による店頭表示について

景品表示法は，企業による広告やチラシ，新聞を用いた宣伝や表示を規定する法律であるが，そこでの表示内容について，消費税転嫁対策特別措置法では，以下の2つを禁止した。ⅰ）消費税を転嫁していない旨の表示，ⅱ）値引きの全部又は一部が消費税に関連していると明示することである。企業努力によって過小転嫁することや，増税時における安売り，特売セールの表示自体は禁止しないが，消費税が減額される印象を与える広告を禁じている。その具体例は，「消費税還元セール」「消費税はいただきません」「消費税は転嫁しません」「消費税は当店が負担します」といったものである。また，値引きの一部が消費税と関連するとして禁じた表示例としては，「消費税8％分還元セール」「消費税率上昇分を値引きします」がある。税を転嫁しないとは言っていないが，それに相当する金額を値引きすると言っているので，実質的には消費税還元セールに相当するからである。

30　醍醐（2012）は，消費課税において税が隠されることを，アダム・スミスを引用しつつ問題があるとする。
31　山田・片桐・伊藤（2014）を参照した。

　値上げの時期や価格表示については，2018 年になって，上記とは逆方向の政策が追加されている。駆け込み需要と反動減を軽減するために，増税前から価格を引き上げることや増税後にしばらく価格を据え置くことが認められたのである。そこで 2014 年のときと同じく「消費税還元セール」といった表示は禁止されたが，「10月 1 日以降〇％値下げ」といった表示は認める方向に転換している。

■　転嫁カルテルの容認

　消費税転嫁対策特別措置法では，中小企業が多数を占める事業者団体が，消費税の転嫁の方法について共同で決定することを認めている。これは独占禁止法では禁止行為なので，消費税に限っての適用除外である。ただし，転嫁カルテルを行う際には公正取引委員会に事前に届けなくてはならない。消費税を上乗せすることや表示方法については，共同で決定することができる。ここで価格の決定自体は各企業に任されており，この点は注意が必要である。

第2章
消費税の経済理論

1. 消費税の転嫁と帰着

1.1 部分均衡分析と一般均衡分析

■ 転嫁と帰着とは何か

転嫁とは，ある税の納税義務者がその負担をほかの経済主体に移転させることであり，帰着とは，最終的にさらに別の経済主体がその税を負担することである。具体的に説明をしてみよう。スーパーがある商品を消費者に販売しており，この商品に課せられる消費税率が引き上げられたとする。この税を税務当局に納税するのはスーパーであるが，それを商品の価格に上乗せすれば，その負担はスーパーから消費者に移転するので，税が転嫁されたことになる。このように商品の流れに沿って税の負担が移動することを，前転という。スーパーは仕入れ先であるメーカーに税を転嫁することもできるが，これは商品の流れからみると逆方向なので，後転という。後転はメーカーからの仕入れ価格の引き下げによって実現する。さらにスーパーが自社の販売価格を引き下げることにより，消費税を転嫁せずに自己負担することがある。これも後転のひとつであるが消転と呼ぶことがある。

税が消費者に前転された場合には，この消費者はその負担をさらに移転することはできないから，この消費税は消費者に帰着する。一方，税をメーカーやスーパーに後転した場合には，税の負担はさらに移動していく。メーカーにおける生産活動は，機械や建物といった資本とそこで働く人たちの労働によって実現している。税込み価格の低下は資本の所有者である株主への配当を減少させ，あるいは労働者が手にする賃金を下落させるので，最終的には株主や労働者に税が帰着することになる。あるいは，全く異なる影響ルートを考えることができる。増税により調達した

資金を，政府が公的医療のための支出に回したら，消費税は医療サービスの利用者に帰着する。

消費税の経済的影響をめぐって議論が混乱することが多い理由のひとつは，消費税の転嫁と帰着のとらえ方が人によって異なるからである。消費税のすべてが前転される訳ではなく後転や消転があるはずだ，というのが本書の問題意識である。消費者だけに税が帰着しないなら，家計の負担は増税分ほどには低下しないので，その程度を把握しておかないと，軽減税率などの制度がどのように機能するか予想できない。また，消費増税により不況に陥ると主張する論者は，税収が低所得者や高齢者の所得を下支えすることや，将来の財政負担が軽減されることにより子供や孫たちの暮らし向きが改善されるといった効果を見落としている。さらに消費増税が短期的に不況をもたらしたとしても，中長期的にはマクロ経済が成長軌道に復帰するといった，時間ごとの経済状態の変化といった問題も税の帰着に関連した話題である。このように考えると，消費税の転嫁と帰着が影響する範囲は広範なものであり，すべての影響を完全に把握することは難しいことがわかる。そのため論者ごとの主張にズレが生じてしまい，百家争鳴の論争が続いているのである。

■ 税の帰着に関する5つのとらえ方

ここではアトキンソンとスティグリッツが示した税の帰着に関する5つの論点を紹介する。いずれも税の転嫁と帰着を経済学的に考える際の基本である[1]。第1に，生産者と消費者，そして生産要素への帰着である。これが通常に考えられている税の帰着分析であり，生産者価格や消費者価格の変化を検討するものであり，さらに生産者価格が変化すると企業の利潤が変化するから，生産要素の供給者である資本と労働に与える影響を考慮するといった分析手順がある。第2に，資本と労働に対する需要の相対的な変化がある。これは第1の論点に関連したものである。機械や設備を使用する価格のことを経済学の用語では資本収益率（もしくは資本レント）と呼び，労働の価格のことを賃金と呼ぶ。生産に必要となる資本と労働の組み合わせは，商品ごとに異なるから，ある商品だけに課税した場合には，資本収益率と賃

1　Atkinson and Stiglitz（2015）による。同書は1980年初版の復刻版である。

金に及ぼす影響が異なってくる。資本や労働が産業間で自由に移動するならば，課税の影響は資本収益率と賃金の変化を通して，他の産業にも及ぶことになる。第3に，個人における所得分配への影響である。これは個人を所得階層別に分けた場合には，所得階層別に見た課税の影響が異なる可能性に着目したものである。この問題を消費税に置き換えると，もし商品の需要パターンが所得階層別に異なっていたならば，多くの財に一律に課税する消費税であっても所得分配に変化をもたらす可能性がある。第4に，地域間での帰着の違いである。アトキンソンらは農業価格に対する支援策が生産地域にはプラスの効果，消費地域にはマイナスの効果を及ぼすという例を示した。日本の消費税をめぐる議論では地域性に着目したものは少ないが，欧州では過疎地域に軽減税率を適用するといった議論があり，これは地域間での帰着をめぐる議論である。なお，課税分析の経済モデルのなかには国際経済学にヒントを得たものがあるが，これは各国間の産業特性や需要構造の違いが国際貿易に与える影響を分析していく際のアプローチが，課税の帰着構造に似ているからである。第5に，世代間での帰着の違いである。これは現在の日本でもよく知られた論点である。もし消費増税をしつつ同額の所得補償などを家計に対して行ったならば，税の負担と帰着は現在の世代において完結する。しかし，すでに日本が抱えている国債の返済については次世代に引き継がれるから，その負担は将来世代に帰着する可能性が高まる。

■ 部分均衡分析による消費税の転嫁分析

　課税の影響メカニズムのうち一部だけを切り取って検討する方法を部分均衡分析と呼び，全体メカニズムを検討する方法を一般均衡分析と呼ぶ。部分均衡分析では転嫁と帰着のとらえ方に限界があるし，ときには誤った結論を導くことがあるが，すべての経済分析の基本である。はじめに部分均衡分析について解説をする。

　図2−1に示されるとおり，縦軸を価格 P，横軸を数量 Q としたグラフにおいて，ある商品に関する需要と供給を考える。消費者の需要曲線 D は右下り，企業の供給曲線 S は右上りとして描かれる。図中では理解を容易とするために直線として描いている。価格が低下すると，この商品を購入しようとする消費者が増えるから，あるいは同じ消費者であってもさらに追加して購入しようと考えるから，需要量は増

図2−1	消費税による市場均衡の変化

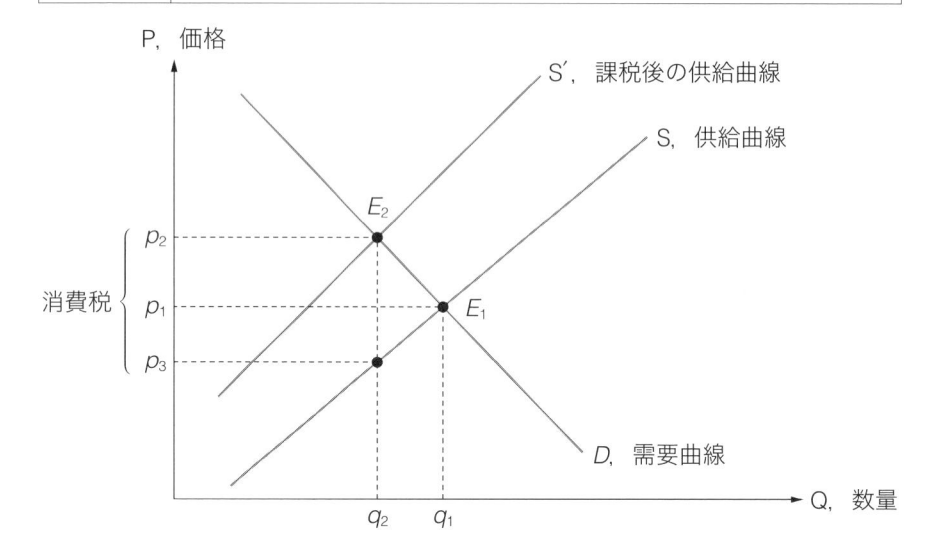

加する。したがって，需要曲線は右下りである。一方，供給曲線が右上りであるのは，価格が上昇するにつれて，それまではコストからみて利潤が確保できず生産を断念していた企業が，商品の供給をはじめるからである。ここで2つの点に注意をしておく。第1に，需要曲線が右下り，供給曲線が右上りという特徴は，先験的な法則ではなく観測された事実である。経済学者などが実際の商品における取引を観察した結果として導いたものである。したがって，商品によって曲線の傾きは異なるし，逆向きになることもある。第2に，市場メカニズムの因果関係と図中における縦軸と横軸の配置が数学とは異なり，初学者が混乱することがある点である。価格→数量という影響経路だから，本来は横軸を価格とした方が望ましいが，19世紀以来の経済学における慣例として配置の順序が逆になっている。

　さて需要曲線と供給曲線の交点 E_1 において市場取引が成立し，その時の取引数量は q_1，取引価格は p_1 となり，これらを市場の均衡点 E_1，均衡数量 q_1，均衡価格 p_1 と呼ぶ。均衡価格がひとつだけで単一であるというのは，実際の取引状況からみるとやや現実離れしているが，需要者と供給者が市場で向き合うことから両者の取引条件が一致して取引が成立すること，あるいはそこに近いところで価格と数量が

決定されることは現実に近く，均衡点 E_1 が実現すると考えるものとする。

■ 消費税の転嫁

　ここで特定の商品だけに消費税が課せられたとする。部分均衡分析なので，ほかの商品には消費税が課せられないと想定する。日本の現状を踏まえると非現実的な仮定であるが，欧州諸国では理容サービスの消費税率だけを引き下げたといった事例がある。

　生産者価格を p_s，消費者価格を p_d，税率 t とすると，これらの変数間には $p_d = (1+t)p_s$ という関係が成立している。生産者価格と消費者価格の違いをわかりやすくするために，課税後の供給曲線を S' として描くことにする[2]。新しい均衡点は E_2 である。取引数量は q_2 まで減少し，消費者価格は p_2，生産者価格は p_3 となる。ここで何が起きたのであろうか。

　第1に，市場で成立する均衡価格は課税前の1つから，課税後には生産者価格 p_3 と消費者価格 p_2 の2つに分かれる。この2つの均衡価格の差分が税である。第2に，均衡数量は課税前の q_1 から q_2 に減少する。均衡数量が減少してしまう理由は，課税により消費者価格が上昇することにより，この商品に対する消費者の購入意欲が低下するからである。一方，生産者価格は下落しており，これが企業による販売意欲の低下を引き起こして，供給量が減少する。2つの価格の差は供給曲線 S と供給曲線 S' の垂直方向の差分として示されるが，このなかで需要量と供給量の減少の程度が同じになるのは E_2 だけであり，そこで E_2 が課税後の均衡点になるのである。第3に，消費税の転嫁先とその程度である。課税後の消費者価格は p_2 であり，当初の均衡価格 p_1 と比べた差である $(p_2 - p_1)$ が消費者への転嫁額である。そして，課税後の生産者価格は p_3 だから $(p_1 - p_3)$ が企業への転嫁額となる。消費税のすべてが消費者に前転されている訳でなく，$(p_1 - p_3)$ については企業側に後転されたことが見てとれる。これが消費税の転嫁分析の出発点となる。

2　消費税は従価税だから S と S' は平行ではない。なお，後述するとおり，消費増税に伴う価格上昇はわずかなので，わかり易さを優先して S と S' を平行として議論することがある。このときには供給曲線を上方にシフトさせるかわりに，需要曲線を下方にシフトさせても分析内容には変わりがない。

■　転嫁の程度を決める価格弾力性

　図2−1では，消費者と生産者にちょうど半分ずつ消費税が転嫁されているが，これは需要曲線と供給曲線をそのように描いたものであり，消費税の大部分が消費者に転嫁されることや，それとは逆に生産者への転嫁が多くなることがある。結論を先取りすると，需要もしくは供給の価格弾力性の小さい方に消費税は転嫁される。

　価格弾力性について説明する。経済学における弾力性とは変化率の比であり，価格弾力性では，分母に価格変化率，分子に数量変化率を配置する。例えば，供給の価格弾力性は，価格が1％だけ上昇した際に，企業の生産量が2％だけ増えた時に2.0（＝2％/1％）となる。需要の価格弾力性は少しだけ複雑である。価格が1％だけ上昇した際に，消費者の需要量は3％だけ減少したならば，両者の比は−3（＝−3％/1％）である。このままでもよいのだが，需要の価格弾力性については，このマイナス値を反転させて絶対値として3（＝|−3|）とすることが多い。価格弾力性が大きいということは，価格の変化による需要もしくは供給の反応の程度が高くなることを意味する。

　消費税が企業と消費者のどちらに転嫁されるかを決めるのは，この価格弾力性である。需要の価格弾力性が大きい状況を考えてみよう。商品の価格が上昇すると，消費者はたちまち購入量を減らしてしまうので，販売側の企業は税をうまく消費者に前転させることができず，そのため消費税は企業側に後転される。これを示したのが，図2−2におけるパネルAである。需要の価格弾力性が大きいと，右下りの需要曲線の傾きが小さくなって水平に近くなる。課税前の価格 p_1 に比べて課税後の消費者価格 p_2 はそれほど上昇せず，消費税の大部分は生産者に転嫁されることが見て取れるだろう。一方，需要の価格弾力性が小さいと，消費者は価格が上昇しても購入量を減らすことはなく，むしろ価格が上昇しても購入量を維持しようとするので，企業は首尾よく消費者に税を転嫁することができるのである。これを示したのが図2−2におけるパネルBであり，課税前の価格 p_1 を課税後の消費者価格 p_2 が大きく上回っている。

　速断は禁物であるが，ここで消費税の実際について考えてみたい。需要の価格弾力性が小さいのは食料品などの必需品や需要に嗜好性が認められる酒類であり，これらの商品では消費税により価格が上昇しやすいことが予想できる。一方，耐久消

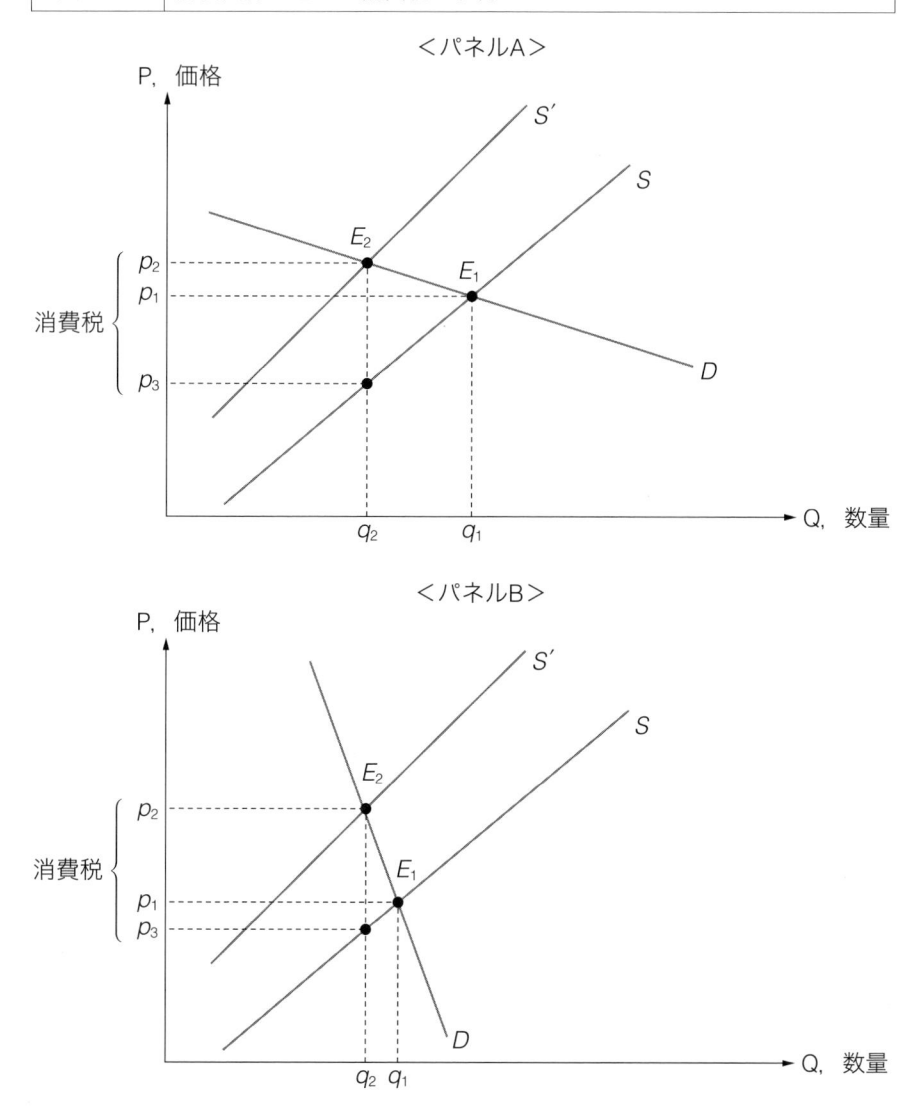

図 2-2　需要曲線の違いと消費税の転嫁

費財などは購入頻度が低く必需品とは言い難いが，消費増税しても税は生産者側に転嫁されて，消費者価格はそれほど上昇しないだろう。しかし，これでは税のすべてを消費者に完全転嫁させることにより，家計が消費税を負担するという理念から

外れてしまう。どうしたらよいのだろうか。第1に、ここでは部分均衡という分析フレームを考えている。価格は他財との相対価格である。つまり、税がない商品に比べて課税商品の価格が相対的に上昇するから、需要量が減少するのである。すべての商品に消費税を課税すれば、そもそも相対価格が変化しないから、需要量が減少することはないだろう[3]。図2-2におけるパネルBに近い状態を目指すのである。第2に、企業側の供給価格の低下を防ぐことである。これが消費税の転嫁対策であり、特別に転嫁カルテルを認めることにより値崩れを回避するのである。図中には示さないが、この場合には供給曲線が水平になることにより完全転嫁が実現する。なお、長期的には消費税は消費者に前転されるという主張を聞くことがあるが、これも供給曲線が水平になることを前提とする議論である。長期においては、企業の参入が続くので供給構造が弾力的になるからである。

■　数式による説明：従価税の場合

本項における説明については、初学者は読み飛ばしてよい。消費税の転嫁が需要曲線と供給曲線の傾きに依存すること、数式に慣れてもらうことが、ここでの説明の目的である。需要曲線、供給曲線、消費税（比例税）[4]を以下のように設定する。qは数量、p_dは消費者価格、p_sは生産者価格、tは消費税率である。α, β, γ, δはいずれも正値のパラメータであるが、需要曲線と供給曲線が交わるために$\alpha > \gamma$という条件を置く。

(2.1)　　需要曲線　　　$q = \alpha - \beta p_d$

(2.2)　　供給曲線　　　$q = \gamma + \delta p_s$

3　ここでの議論は、消費税分だけ実質所得が減少して需要が低下するという所得効果を考慮外にしている。

4　(2.3)式は、p_s（生産者価格）に税が上乗せされてp_d（消費者価格）が形成されることを表すものである。市場で成立する価格はp_dであるから、供給曲線がシフトすることを示すためには$p_s = (1/1+t)p_d$と表記した方がより正確である。

(2.3)　　価格式　　　　$p_d = (1+t)p_s$

消費税が生産者価格 p_s に与える影響を分析したい。(2.3)式を (2.1)式に代入し，これを需給の均衡条件をもとに，(2.2)式と等しくなるようにモデルを解く。

(2.4)　　需要曲線　　　$q = \alpha - \beta(1+t)p_s$

均衡点では需給が一致するので，(2.2)＝(2.4)となり (2.5)式を得る。

(2.5)　　$\alpha - \beta(1+t)p_s = \gamma + \delta p_s$

これを p_s について解くことから (2.6)式を得る。

(2.6)　　$p_s = \dfrac{\alpha - \gamma}{\delta + \beta(1+t)}$

$\alpha > \gamma$ なので，(2.6)式における右辺の分子はプラスである。増税により t が上昇すれば，分母がそれだけ大きくなるので p_s が低下することが見て取れる。問題はその程度である。β が十分に小さいと，t の上昇が (2.6)式における分母を増やす効果が小さくなるから，p_s が下落する程度が小さくなる。(2.1)式を消費者価格 p_d について解くことから，(2.7)式を得る。

(2.7)　　$p_d = \dfrac{\alpha}{\beta} - \dfrac{1}{\beta} q$

(2.7)式において β が小さいと，$1/\beta$ は大きくなる。これは右下がりの需要曲線において，その傾きが大きくなることを意味している。消費者価格の上昇が大きくなって，消費者に税が転嫁されることになる。

■　数式による説明：従量税からの近似

　(2.6)式は何ともわかりにくいが，これは課税方法を消費税に忠実に従うことから従価税として定義したからである。実は課税方法が従量税であると，税と生産者価格の関係をもっと直観的に表現することができる[5]。たばこ税やガソリン税のように価格に関係なく，数量ごとに税が課せられる税のタイプを従量税と呼び，この場合これまでの価格式（2.3)式は，(2.8)式のように書き換えられる。

$$(2.8) \qquad 価格式 \qquad p_d = p_s + t$$

　この式を用いて生産者価格 p_s を解くことにより（2.9)式を得る。

$$(2.9) \qquad p_s = \frac{\alpha - \gamma}{\beta + \delta} - \frac{\beta}{\beta + \delta} t$$

　(2.9)式からは，税 t が上昇すると生産者価格 p_s が低下すること，その大きさは需要曲線の傾き β と供給曲線の傾き δ に依存していることがよくわかる。この関係をより一般化すると，課税による生産者価格の変化を，需要の価格弾力性 ε_d と供給の価格弾力性 ε_s を用いて，(2.10)式のように表すことができる。消費増税によって引き上げられる税率は，せいぜい 2～3 ％ポイントなので生産者価格からみると十分に小さい。そこで消費税のような従価税の影響についても（2.10)式によって近似することが可能となる。供給の価格弾力性 ε_s が大きくなれば，課税によって生産者価格 p_s に転嫁される程度が小さくなるのは，これまでの議論と同じである。需要の価格弾力性 ε_d の影響は，供給の価格弾力性 ε_s との相対的な大きさに依存している。

$$(2.10) \qquad \frac{dp_s}{dt} = - \frac{|\varepsilon_d|}{|\varepsilon_d| + \varepsilon_s}$$

5　Fullerton and Metcalf（2002), Salanié（2011) を参考にした。

■ 一般均衡分析と消費課税の転嫁

消費税が前転されると，税は商品を購入した消費者に帰着するが，後転された場合には生産活動に関与する資本や労働に帰着していく。この影響経路を分析するためには，部分均衡分析では十分ではなく，一般均衡分析のフレームが必要となる。課税分析のための一般均衡分析の基本が整ったのは 1962 年であり，ハーバーガーのモデルと呼ばれている[6]。

以下では，一般均衡モデルを用いた課税の帰着の考え方について説明するが，はじめに分析モデルの基本的な構造について述べておく。このモデルが想定する経済には，消費財と資本財という 2 つのタイプの財が存在しており，消費財は消費財セクター，資本財は資本財セクターが生産する。それぞれの産業セクターは，いずれも資本と労働という 2 つの生産要素を用いて生産活動に従事しており，生産要素である資本量と労働量は一定であって増えることはないが，2 つの産業間では資本と労働は自由に移動できるものとする。

この分析モデルを用いて，2 つの財のうち消費財だけに従価税タイプの商品税が課された場合について考えてみる[7]。消費財においては，税の分だけ消費者価格が上昇するから，この消費財に対する需要は減少することになる。ここまでの分析は，部分均衡モデルに同じである。一般均衡モデルが威力を発揮するのは，需要の減少に直面した消費財セクターが，資本と労働のどちらに税を帰着させるかが分析できる点にある。消費財セクターにおける生産形態が労働集約的であるとする。消費財の生産が低下するから，消費財セクターによる資本と労働に対する雇用はいずれも減少するが，上述の労働集約型産業という特性が効くことにより，生産要素の中でも労働に対する需要が相対的に減少していく。

資本と労働は，どちらも一定量が存在しており，失業はないと想定すると，資本と労働に対する資本収益率と賃金が低下することにより，これらの使用を回復させるメカニズムが働く。そこでは労働の価格である賃金における相対的な下落の程度が大きくなる。このように考えると，税は賃金の下落という帰着をもたらすという

---

6 Harberger（1962）が原論文である。
7 ここでの説明は，貝塚（2003）を参考にした。

結論が得られる。逆に，消費財セクターにおける生産様式が資本集約的であったならば，資本収益率の下落という帰着がもたらされる。以上が，一般均衡分析による課税の帰着分析の概要である。生産部門における資本・労働投入比率の違いが，税の帰着に影響するというのが，このモデルにおける主張を支えている。一般均衡モデルの帰着分析はここで終了するが，さらに帰着の経路を追うことにより，税込みの消費財価格の上昇や賃金の下落が及ぼす影響について考えることができる。消費財価格の相対的な上昇は，家計のなかでも消費財に対する支出割合が高い階層を不利にするだろう。そして賃金の下落は，資本所得が少なくて賃金所得が多い階層を不利にする。こうして税は所得分配にも影響することになる。

■　一般均衡分析による帰着分析の妥当性

　一般均衡分析による消費税の帰着分析の妥当性について考えてみたい。実際の消費税分析に対しては，何を示唆するのであろうか。

　第 1 に，日本の消費税は課税ベースが広いから，モデルにおいて，課税される財と課税されない財を 2 分して設定することは，非現実的な想定だという批判がある。もし課税品しか存在しないのなら，すべての財に等しく比例税を課すことは，資本と労働に同率の所得税を課すことと等価となり，上述のような差異は発生しなくなる[8]。しかし，この点に関しては，消費税の実態を見るとそうとは言い切れない面がある。確かに消費財における非課税品については，第 1 章で見たとおり公的医療サービスなどに限定されるが，企業が設備投資として購入する機械や建物には課税されないし，消費財であっても輸出品であったならば日本の消費税が課されることはない。すると一般均衡分析が示すように，現実の世界には課税品と非課税品が混在しており，賃金のような一部の生産要素の価格がより低下しているかも知れないのである。むしろ，単一税率だから増税しても相対価格は変化しない，資本と労働に対する影響は中立的であるとする見方にこそ，再検討の余地があることを一般均衡分析は示唆している。第 2 に，消費税は多段階課税であり，バリューチェーンの

8　これが消費ではなく所得を課税ベースとする支出税の基本的な考え方である。また，消費に対する比例税と資本と労働に対する比例税が，同じ税の帰着をもたらすことを「税負担の等価性」という。

各所において生産に関与する企業ごとの資本・労働比率は異なるので，賃金だけが下落するとは断言できないという批判がある。上述の分析モデルでは，商品販売の最終段階だけに商品税を課税するという想定をしているから明瞭な含意を導いている。しかし，現実の消費税は多段階課税であり，税の後転が取引段階をさかのぼっていくならば話しが違ってくるだろう。小売店では労働集約的，メーカーでは資本集約的な生産形態にあることが多いので，その帰着は一般均衡分析が示唆するものに比べると曖昧になる。

1.2　不完全競争における企業行動

■　価格支配力の可能性

　これまでの部分均衡分析と一般均衡分析は，いずれも完全競争市場という分析フレームに立脚したものである。完全競争市場における最大の特徴は，消費者と企業が価格支配力をもたない点にある。両者は価格受容者とされ，そのため市場全体の傾向を示す需要曲線と供給曲線を用いた均衡価格と均衡数量に関する分析が展開され，個別企業の行動が検討されることはない。

　しかし，消費増税の経済分析においては，この完全競争市場という前提それ自体について再考の余地がある。例えば，わが家では毎週末，近所のスーパーに買い物に出かけるが，事前に購入品リストを決めており，価格の多寡に係らず品物を購入している。店頭で値引き交渉をしたことは一度もない。時々，別のスーパーに出向くが，そこで購入する品物は，従前のスーパーで購入している食品メーカーの製品と同一である。店舗が異なるから購買品のブランドを変えることはない。スーパーやメーカーは少しくらい価格が高くても自社製品を購入してくれる顧客の存在を感知しているに違いなく，ここに価格操作の余地が生まれる。つまり，消費者は価格受容者であるが，供給者側であるスーパーや食品メーカーは価格支配力を有しているように思われる。このような市場構造を，経済学では不完全競争と呼ぶ。消費税が一斉に引き上げられても，消費者価格や生産者価格に及ぼす影響には，商品ごとに差異が生じるのではないか，これが以下での問題意識である。不完全競争の理論と消費税の関係について考えてみたい[9]。

　はじめに準備として，いくつかの用語について解説をしておく。不完全競争には

いくつかのタイプが存在する。第1に，企業数に基づいて競争タイプを分けるものである。市場に1社しか生産者が存在しないものを独占と呼び，複数の生産者が存在するものを寡占という。商品を供給する企業の数が少ないから，それぞれの企業に価格支配力が生まれるのであり，企業数が多くなるにつれて完全競争に近くなって，企業の価格支配力は消失する。消費者に関しても，独占や寡占を想定することができるが，スーパーや小売店の店頭において，消費者の人数が限られることは通常はなく，以下では考慮外とする[10]。第2に，競争の対象に基づいた分け方がある。寡占の場合には，各企業は価格支配力を有しながらも互いに競争をするので，何をめぐって競争するのかという問題が生じる。数量をめぐって競争することをクールノー競争と呼び，価格をめぐって競争することをベルトラン競争と呼ぶ。第3に，商品における同質性の有無に基づいて競争タイプを分けるという考え方がある。商品の内容がまったく同じものを同質財，少しだけ異なるものを異質財と呼ぶ。スーパーにおいて，類似商品は同じ商品棚に並べられて展示されているが，互いの商品内容は微妙に異なっている。商品間の異質性が高まると，それだけ競争圧力が弱くなり，商品ごとの価格支配力が増す。

■　独占企業の価格戦略

　完全競争企業における均衡価格は，市場における需給の一致から決まるが，独占企業の場合には，市場で販売する価格を自社が決めなくてはならず，そこには何らかの行動原理があるはずである。それは，企業における利潤（売上高マイナス費用）の最大化である。すべての企業が利潤の最大化のためにビジネスを展開しているかについては議論の余地があるが，会社が赤字になると市場から退出していくことも事実である。そこで，経済学では利潤の最大化を企業の目的関数として研究を進めるのが一般的である。

　利潤最大化の条件は（限界収入＝限界費用）であり，企業は両者が一致するよう

9　Atkinson（2014）は，イギリスにおけるスーパーにおける寡占状況に言及しつつ，不完全競争フレームでの転嫁分析の重要性を指摘している。

10　消費税は中間財の取引でも課税される。供給側の部品メーカーに比べて，需要側の大手メーカーの方が価格支配力を有することはあるだろう。

に生産量を調整して利潤を最大化させる。限界収入とは，企業における生産量が1単位増えたことに起因する収入の増加であり，限界費用とは同じく生産量が1単位増えたことに起因する費用の増加である。もし，（限界収入＞限界費用）ならば，この企業は生産量を増やすことにより費用の増加を上回る収入の増加が確保できるので，それだけ利潤が増える。逆に（限界収入＜限界費用）ならば生産量を減少させることにより利潤が増える。そのため企業における利潤最大化は，（限界収入＝限界費用）となる生産量によって達成されるのである。

　図2−3では，独占企業における税の転嫁について示した[11]。ここでは，縦軸に価格P，限界費用，限界収入をとり，横軸は数量Qとしている。図中における需要曲線Dは右下りである。この時，限界収入曲線MRも右下りであるが，その減少の程度（マイナスの傾き具合）は需要曲線Dよりも大きくなる。独占企業は消費者の需要と向き合っており，そこでは価格が低下すると売上量が増加する関係にある。限界収入は，いわば価格低下のスピードだから，右下りの需要曲線においては，価格の低下を上回って限界収入が減らなくてはならない。そのため限界収入曲線は需要

図2−3	独占企業における従量税の転嫁

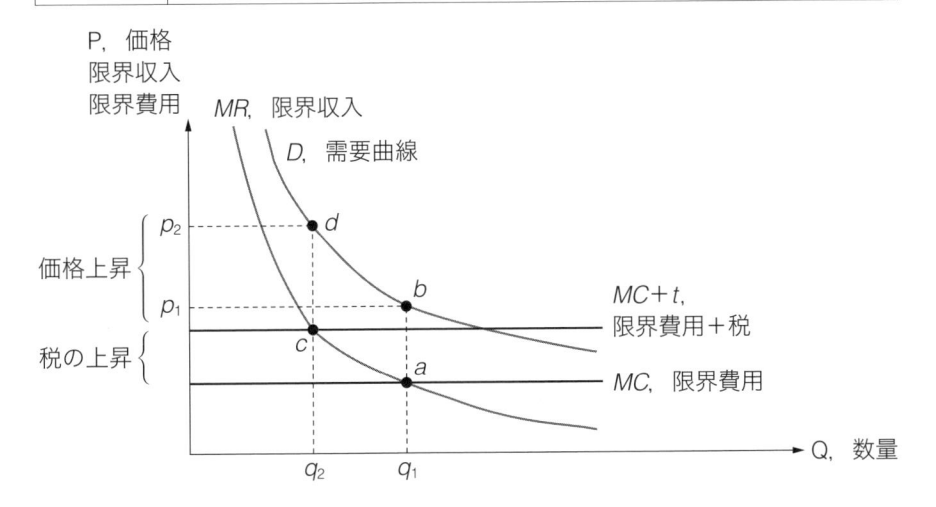

11　ここでの説明は，Pindyck and Rubinfeld（2018）を参考にした。

曲線の下側に位置している。限界費用曲線 MC については，簡便化のために一定とする。つまり，生産量が増えても，追加的な1単位の生産に要する費用の増加は同じである。

さて，課税前の均衡点については以下のとおりである。（限界費用＝限界収入）という利潤の最大化条件を満足するのは a 点であり，この独占企業は生産量 q_1 を選択することになる。生産量が q_1 になると，需要曲線 D を参照することにより，b 点に応じた価格 p_1 によりこの製品が販売されることになる。次に，税の影響について考えてみよう。図をわかりやすくするために，ここでの税は消費税のような従価税ではなく，従量税とする。従量税では単位当たりの税が一定なので，課税後の限界費用曲線はもとの限界費用曲線に平行となり，税額分だけ上方にシフトする。課税後の利潤を最大化させるのは，このシフトした新しい限界費用曲線と限界収入曲線の交点である c 点であり，生産量は q_2，価格水準は d 点に応じた p_2 となる。課税の前後での税額の変化と消費者価格の変化を比べると，図2－3を見る限り，増税分を上回る消費者価格の上昇，つまり過剰転嫁が発生している。実はこの図は，過剰転嫁になるように曲線群を描いたものであるが，独占市場においては過剰転嫁が発生する可能性が見てとれるだろう[12]。この点は，完全競争市場においては，完全転嫁と過小転嫁しか発生しなかったのとは対照的なものである。過剰転嫁がもたらされた理由に関する直観的な説明は次のとおりである。すなわち，増税により価格が上昇することにより数量が減少する。これを知っている独占企業は，価格をさらに引き上げることにより売上高の減少をカバーさせるように行動するのである。

■　数式による説明

税により独占企業が消費者価格をどのように変化させるかについて，もう少し詳しく見ておく[13]。はじめに，独占企業の限界収入と需要の価格弾力性の関係について考える。独占企業の収入 r は価格 p に数量 q を乗じたものなので，ここでは $r = p \times q$ という関係が成立している。独占企業にとっては価格と数量のどちらもが可

12　より正確に述べると，需要曲線が原点に向かって凸状であるほど過剰転嫁の程度が高くなる。Myles（1991）を参照。

13　Varian（2014）を参照した。

変であるから，収入の変化である Δr は，(2.11)式のように表わされる。

$$(2.11) \qquad \Delta r = p\Delta q + q\Delta p$$

　次に，これを限界収入に変換する。限界収入とは，数量の変化に対する収入の変化だから (2.11)式を数量の変化分である Δq で割ればよい。(2.12)式のうち左辺が限界収入である。ところでこの式のうち右辺側を展開していくと，価格 p と需要の価格弾力性 ε を用いて表現できることがわかる。需要の価格弾力性 ε は通常は負値なので，わかりやすさのために絶対値を取ることにより正値に変換し，その一方でマイナス符合を配置する。この式の右辺において，括弧内は 1 より小さくなるから，左辺の限界収入は価格を下回ることが見てとれる。数量の増加につれて価格が低下するからである。

$$(2.12) \qquad \frac{\Delta r}{\Delta q} = p + q\,\frac{\Delta p}{\Delta q}$$

$$= p\left(1 + \frac{\Delta p/p}{\Delta q/q}\right)$$

$$= p\left(1 - \frac{1}{|\varepsilon|}\right)$$

　ここで企業における利潤極大化の条件を導入する。(2.12)式が示しているのは限界収入であり，独占企業はこれと限界費用を等しくさせるように生産量 q を選ぶはずである。そこで (2.12)式を限界費用に一致させる。加えて，(2.12)式における変数群を関数表現に変える。消費者価格 p，限界費用 MC はいずれも生産量 q に応じて変化しているから，価格関数，価格弾力性関数を定義することができる。需要の価格弾力性 ε については一定と考える。以上より (2.13)式を得る。

$$(2.13) \qquad p(q)\left(1 - \frac{1}{|\varepsilon|}\right) = MC(q)$$

　ここで従量税を導入する。従量税は限界費用を税額分だけ上昇させる。(2.13)の限界費用に税額 t を加え，これを p について解いたものが独占企業の価格決定式となる。

$$(2.14) \qquad p(q) = \frac{1}{1 - 1/|\varepsilon|}\,(MC(q) + t)$$

　本項において知りたいことは，従量税 t が消費者価格 p に与える影響である。そこで (2.14)式を t で微分することにより (2.15)式を得る。右辺は 1 より大きいので価格の引き上げが企業にとって合理的であることが見てとれる。

$$(2.15) \qquad \frac{dp(q)}{dt} = \frac{1}{1 - 1/|\varepsilon|}$$

■　クールノー競争の考え方

　ここからは独占企業ではなく寡占企業における競争戦略を考える。クールノー競争とは 19 世紀の経済学者クールノーの名を冠したものであり，20 世紀に発展したゲーム理論の先駆けをなす寡占理論である。ここまでの本書における分析を振り返ると，独占企業は自社の利潤を最大化させることができたが，実際には市場における供給者が 1 社であることは少なく，市場には 2 社以上の企業が存在する。ただし，完全競争市場のように無数の企業が存在するわけではない。また，企業は類似商品である異質財を生産しており，そのため商品ごとに価格支配力が生じている。

　ここからクールノー競争が始まる。まず，自社と競争相手の生産量を予想した上でそれらを集計し，自社にとって望ましい価格を決める。そこでの条件は利潤最大化であり，（限界収入＝限界費用）となるような生産量が選ばれる。そこから相手の反応をうかがいつつ，その場に応じて自社にとって最適な生産量を選んでいくのである。他社も自社と同じように行動するだろうと予想をするが，上記のとおり自社の行動は経済原則に沿った合理的なものであるから，競争相手の行動も合理的なも

のとなり，するとクールノー競争が実現する市場均衡は合理的であるがゆえに安定的なものとなる。話しが込み入っているが，この結果，生産量が適度に抑制されて，完全競争市場が実現する価格を上回るところとなる。

■　クールノー競争における消費税の転嫁

　クールノー競争では価格操作の余地が生まれるので，消費税の影響に関しては，過剰転嫁，完全転嫁，過小転嫁のいずれもが発生するというのが，これまでの研究が教えるところである。分析モデルはいずれも高度なものであり，本書では紹介しない[14]。その代わりに，以下ではクールノー競争における税の転嫁に関する研究からわかった4つの特徴について説明をすることから，どのような場合に税の転嫁が過剰転嫁や過小転嫁になるかについて理解を深めるものとしたい[15]。

　第1に，転嫁の程度は，消費者の需要構造に依存する。需要の価格弾力性が大きければ，課税が引き起こす数量減少の程度が大きく，税は企業側に後転されることになる。したがって，税込みの消費者価格は過小転嫁となる。一方，需要の価格弾力性が小さければ，すでに独占企業の分析で見たとおり，企業側には過剰転嫁ができる余地が生まれる。第2に，転嫁の程度は，企業の費用構造に依存する。商品1単位当たりの生産コストが生産量の下落につれて低下するような費用構造であると，課税による消費者価格への転嫁の程度は弱くなる。課税すれば消費者価格が上昇するから，それに伴い生産量が低下する。しかし，コストが低下するならば，それに伴って生産者価格が低下するので，これは企業側に帰着する。第3に，転嫁の程度は，市場における企業数に依存する。過剰転嫁，完全転嫁，過小転嫁といった転嫁の傾向自体は，需要構造やコスト構造に依存しているが，それぞれの転嫁の程度は，市場における企業数が増えるに従って徐々に低下するからである。第4に，転嫁の程度は，競争相手との競争の程度に関する企業の予想に依存する。クールノー競争

14　関心のある読者は，Fullerton and Metcalf（2002）を参照されたい。

15　ここでの説明は Berger and Strohner（2011）を参考にした。Berger らは Dixit and Stiglitz（1977），Baker and Brechling（1992），Delipalla and Keen（1992），Cremer and Thisse（1994），Fullerton and Metcalf（2002），Carbonnier（2007）ほかのサーベイから4つの特徴をまとめている。

は相手の出方を窺って展開するものなので，競争の程度が激しいと企業が考えてしまうと，税を転嫁することが難しくなる。逆に，競争がそれほど激しくないと企業が予想すれば，生産量を抑制させることよって生産者価格を維持できるから，税を消費者側に転嫁することに成功する[16]。

■ ベルトラン競争における消費税の転嫁

最後に頭の体操としてベルトラン競争について考えおく。寡占企業によるベルトラン競争とは，同質財を供給する企業が自社の供給能力に制約がないという前提に立ちつつ，互いに価格競争をする状態である。ベルトラン競争における消費税の帰着は完全競争市場に同じとなる。ベルトラン競争においては，ほかの企業よりも低い価格を提示した企業がすべての需要を市場から奪うことができる。そのため価格は低下傾向をたどって，製品1単位当たりの生産費に等しい水準に落ち着く。つまり，寡占企業は利潤ゼロのギリギリの最低価格を提示するまで競争していくのである[17]。このような結果がわかっている寡占企業は，そもそもベルトラン競争を選択しない可能性が高い。ただし，課税の帰着を分析する先行研究のなかには，ベルトラン競争に触れるものが少なくないので，その議論の内容を簡単に説明しておく。

ベルトラン競争の性質を念頭に置きながら，消費税の帰着について考えてみる。税がない場合の均衡価格は最低価格である。寡占企業はこの最低価格に税を上乗せしなくてはならないが，ここで税を消費者価格に転嫁せずに自社が負担すると，利潤がマイナスになってしまう。こうなると企業は生産自体をやめて市場から退出しなくてはならない。したがって，企業は生産を続けるために税のすべてを消費者側に転嫁する方策を選択するのである。つまり，消費税は完全転嫁される。

ただし，寡占企業における最低価格が，この企業の生産量によって変化する場合には完全転嫁ではなく過小転嫁となる。完全競争市場における市場均衡を思い出して欲しい。需要曲線と供給曲線の交点において市場均衡が決せられ，税があると消

---

16 「相手の出方を窺う」という考え方はやや古い考え方である。最近の経済学では，企業は競争の程度を企業数や需要の価格弾力性から，かなりの程度まで事前に知っているものと考える。

17 ベルトラン競争を含めた最近の不完全競争に関する解説書としては花園（2018）がある。

費者価格と生産者価格が分離するが，この際に消費者に対する完全転嫁が実現するためには供給曲線が水平であることが求められる。寡占企業についても同様であり，完全転嫁が実現するためには最低価格が一定という，換言すると，増税分を企業側が負担しないような弾力的な供給構造でなくてはならない。ここで，寡占企業の費用構造とそこから導かれる市場の供給曲線が右上り，つまり生産量の増大につれて1単位当たりの生産費が上昇するようなコスト構造であると，課税による生産量の増減が最低価格を変化させるので話しが違ってくる。課税により寡占企業の生産量が減少し，すると提示する最低価格（税抜きの生産者価格）が下落するが，これは寡占企業側の負担にほかならず，消費者価格から見ると過小転嫁になる。

■　不完全競争の可能性

　日本の消費税については，ほぼすべての商品に課税されるので，消費増税があったとしても商品間の相対価格の変化は小さいだろうと，これまで考えられてきた。そのため消費増税の影響分析に際しては，可処分所得の低下が引き起こす所得効果が対象とされることが多かった。消費税率が 8 ％から 10 ％に引き上げられても，それに伴う可処分所得の減少は 2 ％程度だから，特定の財やサービスだけに大きな所得効果が発生することは考えにくい。需要減が特定の商品に集中して，商品間の相対価格が変化することもない。しかし，本書の後半で明らかにするとおり，わが国では 2014 年の消費増税に際して，類似商品の間においてすら，消費増税の前後では消費者価格の変化率にはかなりの差異があった。ここから供給側の企業が，何らかの価格操作を行った可能性が浮上するのである。不完全競争が実現するためには，商品ごとに市場が分断されていること，市場ごとの企業数が少なくて独占もしくは寡占状態が成立していること，といった条件が必要である。不完全競争の可能性については，これまでも随所で指摘をしてきたが，改めて整理をしたい。

　第 1 に，日本では生鮮野菜や鮮魚を除くと，加工食料，日用雑貨品，家電製品といった消費財の多くでは，それらを製造するメーカーの段階において寡占状態にある。類似品であっても商品内容が微妙に異なる異質財であり，ブランド力も異質性の強化に寄与している。供給サイドは不完全競争の状態にあり，消費増税に際して，企業には商品ごとに異なる価格戦略を採用する余地があると思われる。

　第2に，小売店，地域スーパーについても，地域独占，地域寡占の状態にあると思われる。地理的に遠くの店に行くのには移動コストが必要となるし，日ごろから利用する店に愛着をもつといった顧客ロイヤルティーがある。消費増税に際して，利用する店舗を変更することは少なかったのではないか。もともと製造段階において価格転嫁のパターンに差異が存在する商品を，一定の価格支配力を有する小売店や地域スーパーが販売段階において，さらに税の転嫁に差異をつけたのではないかと思われる。店頭における陳列棚には制約があるし，メーカーからの仕入れ量も事前に決まっているならば，商品間の転嫁の程度に差異を設けることにより，できるだけ販売量を維持しながら，全体としては完全転嫁もしくは過剰転嫁を目指すのではないだろうか。

■ 価格転嫁の時間的なズレ

　最後に論点がやや異なるが，価格転嫁の時間的なズレについて述べておく。2014 年の消費増税に際しては，政府による転嫁対策が一定程度まで奏功した模様であり，増税直後の消費者価格が一斉に上昇した。ところが，これがその後の需要減の一因になったとされ，現在の日本では，むしろ転嫁の時期をずらすことにより，増税ショックを軽減させる方法を模索するに至った。すでに見てきたとおり，消費税の過剰転嫁，過小転嫁，完全転嫁は，不完全競争という環境下における寡占企業の値付け行動に起因している可能性があるが，転嫁の時期をずらすといった企業行動については上手く説明ができない。そこで以下では，ベーカーらが指摘した4つの論点を紹介しておく[18]。

　ベーカーらはイギリスにおける酒税などの従量税における転嫁時期のズレについて検討した。第1に，増税による価格の変更を定時の価格変更まで延期したために発生する過剰転嫁がある。価格の変更には値札の変更などのコストが必要になる。これを経済学の用語でメニューコストと呼ぶが，増税があってもメニューコストが高いがために，企業はなかなか価格を改定できないことがある。一方，企業は年次や半期ごとに価格の改訂を行っているので，この改定時期まで税の転嫁を延期した

18　Baker and Brechling（1992）を参照した。

り，あるいは前倒したりすると，値上げが重なることにより過剰転嫁の状況が発生するのである。日本における消費増税は，4月もしくは10月に実施されるが，この時期は公共料金の改訂や衣料品などの季節商品の更新時期と重なるので，注意が必要であろう。第2に，イギリスの酒税は出荷時点に課税される蔵出し税であり，小売店において増税前に出荷された酒類がストックされていると，転嫁の時期がずれるだろうという論点がある。日本の消費税については，この点は考えにくいだろう。第3に，短期的に過小転嫁にすることにより，競争相手が市場から退出するように誘導するというもの。1997年の消費増税において，消費税還元セールを実施したチェーンストアがあったが，この企業は価格を低めに誘導することにより，市場シェアの拡大を狙ったものと思われる。第4に，企業は競争相手の転嫁について事前の予想に基づき，自社における転嫁の程度を決める。もし増税後に競争相手の転嫁状況が事前の予想と異なっていたら，それがわかり次第，この企業は転嫁戦略を変更するだろう。2014年の消費増税に際しての価格推移を子細にみると，消費者価格は増税後のかなり早い時期から下落をしている。この点については，企業が当初から過小転嫁を考えていたのか，それとも消費者の需要減が予想以上であり値下げに転じたのか，さらには他企業との競争戦略から価格を引き下げたのか，いずれであるかについてわからない。しかし，実際の価格の推移には経路依存的な性格があることは確かであると思われる。

2　最適課税の理論

2.1　最適な商品税

■　経済分析における規範的アプローチ

　ここからは転嫁という問題から離れて，最適課税論というテーマについて話をする。最適課税論とはあるべき税の姿を研究するものであり，経済学の歴史において長いあいだ重要なテーマとして位置づけられてきた。読者のなかには，これまでの説明から「消費税によって何が起こるのかについてわかった。それでは，どうすればよいのか？」と考えられた方が多いと思う。最近ではあまり聞かなくなったが，経済学における研究アプローチを「実証」と「規範」に区別することがある。ここ

での実証的アプローチとは，本書の後半で展開するようなデータ分析ではなく，それが理論分析であっても何が起きるかについて研究するものであり，規範的アプローチとは税のあり方を問うものである。日本の消費税に関しては，規範的な議論が先行して，その実態の解明が後回しになりがちではないか，というのが筆者の問題意識なのだが，税のあり方についても経済学の成果が一般には知られていないように見受けられる。

　そこで，本節では最適課税論の概要を紹介し，読者の理解を助けることにしたい。最適課税論には，最適な商品税[19]，最適な所得税，最適な商品税と所得税の組み合わせといった分野があるが，本書は消費税に関して研究をしているので，以下では最適な商品税をめぐる学説を中心に説明する。ここでの問題意識は，商品ごとに税率に差異を設けることの是非であり，換言すると消費税のような均一税率のしくみは経済理論からみて望ましいものなのか，という問題である。ここに最適課税論と実際の税制改革との接点がある。最適課税論については，過去 1 世紀の間に多くの研究が蓄積され，とりわけ 1970 年代に画期的な研究が出現している。現在においてもその知見を振り返ることには十分な価値がある。わが国における軽減税率をめぐる論争を振り返ると，賛成論者は税における公平性を根拠としてこれを支持し，一方，反対論者は税制の複雑化という簡素性の観点から疑問を呈している。実は最適課税論が導く主張もこれに近いのだが，話しはそれほど単純なものではない[20]。

■　税がもたらす資源配分上の歪み

　最適課税論のうち最適な商品税に関する議論は，税がもたらす資源配分上の歪みからスタートする。これを経済効率性に基づく議論という。図 2−4 においてパネル A は税がない状態である。市場均衡は a 点で定まるが，このとき需要曲線 D の下側部分の面積である三角形 abc を消費者余剰，供給曲線 S の上側部分の面積であ

19　optimal commodity tax の訳語である。本書では commodity tax を「消費課税」といってきたが「消費税」との違いがわかりにくいので，ここでは「最適な商品税」という訳語を充てることにする。

20　本節における解説の多くは，Salanié（2011），Boadway（2012），Tuomala（2016）に依っている。なお，本節を読み飛ばしても後章における理解に困ることはない。

図2－4	消費者余剰と生産者余剰

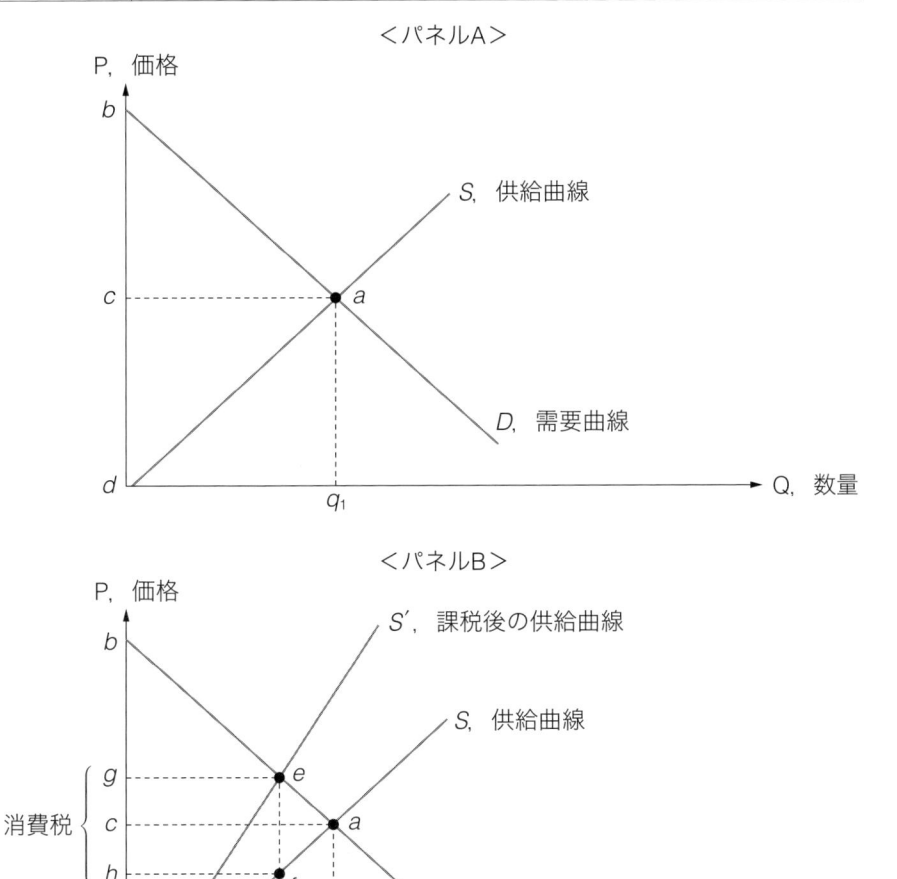

る三角形 adc を生産者余剰と呼ぶが，これらが市場取引による便益である。消費者余剰が便益であることは，次のように説明できる。市場にはじめに来る消費者は高い価格を支払ってもよいと考えているが，そのような消費者は徐々に減るので需要曲線は右下りとなる。ここで市場が決めた価格が a 点に対応する水準ならば，上述

の消費者にとっては自らが支払う用意があった水準よりも安い値段でその商品を買えたことになる。このように消費者が得をした部分が消費者余剰であり，すべての数量について消費者余剰を合計したものが三角形 abc である。生産者余剰についても同様であり，競争力を有し安い費用で生産できる企業であっても，市場取引により高い価格で販売できるので生産者余剰 adc が発生する。市場経済のメリットは自由な取り引きによって消費者と企業の経済状態を効率的なものとし，消費者余剰と生産余剰を最大化する点にある。

　さて，ここで消費税を導入した状態がパネルＢである。課税後の供給曲線は S' となり，取引数量はそれまでの $q1$ から $q2$ に減少する。消費者価格は e 点，生産者価格は f 点に対応したものとなり，それらの差分が税額である。取引数量の低下に伴い，消費者余剰は三角形 ebg まで減少し，生産者余剰も三角形 fhd まで減少する。そして両者の間に位置する四角形 $eghf$ が税収（＝税×数量）となる。２つの余剰は減少するものの，一方で政府の収入が増えるので，消費者と企業が被った損失は経済全体ではカバーされている。しかし，三角形 aef に対応した経済価値については，課税なしの場合に比べると損失を被っている。これが税による死荷重[21] と呼ばれるものである。当初の市場均衡においては，消費と生産に関して最適な状態が実現されているが，税は政府による市場外の取り引きなので市場経済における経済効率性を阻害して歪みをもたらす。この歪みの程度を示したものが死荷重である。

■　ラムゼーの逆弾力性ルール

　税は経済的な歪みである死荷重を不可避的に伴う。ここから最適な商品税に望まれる条件とは，死荷重を最小化させることだろうという考え方が生まれる。この条件を満足するためには税が引き起こす死荷重が大きい商品への課税を避けつつ，死荷重が小さい商品に対する税を重くすればよい。これが最適課税論のうちラムゼーの逆弾力性ルールと呼ばれるものである。

　先述の図２−４をもう一度，眺めて欲しい。パネルＢにおいて e 点を起点として需要曲線 D を回転させてみよう。需要曲線 D におけるマイナスの傾きを大きくする

21　Dead Weight Loss（DWL）の日本語訳である。荷重損失ともいう。

と，需要曲線は垂直に近くなるが，その際には死荷重が小さくなることが見て取れる。逆に，需要曲線 D を水平にしていくと死荷重が大きくなる。需要の価格弾力性が大きく，わずかな価格の変化が数量の大きな変化をもたらす（つまり需要曲線 D が水平に近い）商品においては，税を軽くすべきことが示唆される。一方，需要の価格弾力性が小さい商品では，税を重くしても数量の変化が小さく死荷重が発生しにくい。だから税を重くしてもよいと考えるのである。需要の価格弾力性と税率を反比例させるように税を設計するべきだと主張するから，この考え方を逆弾力性ルールと呼ぶ。1927 年にイギリスの経済学者ラムゼーが主張したが，多くの学者は 20 世紀半ばになっても商品間での税の水準は同じ方が望ましいと考えていたので，逆弾力性ルールは画期的なものであった。

　これ以降の議論において必要になる知識なので，逆弾力性ルールの理論構造について，もう少し詳しく説明をしておく。まず，逆弾力性ルールとラムゼールールは厳密には異なるものである。逆弾力性ルールにおいては，1 人の消費者が 2 つの商品を購入するケースを想定しており，ここで政府が税収を確保しつつ，消費者の効用[22]を最大化するためには 2 つの商品にどう課税したらよいか，という問題を考える。そして 2 つの商品間には代替関係がないと仮定する。この仮定は，もう少し難しい用語では 2 財間の交差価格弾力性がゼロと説明されるが，要するに 2 つの商品における需要が互いに独立に決まるということである。そのため望ましい税率は，それぞれの商品における需要の自己価格弾力性だけに依存することになり，自己価格弾性値が小さい商品では税を高くしてもよいという主張が導かれるのである。

　一方，ラムゼールールとは，2 つの商品間に代替関係を許容しており，これは交差価格弾力性がゼロではない状態を想定したものである[23]。つまり，2 つの商品の需要が関係していると考える。別の商品の値段が上昇すれば，もう片方の商品の値段は相対的に低下するから，こちらの需要が増えるというのは，より現実に近い状

22　効用についてはミクロ経済学のテキストを参照して欲しい。満足度のことであり，個人は商品を消費することから効用を得ており，この効用を最大化させる商品の組み合わせが望ましいと考える。

23　ラムゼールールには，部分均衡分析から一般均衡分析に拡張したという側面があるが，これについては後述する。

態なので逆弾力性ルールを，より一般化したものがラムゼールールということになる。ラムゼールールにおける最適課税は，商品において課税による補償需要（単なる数量ではなく，消費者の効用が一定に留まるように考えながら需要量の変化を考えるもの）の減少の程度が等しくなるように税率を設定すべし，というものである。この結論は逆弾力性ルールと同じである。価格への反応度が小さい商品では，同じだけの補償需要を減らすためには，より大きな税の引き上げが必要となるので，つまりは価格弾力性が低い財に対する高率の課税が支持される。

　このように，ラムゼーの逆弾力性ルールが導く最適課税は，需要の価格弾力性に応じつつ，商品ごとの税率が異なることが望ましいと主張するものである。わが国の消費税のような均一税率は，経済効率性の観点からは問題ありと判断されてしまうのである。すべての商品における自己価格弾性値が同じならば，あるいは補償需要の減少の程度が同じならば，均一な消費税率が望ましいと判断される。しかし，このような仮定は現実離れしている可能性がある。

■ 社会的厚生関数による公平性の考慮

　ラムゼーの逆弾力性ルールが主張する最適課税は別の面からも問題がある。価格弾力性が小さい商品とは，食料品といった消費者にとっては価格が上昇しても購入をせざるを得ない必需品であることが多い。逆に，価格弾力性が大きい商品とは値段が上昇すると購入の抑制ができる贅沢品である。必需品を相対的に多く購入するのは低所得者であり，高所得者が贅沢品を購入するから，ラムゼーの逆弾力性ルールは，低所得者には高い税，高所得者には低い税を課すことが望ましいと主張している。この問題は，ラムゼーの逆弾力性ルールが，課税における公平性を考慮しておらず，需要量が減少する程度を小さくするという経済効率性の観点だけから，最適な税を検討しているからである。

　そこで登場するのが，経済学における社会的厚生関数である。ここでラムゼーの逆弾力性ルールでは，1人の消費者が2つの商品を購入する状況を想定していた点を思い出して欲しい。この想定を2人の消費者が2つの商品を購入するという状況に変更する。消費者が1人から2人に増えるから，公平性の問題が扱えるようになる。そして2人の効用を社会的厚生関数によって統合し，この最大化問題から最適

課税を研究するのである。社会的厚生関数については，それ自体が難題なのでここでは立ち入らない。消費者の効用が上昇していくことは，どちらの消費者であっても社会的に望ましいこと，そのなかでも低所得者の効用に配慮することが望ましいと考えているのが，ここでの社会的厚生関数だと思って欲しい。社会的厚生関数を加味すると，低所得者が相対的に多く需要している必需品に関しては，課税による需要量の減少というマイナスのインパクトが，これまでより大きめに評価される。これにより課税しても需要が減らないから大丈夫だろうという考え方が修正される。ラムゼーの逆弾力性ルールに公平性という基準を追加すると，これまで最適とされた商品間における税率の違いの程度は，いくぶん緩和されることになる。

■　余暇を需要する消費者

　1953 年にコレットとヘイグが検討したことは，課税することができない商品が存在する場合における最適課税のあり方である[24]。余暇は時間を消費するものであり，人々の満足度を増やす役割という点では他の商品と同じである。しかし，余暇には課税ができず，この点においては他の商品と異なる。実はこれまでの議論においては，人々の労働供給は一定と仮定していた。そのため一日の長さから労働時間を差し引いた残りである余暇時間にも変化がなかった。しかし，現実には人々は労働時間を柔軟に調整することができるので，消費者の効用関数には余暇を含めるべきであろう。すると余暇以外の商品には課税されるなかで，課税することができない余暇については，税の存在により相対的な魅力度を増していくことが予想される。コレットとヘイグは，このような場合には余暇と補完的な財に高い税を課すことが望ましいとした。

　理論分析の概要は，次のとおりである。まず，ここでは 1 人の消費者が 2 つの商品を購入するという状況を想定するが，消費者の効用関数には商品の需要量だけではなく，新たに余暇が加わる。消費者は 1 人だけなので，ここでの最適性基準は経済効率性だけに留まり，公平性については考えていない。さて，経済効率性の観点からは，余暇をなるべく抑制することが望ましい。なぜなら，余暇を抑制すると逆

24　井堀（2003）を参照。

に労働供給が増えるが，労働の増加は社会全体の生産量を増やすから，人々に提供される商品の量がそれだけ増えるからである。ここで2つの商品に対する課税をどう調整するのか，という問題を設定する。この答えは，労働供給を減らさないためには，余暇を促進させる商品（余暇との補完財）に対する税を強化し，逆に余暇とは代替関係にある商品に対する税を緩くすればよい，というものである。具体的には，ゴルフクラブのようなレジャー用品が余暇との補完財ということになるだろう。なかなか均一税率を支持する理論が出現しないが，2つの商品が等しく余暇と補完的であるならば均一税率が最適なものとなる。この考え方がのちの最適課税論の発展に際して突破口になった。

余暇の増大が人間の満足度の上昇につながるという考え方の背景には，労働を原罪とするキリスト教に基づく発想があり，職人による労働を称揚する日本人の感覚からは理解しがたい面がある。また，レジャー用品などは，多くの商品群においてごく一部に留まるから，これを租税原則として一般化してもよいのかという指摘もあるだろう。これらの違和感をもった読者は，余暇ではなく「消費に際して時間を要する商品」と考えてもらいたい。すると商品のなかには，労働時間を抑制するものと抑制しないものがあることがわかるであろう。

■ 生産効率性の定理

1971年にダイヤモンドとマーリースによって示された生産効率性の定理は，最適な商品税を考えるうえで，いくつかの重要な理論的貢献をしたものである[25]。この定理は，「最適な商品税は，生産における効率性を阻害してはならない」と主張する。換言すると，最適な商品税においては，生産側はすでに生産可能性フロンティアに位置しているという。この定理は，商品税が引き起こす歪み（経済効率性の阻害）については，消費者側に働きかける商品税によって最小化を目指すべきであり，生産者側では調整できないことを意味している。

生産効率性の定理では，7つの仮定を置く。第1に，完全競争，第2に，規模に関する収穫一定，第3に，一括税がないこと，第4に，政府による税収調達の必要

25　Hindriks and Myles (2013)，佐藤 (2017)，ウィキペディア（英語版）を参考にした。

性，第5に，政府による商品課税と生産要素に対する課税の技術的可能性，第6に，少なくとも1つの商品については飽和状態がないこと，第7に，個人の効用に基づく社会的厚生関数の想定，である。これらの仮定のうち第1と第2の仮定から，この経済における生産サイドには超過利潤が存在せず，そのため生産者サイドと消費者サイドとは独立であることがわかる。第3と第4の仮定から，政府は課税によって資金を調達しなくてはならないものの，一括税のような経済的な歪みがない税が排除されている[26]。そのため歪みを伴う商品税という手段によって，歪みの最小化という観点から最適な税を追及しなくてはならない。これが問題の設定である。第5の仮定は，政府は有能な課税能力を有しており，したがって最適な商品税が実現できること，さらに生産者サイドに対しては超過利潤への課税により完全競争状態が実現できることを意味している。そして，第6と第7の仮定は，それぞれ消費者に選択問題が存在していること，社会全体の望ましさの程度を設定するものである。定理の証明に加えて，上述のようなモデルを構築することにより，個人，企業，政府といった多くの経済主体を登場させ，そこで課税と分配の問題を統一的に分析することができる一般均衡分析のフレームを完成させた点に，ダイヤモンドとマーリースの貢献がある。

　この定理の証明ステップについて，簡単に説明をする。最適な商品税を実現する生産状態が，生産可能性フロンティアの内部に位置していると仮定する。この最適点については，政府が課税という手段を講じることにより，消費者価格を調整すれば，生産可能性フロンティア上に移動させることができる。この移動は生産量の増加を意味するから，厚生水準の増加をもたらすはずである。しかし，厚生水準が増加することは，当初の状態が最適な商品税であったという仮定と矛盾している。そこで，最適な消費税は生産可能性フロンティア上に位置していることがわかるのである。以上で証明は終わりである。さらに直観的に述べると，この経済においては，生産者サイドに問題があっても，それは超過利潤への課税によって除去され，これ

26　人頭税のように，1人当たりの税を全国民で同じものとして，それを人々から直接徴収すれば，税が個人の行動を変化させることはない。しかし，このような税は，今日においては現実的なものではない。そのため経済的な歪みを最小化させる最適課税の問題が発生するのである。

により完全競争という最も望ましい経済効率が実現する。この完全競争状態においては供給曲線が水平になるので，商品税とその歪みはすべてが消費者に帰属することになる。そのため商品税だけで税の歪み最小化させることが可能となり，最適な商品税が生産効率を実現させることになる。

　最適課税論においては，最適な商品税や所得税といった消費者サイドの税制のあり方だけが検討され，法人税などの企業サイドの税が考慮されない理由は，生産効率性の定理に従っているからである[27]。これにより理論研究が取り組むアプローチを単純化することに成功している。ところで生産効率性の定理には，商品税のなかでも付加価値税タイプの消費税を支持するという含意がある点を指摘しておく。企業サイドが完全競争で生産可能性フロンティア上に位置していることは，生産要素間の技術的な代替率がすべての企業で同一であることを意味する。つまり労働，資本といった生産要素に対する課税に関して，企業ごとに差がない状況が好ましく，中間製品への課税についても同様である。消費税は仕入れ税額控除のしくみにより，完全転嫁されたならば中間製品には税が課されないので，生産効率性の定理が示唆する最適な商品税をよく実現しているのである。これが消費税に対する支援材料となった。

■　不完全競争の場合

　ここまで市場が完全競争であった場合に関する最適な商品税について考えてきた。脇道にそれるが，本書は不完全競争市場に注目しているので，以下では不完全競争という条件における最適な商品税のあり方に関して，いかなる議論があるかについて紹介をしておく[28]。第1に，税に伴う死荷重をマイナスの課税（つまり補助金）によって補正するという考え方がある。不完全競争における転嫁には過剰転嫁が生じるという特徴がある。過剰転嫁が発生すると需要量が減少するから，税が引き起こす死荷重がさらに増えることになる。これを是正して死荷重を減らすことが望ましい税だといえる。しかし，ここで税をさらに引き上げても，かえって経済的な損

27　生産効率性の定理は無条件で成立している訳ではなく異論がある。代表的なものとして　Naito（1999）がある。

28　Auerbach and Hines（2002）を参照。

失が増えるだけなので，逆に補助金を与える，あるいは税を軽減させることによって，過剰転嫁を防止する方策が最適な商品税となる。第2に，品質競争といった商品の差別化と税との関係である。課税は等しく価格上昇をもたらすので，品質競争の程度を弱める方向に作用する可能性が高い。すると品質競争という観点からは，さらに課税していくことが最適な商品税になる。これは先述の議論とは逆の結論を導いている。このように不完全競争市場においては，独占もしくは寡占状態を解消する方向に作用する税が望ましいとされる。そして課税が消費者価格に及ぼす影響のメカニズムによって，最適課税のあり方が異なる。

2.2　最適な商品税と所得税

■　所得税との組み合わせ

　ここでは最適な商品税と所得税の組み合わせに関する議論を紹介する。これまで見てきたとおり最適な商品税が均一税率であるためには，いくつかの留保条件が存在するが，その解決策として商品税以外の税を活用したらどうかという考え方がある。その候補となるのが所得税であり，ここから最適な商品税と所得税をめぐる議論がスタートする。所得税とは給与，事業所得，年金といった個人の収入を課税ベースとする税であり，日本をはじめとする世界各国における基幹税のひとつである。商品税との違いをみると，所得税には税の転嫁というプロセスがなく，個人ごとの税負担をより直接に操作できるという特徴がある。高所得者の収入を直接に把握できるから，購入する商品に対して課税を強化するよりも，所得税を引き上げる方が税を通した再分配効果は高い。最適な商品税では，効率性と公平性の2つを基準として望ましい税を検討したが，このうち公平性については，その役割を所得税に委ねた方がふさわしいと考えて，そこでの商品税の役割を検討するのである。

　所得税において，負担の公平性を実現するためには，税の構造を「非線形」なものにする必要がある。非線形とは「比例関係にない」ことである。逆に，比例関係にあるものを「線形」と呼ぶ。この線形と非線形の違いは，税の構造を考えるうえで重要な概念である。消費税においては価格と税は比例関係にあり，その税構造は線形である。所得税であっても，税を収入の一定割合にすれば負担構造は線形である。したがって，線形の商品税と線形の所得税は同じものである。個人が収入のす

べてを消費に回すと仮定した場合，税構造が線形ならば，収入の一定割合とされる所得税と，消費の一定割合である商品税とでは違いがない[29]。これを税負担の等価性という。

商品税と所得税が異なるものであるためには，所得税の負担構造を非線形にする必要がある。好都合なことに，現実の所得税においては，扶養控除をはじめとする控除制度が存在することにより，その構造が非線形となっている。収入がごく少ない者については，収入から控除額を差し引いた金額がマイナスとなり，課税所得はゼロなので所得税もゼロである。収入が課税最低限を超えると所得税の負担が発生するから，対収入比率でみた所得税の割合は，非線形的に上昇していく[30]。このように非線形の所得税を活用すれば，高所得者と低所得者の税負担に差異を設定できるから，公平性を追求することができる。所得税により公平性が実現するならば，商品税に求められる役割は何かという疑問が生まれる。これが最適な商品税と所得税の組み合わせに関する理論である。以下では，この問題について考えていく。

■ 最適な所得税の理論

その前に最適な所得税について簡単に説明をしておく。商品税と所得税の組み合わせが最適であり，このうち商品税が最適なものであっても，所得税の方が最適ではなかったとしたら，全体としては望ましい税とはいえないだろう。つまり，最適な商品税と所得税に関する理論では，所得税が最適であるという前提が必要になる。そして最適な所得税に関しては，税が就労に与える影響がポイントとなっている。所得税によって収入減に直面した個人には，さらに労働時間を増やしてこれを挽回しようとする所得効果と，労働に比べて余暇に対する相対的な魅力度が上昇することにより，もう働くのは止めようとする代替効果の2つが働く[31]。税の構造が非線

---

29 ここでは商品税における完全転嫁を前提としている。

30 日本では収入が上昇すると所得税率を引き上げる超過累進税率というしくみを採用している。これは所得税の非線形性をさらに高めている。

31 筆者のように扶養家族を有する世帯主では，所得税が増えても就労を減らすことはない。むしろ，この状況が当てはまるのは学生であろう。1年間のアルバイト収入は課税最低限を下回るので所得税はゼロであるが，所得税がバイト代にまで及んだら，アルバイト時間を減らす学生が発生する可能性がある。

形だから，高所得者には就労時間を減らして低所得者並みの収入に留めれば，税負担が減るばかりか余暇が増えるというおまけまでつく。こういった問題に対する解決方法を探るのが最適な所得税の理論であり，高所得者に作用するマイナスの就労効果を回避する税のしくみが検討されている。

■　アトキンソン＝スティグリッツ定理

　1976 年にアトキンソンとスティグリッツが示した，いわゆるアトキンソン＝スティグリッツ定理とは，「消費者の選好において，商品群と余暇が分離可能ならば，商品税は必要とされない」というものである。この定理によって，公平性の観点から商品ごとに異なる税率設定が望ましいとする考え方が後退し，商品税は均一税率であってもよいとする見解が台頭するところとなった。アトキンソンとスティグリッツが示した理論モデルの概略は次のとおりである。人々は賃金により収入を得ており，所得税と商品税が課されつつ，自らの効用を最大化させるように商品と余暇の消費量を決める。このとき政府に，ⅰ）税収の確保，ⅱ）高所得者に低所得者の真似をさせない（つまり収入を減らすために労働供給を減らすことをさせない）という 2 つの制約条件を課しつつ，社会的厚生関数の最大化問題を考える。このようなモデルから，上述の定理が導かれている。

　この定理の証明については本書では紹介しないが[32]，アトキンソンらの問題意識が，ほかの税が存在する場合の商品税の望ましさの解明にあった点に着目して，その含意を説明する。まず，公平性を考慮外として経済効率性だけを基準にしたら，最も望ましい税は一括税（定額の人頭税）になる。その理由は，一括税は人々の商品選択や労働供給に影響するところがなく，税による歪みが発生しないからである。次に，一括税が使用できなくなり商品税を使用する場合には，ラムゼールールが，そこでの最適課税のあり方となる。最後に，商品税と非線形の所得税が使用できる場合を考えてみる。ここで非線形の所得税には，一括税が内包されている点に注意されたい。所得税は低所得者と高所得者の間に負担の差を設定するが，両者に対して定額の負担を求めつつ，高所得者だけに追加的な負担を求める構造である。そし

32　Boadway（2012），林（2015）を参照されたい。この定理には多くの証明がある。

て，この定額部分こそが一括税に相当するものである。一括税が使用できないから商品税が浮上したことを想起してほしい。しかし，最適に設計された非線形の所得税があれば，そこには一括税が組み込まれているから，商品税は必要ないと見なされるのである。以上がアトキンソン＝スティグリッツ定理に関する簡単な説明である。

アトキンソン＝スティグリッツ定理は，最適課税論の分野における最も重要なものであり，現在に至るまで多くの関連研究を生み出している。代表的な研究としては 1979 年にディートンが，商品と余暇における分離可能性と線形のエンゲル曲線を前提とすれば，線形タイプの所得税ですら最適なものとなり，そこでは商品税が必要でないことを示したことが有名である。2000 年以降になっても活発かつ重要な研究が続いている[33]。

ところでアトキンソン＝スティグリッツ定理を前提とすると，次のような疑問がわく。商品税の必要がないにも関わらず，実際には商品税が存在しており，これに期待される役割とは何か，というものである。アトキンソンらは，2 つの説明を挙げている[34]。第 1 に，商品税を複数税率にして，そこで奢侈品に重く課税すれば，それは所得税を補完することにより税制における累進度を高めることができる。第 2 に，均一税率による商品税を活用するもの。ここでの商品税には税収の調達機能や，所得税における累進度の緩和による高所得者における就労インセンティブの促進といった役割が与えられる。この 2 つのバランスから消費税のあり方が議論されるが，とりわけ第 2 の考え方が注目を集めるところとなり，商品課税については，むしろ均一税率が望ましいという考え方が生まれ，消費税における単一税率が支持される根拠となったのである。当時の世界では付加価値税が珍しく，個別物品税が支配的であったので，その改革方向として複数税率を単一税率に置き換えて，所得税において所要の改革を実施すれば，より望ましい税制が実現できると考えられたのである。

33　日本の消費税に関連した実証研究としては，Asano and Fukushima（2006），北村・宮崎（2013）がある。

34　Atkinson and Stiglitz（1976）を参照。

■ アトキンソン=スティグリッツ定理に対する反論

アトキンソン=スティグリッツ定理をめぐっては，そのインパクトが大きかったがゆえに多くの反論がなされてきた。最大の反論は，「効用関数における商品と余暇（労働）の分離可能性」という仮定の妥当性である。この仮定はアトキンソン=スティグリッツ定理において重要な役割を演じている。余暇と補完的な商品がないから，それぞれの商品が労働に与える影響が等しくなり，そのため商品税における差別的な扱いの必要性が薄れるのである。しかし，これは消費と時間との関係性の有無を問うており，これについてはむしろ違いがあると考えた方が妥当である。その後の実証研究によると，この分離可能性の前提を多くが否定している。なお，2018 年の論文のなかでスティグリッツは，分離可能性の仮定に説得力がないことは当初からわかっており，商品税や利子所得税には一定の役割があると指摘している[35]。

また，すでに触れたが，アトキンソン=スティグリッツ定理に反論しつつ，だからこそ消費税を必要とする見方がある。この定理は最適な所得税が実現可能であるという前提に立脚している。最適な所得税によって，人々の労働供給が阻害されず（したがって生産量が最大化する），分配問題も解決できるから，商品税が不用になる。しかし，最適な所得税の実現が難しいことは言うまでもないだろう。わが国の所得税をみても，公平性の観点からは最高税率の多寡をめぐる議論があり，効率性の観点からは女性や高齢者の就労インセンティブが問題視されており，所得税だけでは明らかに日本財政は税収不足に陥ってしまうので，税が最適なものであるとは言い難い。所得税に問題があるからこそ，均一税率の是非は別として商品税が必要とされるのである。

上記以外に，個人ごとの選好や労働生産性の違い，遺産の存在などを考慮すると，商品税において差異をつける方が，むしろ好ましいという研究がある。そのなかで筆者が興味を引かれたものとして，社会的厚生関数の問題を取り上げたものがある[36]。アトキンソン=スティグリッツ定理においては，社会的厚生関数は目的関数

35　Stiglitz（2018）を参照。資本課税は将来の消費に対する課税だから，アトキンソン=スティグリッツ定理に従うと廃止すべきという考え方に反論したもの。

36　ここでの説明は，Tuomala（2016）を参照した。

となっており，人々の効用を最大化させる税を最適なものとしている。そこでは何かを消費すれば人々の満足度が増して，ひいては社会全体の厚生水準が上昇すると想定している。この目的関数を貧困の最小化に変更すると，軽減対象とすべき商品群の内容が異なってくるという。現実の消費税の設計においては公的医療や住宅家賃は非課税であるが，貧困対策の一環であると考えると，その妥当性について納得がいく。この議論は社会全体の福利のためにはどの商品を優遇すべきかについて，よく考えることの重要性を我々に教えている。欧州諸国のように，多くの理由を掲げることによって広範な商品を軽減対象にすることも一つの考え方であるが，非課税や軽減税率の適用についてはこれを抑制し，特別なものに留めるべきであると筆者は思う。

税の簡素性

　これまで見てきたとおり，消費税における均一税率の望ましさをめぐって最適課税論では精力的に研究が続けられてきた。これらの流れとは別に最近の租税の経済学では，従来とは異なる角度から消費税を論じるものがある。最後に２つの考え方を紹介することにより，本章を閉じることにしたい。

　第１の考え方は，税の簡素性を重視するものである。最近の租税理論において関心が高まりつつある話題として，租税回避，脱税，納税協力費用，コンプライアンス，税務行政といった，税制の運用面での諸問題がある[37]。最適課税論においては，租税情報の取得にコストが必要とされることが十分には考慮されていない。しかし，現実の所得税や法人税の算出においては，課税ベースである収入金額を確定するためには，それなりの情報コストが必要となる。一方，消費税では取引金額がそのまま課税ベースになるから，情報コストは低い。アメリカでは，最終段階のみの課税である売上税が不人気であるが，それとは逆に，同じ商品税タイプである付加価値税が各国で普及した理由には，執行面では後者の方がはるかに優れていたとする見方がある。多段階課税によって税の徴収が分散されるので企業ごとの負担感が低いこと，仕入れ税額控除の仕組みにより，仕入れ企業と購入企業が税額を相互チェッ

37　Slemrod and Gillitzer（2014）を参照。

クしつつ記録を残しており，違法行為に対して抑止力が働くためである。このような税の運用面での問題について，より関心を払うべきであるとされる。

　複数税率に比べると単一税率は簡素な仕組みだから，実務上，好ましいことは明らかであろう。わが国でも軽減税率の導入に際しては，対象品目の定義や線引きについて，これまでは見られなかった法令の整備が求められた。制度の導入後にも軽減品目の確認や納税事務においては煩雑さが増すので，行政や企業におけるコンプライアンス・コストの増大につながる。これらについては，すでに日本でも多くの指摘がなされている。

■　租税の政治経済学

　第 2 の考え方は，租税の政治経済学である。2010 年に公表されたマーリース・レビュー[38] は，イギリスの税制改革に関する提案レポートであるが，その検討メンバーにおける座長が本章でも触れた著名な経済学者であるマーリースであり，その内容水準の高さから世界的な関心を集めている。所得税，法人税，資産税などを幅広く論じているマーリース・レビューであるが，イギリスの付加価値税については酷評をしている。ほかの欧州諸国と同じく，イギリスにも食料品をはじめとして多くの商品に軽減税率が設定されているが，他国以上に問題となっているのはゼロ税率の多さである。自社製品を安価に販売するためには，適用される税率がなるべく低い方がよく，その究極の姿は非課税である。しかし，非課税品であると仕入れ税額控除が適用されないから，ゼロ税率によってこれを認めるのである。ゼロ税率を認めると税収が一挙に減少するから，他国では抑制されているが，イギリスではそうならず税収面で大打撃を与えている。この原因としてマーリース・レビューでは，ひとたびゼロ税率や軽減税率が認められると，その改革が政治的に極めて困難だからとしている。つまり，複数税率には単一税率にない問題が潜んでいるという指摘である。

　現実の税制改革は民主主義のルールによって決定され，理論的な優秀さだけが判断の基準になることはむしろ少ない。1970 年代に相次いで付加価値税を導入した

38　Mirrlees（2010, 2011）が，マーリース・レビューの公刊版である。

欧州諸国では，それまでの物品税から付加価値税に移行するなかで，「当面の間」を条件として複数税率を認めつつ，将来的には単一税率への移行を目指した。軽減税率が設定されるには，当初にはそれなりの理由があったはずが，低所得者向けの対策が進むことにより，徐々に必要性が低下している。しかし，単一税率への道のりは遅々として進んでいない。軽減税率が既得権に転じたからである。軽減税率から利益を受けている者は，その見直しに強く反対するが，単一税率については強い賛成論が形成されることがないからである。マーリース・レビューは，単一税率かつ課税ベースが広いニュージーランドの消費税制に学ぶべきとしている[39]。そういう意味では，これまでの日本の単一税率についても諸外国からの評判は良かったのである。日本における複数税率の導入論議においては，税の簡素性の問題点については巷間よく指摘されたものの，既得権の発生という問題が見落とされがちであったように思う。将来に禍根を残したなどと言われないためには不断の見直しが必要である。

39　ニュージーランド型の消費税を「ニューVAT」と呼称する。望月（2013）を参照。

2014年の消費増税が物価に与えた影響

第3章

消費者物価指数に見る消費税の転嫁

1 はじめに

　本章では，消費者物価指数（Consumer-price-index, CPI）を用いることにより，消費税の転嫁に関する検討を行う。2014年4月におけるCPI総合指数は，前年同月比で＋3.4％の上昇を見せた。直近の2014年1〜3月における価格上昇率は各月平均＋1.5％であったので，これをトレンド要因として差し引くと，粗い試算ながら1.9％（＝3.4％−1.5％）が増税効果と見なされる。この1.9％は消費増税に伴う価格上昇率2.9％（＝108/105−1）を下回るものの，CPI総合指数には非課税品が含まれており，この影響を除くと消費増税が完全転嫁された場合の物価上昇率は1.9％〜2.1％とされているので，ほぼ完全転嫁であったことになる[40]。この消費者物価データに見られる消費税の転嫁について，より厳密に検証する。

　国内の先行研究には，1989年と1997年における転嫁状況を，計量経済学における時系列モデルを用いて検討したものがある。これらを踏襲して，時系列モデルの手法により2014年における消費増税を検討してみる。2014年4月の経済環境はアベノミクスがスタートした時期にあたり，物価が上向きに転じつつあったが1989年や1997年に比べると人々のインフレ期待は低下しており，価格の引き上げは容易ではなかったと思われる[41]。2014年の消費増税からは，いかなる傾向が示唆されるのであろうか。

　推定モデルと推定結果の検討に際しては，いくつかの工夫を追加する。ここでの

40　日本銀行「金融経済統計月報」（2014年3月号）における試算値。
41　消費増税という制度変更が企業の価格調整に影響を与え，ひいてはインフレと同じ効果を及ぼすという考え方がある。國枝（2013），翁（2015），白井（2016）などを参照。

問題意識は，マクロレベルではCPI総合指数が示すとおり2014年の消費増税は完全転嫁であったかも知れないが，消費税のしくみ自体は完全転嫁を保証するものではないので，品目別には価格転嫁に相違が生じたかも知れない，というものである。そこで費目別のCPIデータを用いた推定を行う。生産者サイドの価格転嫁行動という分析フレームを採用し，海外における先行研究などを踏まえつつ，コスト要因を推定モデルに取り込むことにした。

　本章では，以下のように議論を進める。第2節では，先行研究のサーベイを行い，第3節では，本章が推定する経済モデルを検討する。第4節は，実証分析において用いたデータの検討であり，第5節において推計結果を報告する。第6節は，本章のまとめである。

2　先行研究が明らかにした転嫁の特徴

2.1　日本の実証研究

　わが国における消費税の価格転嫁分析としては，本間，滋野，福重（1995），金子，サリディナンター（2006），米澤（2016）を挙げることができる。本間，滋野，福重（1995）は，消費税が創設された1989年前後に，課税の経済効果をめぐる議論が活発化したことを振り返りつつ，時系列モデルによる実証分析を試みている。本間らが推計したのは，外生変数を含む自己回帰モデル（ARXモデル）であり，被説明変数を消費者物価指数の上昇率としつつ，説明変数としてラグ変数，税制ダミー変数（消費税導入月ほか），失業率，マネーサプライを用いた。推計モデルが依拠する経済理論は，マクロ経済学におけるフィリプス・カーブ（物価と失業のトレードオフ）と物価理論（貨幣数量説）である。これより消費税の創設に伴う物価上昇への影響は1.1％ポイントであったとしている。物品税の廃止と消費税の創設を合わせた完全転嫁ケースについて当時の政府試算値は1.2％であり，上記の1.1％はこれにほぼ同じであったので，本間らは完全転嫁であったと結論づけている。

　この研究を引き継いだのが，金子・サリディナンター（2006）であり，本間らとほぼ同じ推計式を用いて，1997年の増税が消費者物価上昇率に与えた影響を

1.8％ポイントとしている。この数字は完全転嫁に近いが，CPIには非課税品が含まれるのでやや過剰転嫁である。続いて金子らはモデルを拡張し，ⅰ）価格の粘着性（全体との乖離度），ⅱ）市場支配力（ハーフィンダール指数）を説明変数に加えた推計を行っており，いずれでも価格転嫁の程度が低下したという。推定モデルの説明変数として，マクロ経済変数を基調とするなかで，個別財（大分類レベル）の性質を考慮すると，価格転嫁に差異が生じることが示唆された。米澤（2016）は2014年の消費増税に関する最新研究であり，マクロ要因と前期データにより推計しているが，それによると完全転嫁でなく供給者への後転があったという。

2.2　諸外国における先行研究

　Carbonnier（2005）は，フランスの1995年における付加価値税の引き上げ（18.6％から20.6％）と，2000年における引き下げ（20.6％から19.6％）を分析対象として価格転嫁を推計している。前月比データを用いた回帰分析モデルにおいて，被説明変数は消費者物価（財別）の前月比であり，説明変数は，税率変更時点から4か月後までのダミー変数，書籍価格（税率変更がなく物価動向を示すものとされる），コスト変数（付加価値税の影響を受けないエネルギー価格及び不動産賃貸料）を用いている。財別の推計結果の違いに着目しており，市場が完全競争に近いと価格はより多く消費者に転嫁されており，寡占市場であると価格上昇に伴う需要減少を懸念する企業行動により，転嫁の程度が低下するという結果を得ている。続く，Carbonnier（2007）では，特定の財・サービスだけが減税された税制改革に焦点を当て，1987年の自動車，1999年の住宅修理サービスの価格動向を検討対象とした。回帰推計モデルでは，説明変数として，税率ダミー変数，一般財（税率変更がない），コスト変数（エネルギー価格及び不動産賃貸料）を用いている。住宅サービスに比べると自動車販売は市場の寡占度が高く，つまり自動車業界は経済的余剰を得ており，これが増税に際して消費者への価格転嫁を低める原資となっていたと分析している。個別財・サービスの転嫁を推計しているが，全般的な物価動向については，付加価値税の増減税がなかった財の価格を用いており，これを価格トレンドとしている。コスト要因としてエネルギー価格，賃貸料といった生産コスト変数を使用しており，税率変更時点における税制以外の要因を加味している。これ

らの準備をしたうえで，税制ダミー変数により転嫁の程度を確認しているのである。市場競争に関する変数は，推計モデルには取り込んでいない。

Valandkhani（2005）は，2000年7月のオーストラリアにおける付加価値税の創設（税率10%）が財・サービスの価格に与えた影響を，ボックス・ジェンキンス法に基づくARIMAモデルにより計測している。月次データの範囲は30年間として，データの定常性やラグ次数の選択を厳密に検証したうえで，モデルにおける付加価値税ダミー変数から，転嫁の有無を分析しており，3%程度の価格効果があったこと[42]，効果の持続は付加価値税の導入後の3か月間にほぼ限られたこと，財ごとに価格効果が異なることを確かめている。ARIMAモデルを用いた分析例は，Bundesbank（2008）でも用いられており，2007年1月のドイツにおける付加価値税の引き上げ（16%から19%）に際して，増税前の2006年に価格上昇が引き起こされたことが分析されている。Carare and Danninger（2008）は，同じく2007年におけるドイツの付加価値増税について分析しており，消費者への転嫁割合（増税分に対する実際の価格上昇率の割合）が73%であり過小転嫁であったと結論づけた。オーストラリアやドイツにおける付加価値税改革では，税率変更により多くの財・サービスの価格が一斉に変化する。そのためCarbonnier（2005, 2007）が採用したような，税制改革の影響を受けなかった財の価格を説明変数として，これをトレンドと見なすことが難しい。そこで時系列モデルを用いることにより，物価動向を捉えたうえで，税制ダミー変数により転嫁の程度を分析している。

Poterba（1996）は，消費課税の実証分析としてよく言及される研究である。周知のとおり，米国には付加価値税が存在せず，州税として単一段階課税の売上税がある。この売上税の転嫁をめぐって米国では，多くの研究が蓄積されている。Poterba（1996）は，従価税の実証分析の計量モデルでは，課税に伴う価格上昇とそれ以外の要因の分離が重要であると指摘しており，都市別の衣料品物価を被説明変数としつつ，説明変数には税制ダミー変数，州税が上昇しなかった都市における価格変数を用いた。これより売上税はほぼ消費者に転嫁されたと分析している。一

---

42 この3%増という数値は，オーストラリアの他機関が別の推計手法により得た水準にほぼ一致しているという。

方，Besley and Rosen（1999）は，Poterba（1996）と同じ問題意識に立ちつつ，推定モデルにおける説明変数のなかに，コスト変数（家賃，エネルギー価格，賃金）を追加した。彼らは過剰転嫁という結果を得ているが，この理由として，より細分類の商品（食料品）に焦点を当てたからだとしている。

　以上を整理すると，付加価値税をはじめとする消費課税の実証分析からは，完全転嫁，過剰転嫁，過小転嫁のすべての結果が得られている。推定モデルの構築に際しては，被説明変数として消費者物価指数を用いつつ，説明変数として，税制ダミー変数，課税の影響を受けない物価水準，コスト変数を用いること，そして推計結果と検討対象とする財・サービスの市場特性を突合することにより，転嫁の程度に関する推論を展開していることがわかった[43]。

3　時系列モデルによる推定方法

　消費税率の引き上げに伴う価格上昇を，回帰推計の手法により推定する。推計モデルについては時系列モデルを用いるが，供給者による価格設定行動を検討するために，生産者に関連した説明変数を追加する。Poterba（1996）に従い，以下のように理論モデルを想定する。生産者価格を p_t，消費者価格を q_t，消費税率を τ とすると，消費税は従価税なので，(3.1)式が成り立つ。添え字の t は月次期間を表す。

$$(3.1) \qquad q_t = p_t(1+\tau_t)$$

両辺の対数をとると，$ln\ q_t = ln[p_t(1+\tau_t)]$ となり，これを整理すると，

$$(3.2) \qquad ln\ q_t = ln\ p_t + \tau_t$$

となる。前期との差分を考えると，

43　石油製品への課税分析では，対象商品を特定化しているがゆえに，市場特性（需要量，供給量，市場シェア）に関するデータが入手しやすく，計量モデルにおける説明変数に取り込まれることが多い。戒能（2008），Marion and Muehlegger（2011）を参照。

$$(3.3) \qquad \Delta ln\ q_t = \Delta ln\ p_t + \Delta \tau_t$$

となる。ここで，$\Delta ln\ q_t = ln\ q_t - ln\ q_{t-1} \approx (q_t - q_{t-1})/q_{t-1}$ と近似できるので，消費者価格の上昇率は，生産者価格の上昇率と税率変化の和であることがわかる。生産者価格の変動は，さらに企業の生産コストの構成要素である投入財価格，賃金，資本費用，企業利潤の変動に分解することができる。このうち消費税率の引き上げの時点に際して，税率以外の要因で短期的かつ外生的にコストが変動するのは，投入財価格と賃金である。以上から，回帰分析に供する推計モデルを (3.4)式のように設定することができる。

$$(3.4) \qquad \dot{CPI}_t = \alpha + \beta \dot{IOPI}_t + \gamma \dot{WI}_t + \delta Dum\tau + \varepsilon_t$$

つまり，消費税引き上げ時点の消費者物価上昇率 $\dot{CPI}$ を，投入財価格上昇率 $\dot{IOPI}$，賃金上昇率 $\dot{WI}$，税制ダミー $Dum\tau$ により説明しようというものである。企業にとっては投入財価格（原材料費）や人件費は外生変数であり，一方，自らの転嫁力に応じて，資本コストと利潤部分を調整することができるので，これを税制ダミー変数によって分析してみる。

推計に際しては，当初は，前年同月比の時系列データを使用することを考えたが，CPI データの前年同月比データを単位根検定したところ，非定常性が認められた[44]。そこで，さらに前年同月比データの一次差分をとるものとした。したがって，実際に推計に用いたモデルは，次のとおりである。ここで，$\dot{CPI}_t = (CPI_m/CPI_{m-12} - 1) \times 100$ である。

$$(3.5) \qquad (\dot{CPI}_t - \dot{CPI}_{t-1}) = \alpha (\dot{IOPI}_t - \dot{IOPI}_{t-1}) + \beta (\dot{WI}_t - \dot{WI}_{t-1}) + \gamma Dum\tau + \varepsilon_t$$

---

[44]　単位根検定に際しては，ディッキー・フラーGLS 検定（DF-GLS）を用いた。消費者物価指数，投入価格指数，賃金指数は，いずれも時系列データなのでトレンドを有している可能性がある（このままだと推定モデルは見かけの相関を検出してしまう）。そこで前年同月比データに変換したが，依然として非定常であった。さらに一次差分をとることにより定常化を実現した。

4　データ分析－消費者物価の動き

4.1　使用データの記述統計量

　消費者物価指数は，総務省「消費者物価指数」における月次データを用いた。品目分類は，総合，工業製品，食料工業製品，繊維製品，石油製品，他の工業製品としており，このうち総合とは，通常の消費者物価指数であり，すべての財・サービスを含む。工業製品はその内数であり，さらに食料工業製品，繊維製品，石油製品，他の工業製品の4つに分けられる。消費者物価のうち，推計対象を工業製品に限定した理由は，後述する被説明変数における投入財価格が，製造業種に限られるからである。データ期間は，2005年1月から2014年7月までの10年間115か月とした[45]。工業製品の原系列に関して，記述統計量は平均100.5，標準偏差2.05であるが，この前年同月比の1次差分（％ポイント）については，平均0.04，標準偏差0.68である（表3－1）。

　投入財価格は，日本銀行「製造業投入・産出価格指数」における月次データ（産業別）を用いた。投入価格指数とはある製造業種が自らの生産に際して原材料としている複数の財・サービス価格の加重平均値である[46]。そして興味深いことに消費税抜きのデータである。賃金指数は，厚生労働省「毎月勤労統計」における賃金指数データ（業種別）から採録した。このうち現金給与総額（定期給与，残業手当，その他の特別支給の合計）の指数データを用いる。

　投入財価格を説明変数とすることの意味については，次のように説明される。例えば，食料工業製品について，消費者物価指数からは，消費者が小売店で購入した消費税込みの価格が把握される。一方，投入財価格からは，飲食料品製造業の消費税抜きの投入価格が把握される。したがって，両者の差分は概念的には，食品製造業の付加価値と小売・卸売業によるマージン部分の合計ということになる[47]。つま

45　推計期間を10年間とした理由は，2014年増税と1997年増税の比較のために，両者の推計期間をほぼ同じとしたことによる。1997年増税の推計期間は，1989年の消費増税後の10年間としている。

46　投入価格指数は，日本銀行「企業物価指数」「企業向けサービス価格指数」ほかを，総務省「産業連関表」における投入係数を用いて加重平均することにより算出される。

表 3−1　記述統計量

		原系列（2010年=100）					前年同月比の1次差分				
		平均	標準偏差	中央値	最大値	最小値	平均	標準偏差	中央値	最大値	最小値
CPI（消費者物価指数）	総合	100.6	0.96	100.4	103.5	99.2	0.03	0.35	0.00	1.80	−0.98
	工業製品	100.5	2.05	100.6	106.4	96.6	0.04	0.68	−0.00	3.27	−2.46
	食料工業製品	99.2	1.85	99.3	103.2	96.9	0.04	0.45	0.00	3.15	−1.24
	繊維製品	101.1	3.32	101.5	106.5	95.1	0.01	0.52	0.00	1.97	−1.75
	石油製品	104.9	11.4	103.4	132.8	84.0	−0.01	4.27	−0.03	11.4	−18.8
	他の工業製品	100.7	6.04	102.0	111.0	91.1	0.05	0.64	−0.00	3.59	−1.81
IOPI（投入価格指数）	製造業総合	110.4	5.97	110.3	128.7	96.3	−0.03	1.69	0.02	4.78	−6.78
	飲食料品	107.7	5.02	107.3	117.8	98.2	0.04	1.06	0.23	2.84	−3.83
	繊維製品	111.0	6.95	110.3	124.4	98.1	0.02	1.13	0.16	3.55	−4.14
	石油・石炭製品	144.2	35.1	139.8	252.0	72.2	−0.08	11.1	0.44	39.4	−38.0
WI（賃金指数）	製造業総合	102.1	30.5	86.6	192.4	82.2	0.02	2.23	0.04	9.39	−7.48
	食料品・たばこ	103.6	24.0	92.6	183.2	86.0	0.02	4.88	0.06	21.3	−21.7
	消費関連製造業	103.2	24.4	91.7	177.1	85.8	0.01	2.44	0.29	8.07	−9.19
	素材関連製造業	99.8	29.7	85.0	186.2	79.6	0.01	2.60	0.05	7.46	−9.63

注：原系列とは，各統計における月次の物価指数。これより前年同月比を得て，さらに1次差分を算出した。1次差分データはパーセント・ポイントを単位とする。

り，本研究が対象とする転嫁とは，製造段階（うち最終製品）と販売段階を合計した企業部門が，税以外の要因である投入価格や賃金が変動するなかで，どれくらい消費税を転嫁したかというものである。

47　商業部門の投入価格をモデルにおいて，考慮していないという批判が成り立つ。総務省「2005年産業連関表」における運輸・マージン表をもとに，今次の研究対象とした工業製品群について生産者価格の内訳を算出したところ，購入者価格（製造業）72.4 %，商業マージン26.1 %，運輸マージン1.5 %であった。販売価格の7割は製造部分で決められているのである。製造業の投入価格をもって，当該製品の税抜きコストと判断してもよいと考えた。

4.2　増税前後の価格と数量の動き

■　CPIの動き-2014年はやはり特別だった

2005年〜2014年における消費者物価指数（総合）は，ほぼ横ばいで推移している。2010年（平均）＝100とした指数でみると，2005年は100.5であったが2013年にかけてわずかに低下して99.3となり，2014年4月の増税を契機として一挙に103.5まで上昇をした。これを前年同月比で見ていくと，消費者物価が安定していたので上昇率はほぼ0％であった。2010年以降にややマイナスに転じたが，2013年になるとアベノミクスが奏功してプラスに転じた。そして2014年4月になるとさらにプラス傾向を強めた。

モデル推定では，前年同月比の1次差分を被説明変数とする。この当月と前月における物価上昇率の差分に関して，過去10年間においては2014年4月における差分値が最大であった点が注目される（図3-1）。日本の消費増税は他国に比して増税前に駆け込み需要を引き起こす傾向があるが，それでも3月にかけての差分値が特に大きいことはなかった。また，2014年増税は2013年10月に決定されており，その際に恒常消費の低下があったとする研究があるが[48]，同時期に価格が前倒しで上昇することも見られなかった。このように，データ推移を見る限り，消費者物価指数の上昇率は月次で見て変動することはあっても，せいぜい±1％以内の変動を示すに過ぎず，ここでトレンド要因を除去したところ，2014年4月だけが顕著に上昇していたのである。以下では，これが税の転嫁によるものかについて厳密に検証していきたい。

■　投入価格指数と賃金指数は平年並みに推移

コスト要因である投入価格指数と賃金指数の動きを見ておく[49]。製造業投入価格指数については，2005年から2007年にかけて価格が上昇したが，2008年から

48　Cashin and Unayama（2016）によると，2013年10月に増税アナウンスがされたことを受けて，すぐに恒常消費が低下した。

49　ここでは，いずれも「製造業総合」に関するデータをチェックするが，推定モデルの説明変数においては，さらに細かい業種別指数データを用いている。

図3-1	消費者物価指数（前年同月比の1次差分）の推移

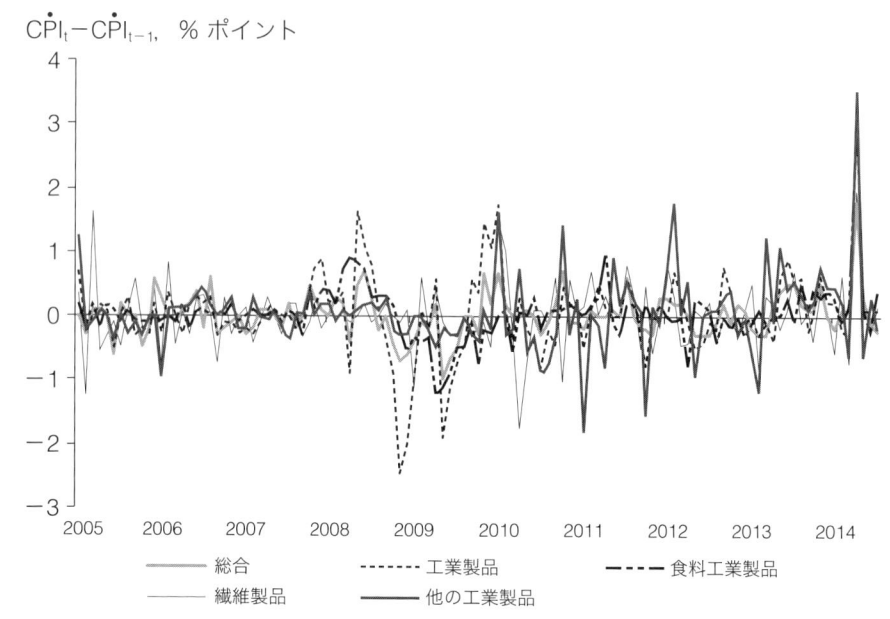

$\dot{CPI_t}-\dot{CPI_{t-1}}$, ％ポイント

凡例：
—— 総合　　　……… 工業製品　　　－－－ 食料工業製品
—— 繊維製品　　　—— 他の工業製品

注：「石油製品」は変化率ポイントが大きいので，このグラフでは示していない。
資料：総務省「消費者物価指数」をもとに作成。

2010年には急落と急騰を経験している。賃金指数は横ばいで推移しているが，ボーナス月である6月，7月，12月に指数が上昇しており季節変動が大きい。そして，これら2つの指数に関する前年同月比の1次差分から見て取れることは，2014年3月から4月にかけての変動はほかの月に比べて特に大きなものではなかったという点である。この傾向は，上述の消費者物価指数とは異なるものである。つまり投入価格や賃金が従来どおりに推移するなかで，消費者物価指数だけが顕著に上昇していた。

■ ばらつきが見られる品目別の価格上昇率

　2014年には税率が5％から8％に引き上げられたので，完全転嫁ケースの価格上昇率は2.86％（＝108/105−1）である。1997年には税率が3％から5％に引

図３−２	消費税の引き上げ率との比較

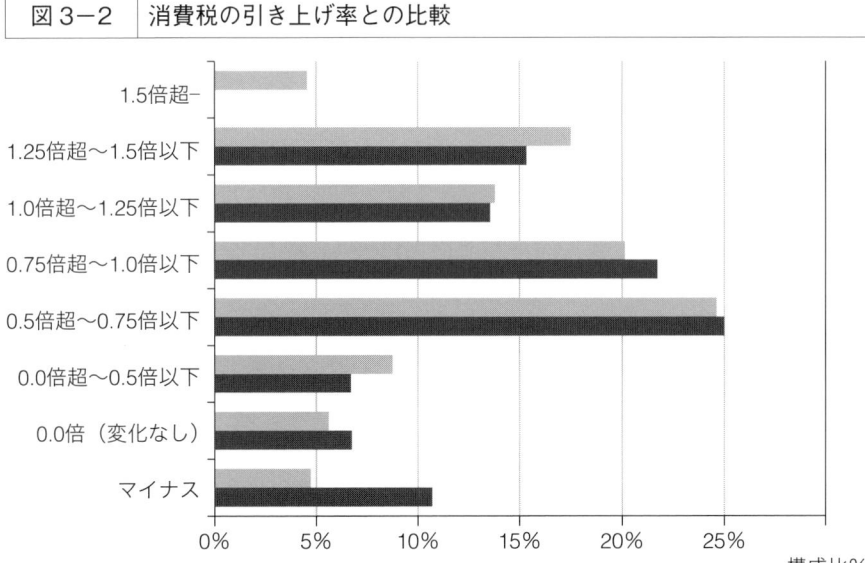

■ 2014年4月　　■ 1997年4月

注１：1997 年 4 月と 2014 年 4 月の増税時の価格変化がわかる 456 品目について算出（サービス製品を含む）。456 品目を 100％とする構成比。

注２：2014 年 4 月には消費税率は 5 ％から 8 ％に引き上げられたので，完全転嫁の場合の価格上昇率は 2.86 ％（＝108/105−1）である。1997 年 4 月には消費税率は 3 ％から 5 ％に引き上げられたので，価格変化率は 1.94 ％（＝105/103−1）となる。すると 1.5 倍値ほかは，それぞれ以下のようになる。

	1997 年 4 月	2014 年 4 月
1.5 倍値（転嫁率 150 ％）	2.91 ％	4.29 ％
1.25 倍値（転嫁率 125 ％）	2.43 ％	3.57 ％
1.0 倍値（転嫁率 100 ％）	1.94 ％	2.86 ％
0.75 倍値（転嫁率 75 ％）	1.46 ％	2.14 ％
0.5 倍値（転嫁率 50 ％）	0.97 ％	1.43 ％

資料：総務省「消費者物価指数」をもとに作成。

き上げられたので，価格上昇率は 1.94 ％（＝105/103−1）となる。この完全転嫁ケースを基準として，品目別の価格上昇率の分布を調べてみた（図3−2）。

　消費者物価指数を構成する基本品目は 591 であり，ここから非課税品 31 品目を除くと 560 品目になる。そのうち 1997 年 4 月と 2014 年 4 月の上昇率が両方とも把握できる品目は 456 品目であった。この 456 品目に関して，2014 年については完全転嫁ケースの上昇率 2.86 ％を基準として，その 1.5 倍（転嫁割合 150 ％）にあたる 4.29 ％を超過した品目はなしであったが，1.25 倍超〜1.5 倍以下あった品目は全体の 15.4 ％を占めていた。続く 1.0 倍超〜1.25 倍以下 13.6 ％，0.75 倍超〜1.0 倍以下 21.7 ％，0.5 倍超〜0.75 倍以下 25.0 ％，0.0 倍超〜0.5 倍以下 6.8 ％，価格変化なし 6.8 ％，価格低下 10.7 ％という構成になっていた。それぞれの品目は価格トレンドを有しているので単純には比較することができないものの，すべての商品において完全転嫁であったわけではないようである。さらに，図3−2から明らかなとおり，このような価格上昇率に差異が生じる傾向は，1997 年の増税においても見られ，かつその傾向は 2014 年と驚くほど一致していた。また，上記の 456 品目を 10 大分類別に分けたところ，2014 年に価格上昇率が大きかった品目分類は，家具・家事用品，保健医療であり，逆に，食料，教養娯楽では低かった。順調に転嫁が実現したのは雑貨であり，食料品やサービスでは転嫁が進まなかった。

4.3　マクロレベルの数量は増税分だけ減少

　ここでは消費増税に伴う数量変化について検討する。マクロレベルでの動きに関して，内閣府「国民経済計算（2015 年度版）」には民間最終消費支出が記される。これは価格変動を除いた実質値なので，数量変化を示している。また，「家計の目的別最終消費支出」（2011 年実質値，2008SNA 基準）からは，12 分類別の消費量を得ることができる。

　統計表に記される公表値は，四半期ベースの実質値であるが季節調整が施されていない。そこで前年同期比の推移を見ると，帰属家賃を除いた実質家計最終消費は，2013 年 4〜6 月期には前年同期比 2.9 ％であったが，これが 7〜9 月期 3.2 ％，10〜12 月期 2.9 ％と，いずれも 3 ％前後で推移していた。消費増税の直前に当たる 2014 年 1〜3 月期には 4.4 ％と伸長し，増税直後の 4〜6 月期には−3.3 ％と一転

| 図3−3 | 家計最終消費の推移（四半期ベースの前年同期比％，前年同期比の1次差分％ポイント） |

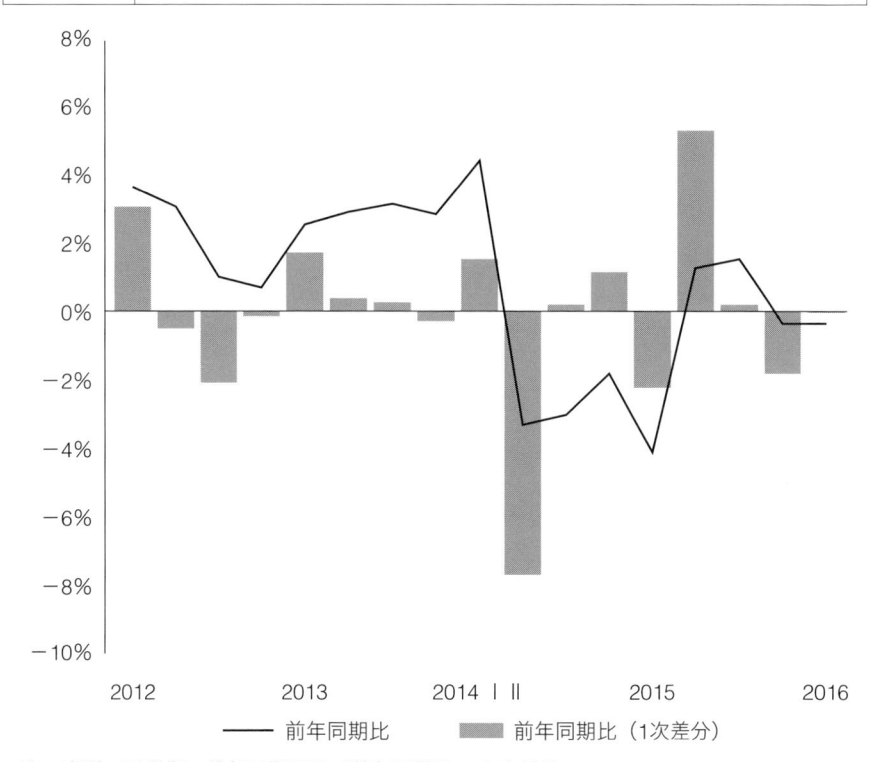

注：実質・四半期。前年同期比及び前年同期比の1次差分。
資料：内閣府「国民経済計算」をもとに算出。

してマイナスとなった。続く7〜9月期−3.0％，10〜12月期−1.8％となり消費量が減少している（図3−3）。1995年から2015年までの約20年間において2014年1〜3月期に記録された−3.3％を超過するマイナスの落ち込みがあったのは，1998年1〜3月期−3.8％（1997年消費増税における駆け込み需要からの反動減），2009年1〜3月期−4.7％（リーマンショックによる経済低迷），2015年1〜3月期−3.8％（2014年消費増税における反動減）の3回しか存在せず，2014年における数量減は増税によるものと見なしてもよいだろう。

　マクロ統計におけるデフレータを価格，名目値を売上高と見なすと，2014年1〜3月期の前年同期比について，数量（実質値）4.4％，価格（デフレータ）1.2％，売上高（名目値）5.7％となっており，増税前の駆け込み需要は価格よりも数量が伸張しており，両者を合わせた売上高も増加したことが見て取れる。続く2014年4〜6月期については，数量−3.3％，デフレータ3.7％，売上高0.3％となった。数量は大きく減少しているが，価格が上昇したので売上高は，ほぼ横ばいで推移したことがわかる。増税の前後では税込み価格が変化するが，税込み価格の上昇分に相当するだけ数量が減少することにより，マクロレベルにおける売上高（＝税込み価格×数量）が一定に保たれたのが，この消費増税において見られた特徴といえる。数量別の変化の動きを目的別にみると，食料品においては他品目に比べると数量の落ち込みが小幅に留まっており，繊維製品，交通サービスでは比較的大きな数量減が発生していた。

5　推定結果

5.1　2014 年における消費税転嫁

■　費目別にみた転嫁傾向の違い

推定モデルでは CPI 上昇率の 1 次差分を被説明変数として，説明変数として税制ダミー変数を用いた。これは月次のダミー変数であり，消費税率の引き上げ月である 2014 年 4 月に関して数値 1.0 が与えられる。推計されたパラメータ値は，消費増税に伴い CPI 上昇率が何パーセント・ポイント引き上げられたかという価格転嫁を示している[50]。

推計結果によると工業製品を説明変数とする転嫁効果は 3.43 であった（表 3－2)[51]。つまり，増税により価格上昇率が 3.43 ％ポイントだけ上昇したことになる。工業製品を構成する品目はすべて課税品であり，完全転嫁ケースの物価上昇率は 2.86 ％となるので，この推計結果は完全転嫁の水準を 0.57 ％ポイントだけ上回っていたことになる。消費者への転嫁割合は 120 ％（＝3.43/2.86）と計算され過剰転嫁である。同様の推計結果を，工業製品の内訳について見ていくと，食料工業製品 3.12（消費者への転嫁割合 109 ％，以下同じ），繊維製品 2.10（73 ％），石油製品 4.59（160 ％），他の工業製品 3.32（116 ％）となっていた。また，95 ％信頼区間については，ⅰ）工業製品 2.52〜4.34，ⅱ）食料工業製品 2.57〜3.67，ⅲ）繊維製品 1.24〜2.96，ⅳ）石油製品 －2.54〜11.71，ⅴ）他の工業製品 2.28〜4.37 となっている。ⅵ）石油製品では信頼区間の幅が広く，これ以外の品目では信頼区間の幅が狭くなるものの，いずれも 2.86 ％とその前後を含むので，それぞれ過小転嫁であったという傾向は強くは支持されない。

点推定値をもとに転嫁の程度について一定の示唆を導くことにする。まず，工業製品については過剰転嫁であるが，その内訳である費目別については，転嫁状況に

50　完全転嫁かつ他の要因がなく，さらに CPI 上昇率がゼロの場合には，2014 年 4 月時点の 1 次差分の上昇率は 2.86 ％ポイントとなる。しかし，実際の CPI は 2 ％程度の上昇傾向にあるので，1 次差分の上昇率は 2.91 ％ポイントとずれが生じ，推計式が得るパラメータ推定値は，こちらに近いものとなる。しかし，その差は 1.02 倍にすぎない。そこで推計式におけるダミー変数の点推定値を，そのまま転嫁の程度と見なすことにした。

51　推定結果の詳細は，付表 3－1 に示した。

表3−2	消費増税に伴う価格上昇率（2014年4月）

	点推定値	区間推定値	区間推定値の幅	VAT換算	転嫁割合	備考
工業製品	3.43 [7.46]***	2.52〜4.34	1.82	8.6 % (7.6 %〜9.6 %)	120 % (88 %〜152 %)	推計式（6）
食料工業製品	3.12 [11.26]***	2.57〜3.67	1.10	8.3 % (7.7 %〜8.9 %)	109 % (90 %〜128 %)	推計式（9）
繊維製品	2.10 [4.85]***	1.24〜2.96	1.72	7.2 % (6.3 %〜8.1 %)	74 % (43 %〜104 %)	推計式（12）
石油製品	4.59 [1.28]	−2.54〜11.71	9.17	9.8 % (2.3 %〜17.3 %)	161 % (−89 %〜410 %)	推計式（15）
他の工業製品	3.32 [6.30]***	2.28〜4.37	2.09	8.5 % (7.4 %〜9.6 %)	116 % (80 %〜153 %)	推計式（18）

注1：付表3−1の推計結果のうち，2014年4月の消費税ダミー変数に関する推計値をもと
　　に算出。
注2：下段はt-値，＊p＜0.1，＊＊p＜0.05，＊＊＊p＜0.01。区間推定値の信頼水準は95 %。
注3：消費者への転嫁割合＝点推定値/2.86。
注4：VAT換算とは，点推定値に相当する消費税率を試算したもの。

差異が発生している。食料工業製品ではほぼ完全転嫁であり，繊維製品は過小転嫁，雑貨，家電製品を含む他の工業製品についてはやや過剰転嫁であった。有意性に劣るが，石油製品では過剰転嫁であったことがわかった。価格の季節変動が激しい繊維製品では4月は商品入れ替えの時期に当たり，毎年，価格が上昇する。このなかで消費税要因だけでみると過小転嫁になった可能性がある。一方，石油製品は市場集中度が高い業種であり転嫁程度を引き上げる方向に働いた可能性がある。あるいは同時期の円安による輸入原油価格の上昇効果が考えられる。

■　コスト要因の影響

　税制ダミー変数以外の説明変数としては，投入価格指数，賃金指数を取り上げた。このうち賃金指数の説明力がやや弱かった。投入価格や賃金における価格変化が，直ちに消費者物価の上昇をもたらすとは考えにくく，消費者物価に波及するまでには時間の遅れが存在するはずである。そこで投入価格上昇率の1次差分，賃金上昇率の1次差分については，それぞれラグ変数を説明変数としている[52]。推計結果に

よると，工業製品では 1 期前の投入価格がプラス方向に作用している。推計モデル
は，1 次差分データを使用しているので，2014 年 3 月から 4 月にかけての価格上
昇において，2 月から 3 月への投入価格上昇率の変化分が影響することを意味する。
食料工業製品については，2 期以上前の投入価格指数，賃金指数が，他の工業製品
については，4 期前の賃金指数が影響していることがわかった。

　推定モデルでは供給者による価格形成を定式化したが，総じて投入価格指数や賃
金指数の説明力は低い。この理由としては，大分類ベースでは，被説明変数である
CPI と説明変数である投入価格指数，賃金指数がともに，多数財・サービスの合成
変数であることが挙げられる。複数の財を束ねた変数なので，ある特定のラグの時
点が有意に検出できなかった可能性がある。また，推計モデルでは自己ラグ変数と
して，消費者物価上昇率の 1 次差分の前月値ほかを加えている[53]。推計結果による
と，食料工業製品における直近 3 か月程度の自己ラグが有意であることがわかった。
食料品は，ほかの商品に比べると価格の改定頻度が高く，短期的に価格変動してい
ることの表れであると考えられる。そのため投入価格や賃金の説明力が低下してい
る。

■　転嫁時期

　消費税転嫁の時期をみるために，税制ダミーについて，2 月，3 月，5 月，6 月と
いった増税前後の 4 か月について推計してみた（表 3−3）。推計結果によると，各
月の点推定値の信頼度は 4 月推計値に比べて劣るものが多い。しかし，有意性が検
出されたものがあり，具体的には食料工業品における 5 月（−0.89），6 月（−
0.98）と，繊維製品における 3 月（−0.82）が挙げられる。いずれも符号条件はマ
イナスであり，過小転嫁となっている。2014 年の日本では，増税に伴う価格変動
は当月に集中しているが，一部では，3 月以前に前倒しで転嫁したり，5 月以降に
遅れて転嫁が発生したことが示唆される。

52　自己相関係数をもとにラグ月数の判定を行い，推計モデルの変数選択に活用した。
53　推計モデルでは，CPI 上昇率の 1 次差分によりデータを定常化しているが，前月の 1 次
　　差分が大きい場合，つまり価格が上方傾向もしくは下方傾向を示すと，当月にその効果が
　　持続することがある。自己ラグ変数は，このようなトレンドをさらに取り除く。

| 表3-3 | 消費増税に伴う価格上昇率（2014年2月～6月） |

	2月ダミー	3月ダミー	4月ダミー	5月ダミー	6月ダミー	4月～6月合計値	備考
工業製品	0.01 [0.02]	0.15 [0.32]	3.43 [7.46]***	0.13 [0.24]	0.19 [0.41]	3.75	推計式(6)
食料工業製品	−0.27 [−0.98]	0.16 [0.56]	3.12 [11.26]***	−0.89 [−2.20]**	−0.98 [−2.40]**	1.25	推計式(9)
繊維製品	0.50 [1.14]	−0.82 [−1.87]*	2.10 [4.85]***	0.14 [0.31]	−0.50 [−1.16]	1.74	推計式(12)
石油製品	−1.91 [−0.53]	1.88 [0.52]	4.59 [1.28]	2.65 [0.74]	0.33 [0.09]	7.57	推計式(15)
他の工業製品	−0.09 [−0.17]	−0.68 [−1.29]	3.32 [6.30]***	−0.61 [−1.16]	−0.12 [−0.20]	2.59	推計式(18)

注1：付表3-1の推計結果のうち，2014年2～6月の消費税ダミー変数に関する推計値。
注2：下段はt-値，* $p < 0.1$，** $p < 0.05$，*** $p < 0.01$

　食料品のうち，野菜，果実，精肉鮮魚を除いたものが，本研究が推計対象とした食料品工業製品であるが，5月以降に有意に価格が引き下げられており，これらのマイナス分を4月のプラス値と合算すると，転嫁効果は 1.25（＝3.12−0.89−0.98）に留まる。この場合の消費者への転嫁割合は 44％（＝1.25/2/86）である。4月時点では完全転嫁だが，増税後の3か月間で見ると過小転嫁の可能性が示唆される。推計結果の有意性が低いものの，繊維製品，他の工業製品についても5月，6月には価格が低下している。

5.2　消費税変数の説明力に関する検証

　消費税ダミーと名付けても，その実態は各月に関する定数項である。推計モデルでは1次差分を変数としたので，定数項なしで推計をしている。そのため説明変数（投入産出価格指数，賃金指数，ラグつき自己変数）以外の要因が消費税ダミーに影響した可能性がある。そこで推定モデルに，定数項，4月ダミー変数（2014年以外を含む）を入れてみることにより，消費税ダミーの説明力について検証してみた（表3-4）。

表 3－4	モデル変数の追加に伴う推計結果の変化

| | オリジナル推計 | 定数項の追加 | | 4 月ダミーの追加 | | 備考 |
	税制ダミー （4 月）	税制ダミー （4 月）	定数項	税制ダミー （4 月）	4 月ダミー 変数	
工業製品	3.43 [7.46]***	3.42 [7.37]***	0.008 [0.18]	3.51 [7.18]***	−0.084 [−0.52]	推計式 (6) ほか
食料工業製品	3.12 [11.26]***	3.12 [11.14]***	0.002 [0.08]	3.10 [10.50]***	0.017 [0.17]	推計式 (9) ほか
繊維製品	2.10 [4.85]***	2.11 [4.81]***	−0.007 [−0.16]	2.17 [4.71]***	−0.069 [−0.45]	推計式 (12) ほか
石油製品	4.59 [1.28]	4.59 [1.27]	0.000 [0.00]	5.17 [1.35]	−0.582 [−0.46]	推計式 (15) ほか
他の工業製品	3.32 [6.30]***	3.28 [6.17]***	0.038 [0.73]	3.32 [5.90]***	0.002 [0.01]	推計式 (18) ほか

注 1：推定式に，1) 定数項を追加したケース，2) 4 月ダミー変数を追加したケースを推計
　　　したもの。
注 2：下段は t-値，＊p＜0.1，＊＊p＜0.05，＊＊＊p＜0.01

🔳　定数項ダミーの追加

　モデル式に定数項を加えて新たに推計した。もし，それが有意にプラス推計値な
らば，消費税ダミーの点推計値は低下するだろう。しかし，推計結果によると定数
項推計値は，ゼロに近く有意性はなかった。そのため税制ダミー（2014 年 4 月の
みを 1.0 とする変数）には変化がなかった。

🔳　4 月ダミーの追加

　4 月ダミー変数とは，毎年 4 月を 1.0 とする変数である。この変数が有意である
と，毎年 4 月に価格改定が存在し，2014 年 4 月における価格の上昇には消費税以
外の要因が存在することを示唆する。しかし，推計結果によると 4 月ダミー変数の
推計値は総じて小さく有意性が低かった。そのため 2014 年以外の年次に 4 月ダ
ミー変数を加えても，2014 年 4 月の税制ダミー変数にはほとんど変化がなかった。
つまり，本推計でみた 2014 年 4 月ダミー変数は，同時期における特異な価格上昇
を検出したものであり，この時期に消費増税以外に大きな経済イベントがなかった

ことからみて，消費増税に伴う価格転嫁を捉えたと見なしてよいだろう。

5.3　費目別の転嫁傾向は1997年と2014年で極めて類似

1997年と2014年における消費増税の転嫁状況を比較する。1997年4月には消費税率が3％から5％に引き上げられている。税率の引き上げポイントは2％に留まり，完全転嫁の場合の引き上げポイントは1.94％（＝105/103－1）である。1997年当時の経済状況は2014年に類似しており，不況が一段落したと見なされていた。しかし，消費税の創設後の初めての増税であり，転嫁の傾向については，少なくとも事前には予想されていなかったと思われる。当時の物価動向をみておくと，引上げ直前の6か月間（1996年10月～1997年3月）における工業製品のCPI上昇率（前年同月比）の平均は－0.5％であり，2014年の引き上げ直前の6か月間（2013年10月～2014年3月）の平均＋1.4％に比べると価格は低下傾向にあった。一方，2014年における増税は税率の引き上げ幅が3％ポイントと大きく，アベノミクスにより僅かながらもインフレが発生しており，これは追い風になるとされた。しかし，価格デフレが慢性化した後であり転嫁が難しいと考えられていた。

1997年に関する推定モデルは，これまで使用したものと同じとして，推計期間は1989年1月から1997年9月までの9年間105か月とした。税率の引き上げポイントが異なるので，推計結果は単純には比較できない。そこで推計モデルから得た点推定値をもとに，完全転嫁ケースの引き上げ率（1997年については1.94，2014年については2.87）を100％とする消費者への転嫁割合を算出して，これを比較することにした。

推計結果によると工業製品については1997年79％，2014年118％と，1997年増税時の方が過小転嫁にある（表3－5）。しかし，この内訳をみていくと，食料工業製品では1997年119％，2014年108％，繊維製品では1997年69％，2014年72％，石油製品1997年146％，2014年150％，他の工業製品1997年105％，2014年114％となっており，業種別の傾向は2時点においてほぼ一致している。繊維製品では過小転嫁であること，石油製品では転嫁過剰であること，食料工業製品，他の工業製品（雑貨，家電製品ほか）では完全転嫁もしくはやや過剰転嫁の水準にある。2014年の消費増税は17年ぶりの引き上げであったが，そこで見られた

| 表 3−5 | 1997 年と 2014 年の比較 |

	1997 年 4 月		2014 年 4 月	
	点推計値	転嫁割合 1.94 ％＝100 ％	点推計値	転嫁割合 2.87 ％＝100 ％
工業製品	1.54	79 ％	3.39	118 ％
食料工業製品	2.31	119 ％	3.09	108 ％
繊維製品	1.34	69 ％	2.07	72 ％
石油製品	2.84	146 ％	4.31	150 ％
他の工業製品	2.04	105 ％	3.26	114 ％
（参考）CPI 総合	1.26	65 ％	1.84	64 ％

注 1：付表 3−1（2014 年）及び付表 3−2（1997 年）における税制ダミー変数に関する推
　　　計値の抜粋。
注 2：完全転嫁の場合，1997 年における価格上昇率は 1.94 ％（＝105/103−1），2014 年
　　　については 2.87 ％（＝108/105−1）と試算される。それぞれを 100 ％とする消費者
　　　への転嫁割合を算出した。

価格転嫁は，1997 年の消費増税時にほぼ一致していたのである。

　本研究によると，信頼区間については費目間で重複部分が多いので，費目間の転
嫁割合が有意に異なるとは完全には言えない。しかし，経済環境が異なる 2 回の消
費増税において，費目間の転嫁の傾向が類似していたことは注目される。

6　まとめ

　本章では，消費税の転嫁傾向を，CPI データを用いて検討した。その際に内外の
先行研究において採用されることが多い時系列モデルの推定手法を使用したが，生
産者行動という枠組みにおける転嫁傾向を検討するために，投入価格や賃金を考慮
した供給価格の決定構造をモデル化したうえで推定してみた。本章において得られ
た知見は以下のようにまとめられる。

　第 1 に，CPI の動向によると，2014 年 4 月の消費増税においては，消費財（う
ち工業製品）において完全転嫁のほかに過剰転嫁，過小転嫁が発生していた模様で
ある。CPI の基本品目 456 品目ベースにおいては，過剰転嫁や過小転嫁の品目が多

く発生しており，転嫁の程度には差異がある。また，モデル推定からは，大分類の4費目レベルに関して，転嫁程度における差異が確認された。1997年増税と2014年増税との類似性から，この相違傾向は産業特性に起因している可能性が示唆される。消費増税は，すべての財・サービスに完全転嫁をもたらすのではなく，過剰転嫁や過小転嫁となるものが存在することがわかった。

第2に，時間を通して異なる消費税転嫁のパターンが発生する可能性がある。食料品のうち食料工業製品について実証分析を行ったが，4月時点では完全転嫁の状況にあるものの5月以降に価格の低下が生じており，これを加味すると過小転嫁になる。多くの費目において消費税の転嫁は，増税時期の4月だけで発生しているが，一部には翌月以降に転嫁を逆方向に調整する傾向がある。繊維製品については過小転嫁が示唆された。もともと4月は新製品の投入に伴い価格が上昇する時期にあたり，ここで増税要因だけを取り出すと，過小転嫁にあることがわかった。価格改定の頻度が低いこと，季節商品であることが転嫁を困難化させた可能性がある。

第3に，消費税の転嫁が財・サービスごとに異なるという事実が，これまで見落とされてきた理由について考えてみたい。モデル推定から得られた食料工業製品に関する4月単月の点推定値は3.12であり，この消費者への転嫁率は109％であるので，ほぼ完全転嫁であった。また，日銀試算値によると課税品に限定したCPIにおいてはほぼ完全転嫁であったという。このように集計レベルでの価格動向からは完全転嫁を示唆するものが多い。全体では完全転嫁に近かったため，個別財の価格動向を子細に検討することなく，すべての財において完全転嫁であると誤解されてしまった可能性がある。

消費増税に伴い供給サイドのメーカーや販売店が，商品ごとに転嫁に差異を設定することは，税抜き価格の設定が企業側の裁量に委ねられている以上問題はない。しかし，この点は消費税制の設計に対して一定の示唆を与える。完全転嫁が保証されないことは，個別の商品における消費税の転嫁の予想が困難化しており，消費増税に伴う家計負担への影響が簡単にはわからないことを意味するからである。全体としては，ほぼ完全転嫁の傾向にあることから，供給サイドが過剰転嫁と過小転嫁を組み合わせていることが窺える。しかし，メーカーやスーパーにおける消費税の転嫁の調整内容と，家計における消費バスケットの構成は必ずしも一致しない。そ

のため消費税の負担が平均よりも増加したり，あるいは減少する家計が生じた可能性がある。つまり，軽減税率を導入しても，ねらいどおりに消費税の負担が減るかについてはわからないのである。

　残された課題について述べる。まず，公刊統計から得られる月次別，品目別のCPI データによる分析には限界が見受けられ，より短期かつ商品レベルの価格データの使用が望まれる点である。また，CPI にはこの統計データの特徴として販売店における定価データ（価格が 7 日間以上持続したもの）を採録したものであり，特売品の価格を含まないという欠点がある。つまり，本章から得られた知見は，定価に関するものに限定される。最近のミクロ価格を用いた研究成果によると，スーパーなどでは定価よりも特売価格において売上数量が大きく伸びる傾向があるという。次章以降では，より短期かつ商品レベルであり，特売品の価格を考慮した消費税の転嫁に関する検討を進めるために POS（Point-of-Sales）データを用いることにする。

付表 3-1 推計結果（総合指数，工業製品，その内訳である大分類品目・2014 年）

		総合 All items			工業製品 Industrial products			食料工業製品 Food products	
		(1)	(2)	(3)	(4)	(5)	(6)	(7)	(8)
税制ダミー VAT dummy	2014m2			0.1952 [0.69]			0.0079 [0.02]		
	2014m3			0.2296 [0.81]			0.1481 [0.32]		
	2014m4	1.8369 [6.49]***	1.8297 [6.57]***	1.8343 [6.51]***	3.3896 [7.54]***	3.4281 [7.60]***	3.4265 [7.46]***	3.0899 [10.50]***	3.1117 [10.77]***
	2014m5			0.1409 [0.42]			0.1335 [0.24]		
	2014m6			−0.1214 [−0.43]			0.1862 [0.41]		
投入価格指数 Input prices	IOPI（−1）	0.0757 [3.74]***	0.073 [4.31]***	0.0769 [4.25]***	0.2683 [7.83]***	0.237 [7.54]***	0.2421 [6.82]***	0.0151 [0.49]	
	IOPI（−2）	0.0003 [0.01]			−0.0555 [−1.47]			0.0422 [1.24]	0.0513 [1.68]*
	IOPI（−3）								
	IOPI（−4）							0.0597 [1.95]*	0.0576 [1.92]*
	IOPI（−5）								
	IOPI（−6）								
	IOPI（−10）								
賃金指数 Wages	WI（−1）				−0.0305 [−1.56]			0.007 [1.22]	0.0066 [1.18]
	WI（−2）	0.0175 [1.41]	0.0141 [1.20]	0.0142 [1.20]					
	WI（−3）							0.0101 [1.75]*	0.0104 [1.85]*
	WI（−4）	0.0096 [0.75]			0.0022 [0.11]	0.0076 [0.39]	0.0071 [0.36]		
	WI（−6）							0.0046 [0.79]	
	WI（−7）								
	WI（−9）								
自己ラグ Lag variables	CPI（−1）	0.1503 [1.78]*	0.1338 [1.65]	0.1119 [1.13]	0.1036 [1.25]	0.0448 [0.58]	0.0295 [0.30]	0.1936 [2.90]***	0.1919 [2.94]***
	CPI（−2）	−0.0965 [−1.16]			−0.0218 [−0.28]			0.1156 [1.64]	0.1027 [1.53]
	CPI（−3）							0.1729 [2.49]**	0.1892 [2.85]***
	CPI（−5）								
	CPI（−6）								
	CPI（−9）								
	CPI（−11）								
Observations		110	111	111	110	110	110	108	110
R-squared		0.429	0.416	0.425	0.608	0.588	0.590	0.646	0.642
Adj-R-squared		0.390	0.394	0.380	0.582	0.573	0.557	0.610	0.614
Breush-Godfrey LM test（Prob＞chi2, H0＝no serial correlation）									
	lag（−1）	0.408	0.946	0.700	0.971	0.196	0.105	0.109	0.101
	lag（−2）	0.679	0.728	0.757	0.996	0.428	0.263	0.136	0.110
	lag（−3）	0.460	0.283	0.267	0.999	0.597	0.438	0.080	0.072

注1：[ ] 内はt値， ＊p＜0.1， ＊＊p＜0.05， ＊＊＊p＜0.01
注2：ブロイシュ・ゴッドフレイ検定により，誤差項に関する3次までの自己相関の検定を実施した。

(9)	繊維製品 Textiles (10)	(11)	(12)	石油製品 Petroleum products (13)	(14)	(15)	他の工業製品 Other industrial products (16)	(17)	(18)
−0.2745 [−0.98]			0.5021 [1.14]			−1.9096 [−0.53]			−0.0937 [−0.17]
0.1576 [0.56]			−0.8191 [−1.87]*			1.8766 [0.52]			−0.6841 [−1.29]
3.1198 [11.26]***	2.0738 [4.65]***	2.0982 [4.78]***	2.1019 [4.85]***	4.3078 [1.20]	4.5965 [1.30]	4.5888 [1.28]	3.316 [6.12]***	3.3362 [6.36]***	3.3225 [6.30]***
−0.8884 [−2.20]**			0.1363 [0.31]			2.6533 [0.74]			−0.6114 [−1.16]
−0.977 [−2.40]**			−0.5031 [−1.16]			0.327 [0.09]			−0.1233 [−0.20]
0.0497 [1.69]*				0.2421 [5.04]***	0.2203 [4.86]***	0.2224 [4.79]***	0.0288 [0.95]	0.027 [0.93]	0.0216 [0.73]
0.0276 [0.92]	0.0466 [1.17]	0.0449 [1.18]	0.043 [1.12]	0.0075 [0.14]					
	0.0036 [0.09]			0.0455 [1.15]			0.0278 [0.72]	0.0362 [1.23]	0.0369 [1.24]
	0.0856 [2.17]**	0.0866 [2.26]**	0.0872 [2.25]**				0.0106 [0.27]		
0.0058 [1.08]				0.0541 [0.39]			0.0645 [2.88]***	0.0686 [3.33]***	0.0676 [3.25]***
	0.0056 [0.30]	0.0068 [0.38]	0.0058 [0.33]				0.024 [1.04]	0.0246 [1.12]	0.0246 [1.11]
0.0101 [1.86]*							0.0086 [0.37]		
	0.003 [0.16]			0.1243 [0.92]	0.1012 [0.76]	0.0924 [0.68]	0.0922 [1.10]	0.0939 [1.14]	0.1012 [1.01]
0.2987 [3.22]***									
0.2403 [2.49]**	0.063 [0.62]			0.0969 [0.70]	0.1381 [1.03]	0.1409 [1.04]	0.0288 [0.26]		
0.1293 [1.96]*	0.1871 [1.84]*		0.1779 [1.82]*						
				0.0592 [0.45]	0.046 [0.40]	0.0397 [0.34]			
				−0.1977 [−1.45]					
	0.2198 [2.38]**	0.2342 [2.67]**	0.2483 [2.83]**				0.1921 [1.81]*	0.186 [1.88]*	0.2049 [2.01]**
110	103	103	103	105	105	105	105	105	105
0.685	0.279	0.276	0.323	0.407	0.390	0.397	0.409	0.407	0.426
0.646	0.210	0.231	0.250	0.352	0.359	0.340	0.347	0.364	0.358
0.745	0.165	0.157	0.345	0.517	0.447	0.417	0.741	0.921	0.921
0.476	0.118	0.102	0.125	0.268	0.263	0.250	0.453	0.471	0.165
0.140	0.161	0.147	0.125	0.404	0.371	0.380	0.659	0.680	0.287

概ね自己相関なしとの結果を得ている。

付表 3−2　推計結果（総合指数，工業製品，その内訳である大分類品目・1997 年）

		総合 All items	工業製品 Industrial products	食料工業製品 Food prod- ucts	繊維製品 Textiles	石油製品 Petroleum products	他の工業製品 Other indus- trial products
税制ダミー VAT dummy	1997m4	1.2627 [3.34]∗∗∗	1.544 [7.94]∗∗∗	2.3053 [8.04]∗∗∗	1.3542 [3.45]∗∗∗	2.8444 [2.53]∗∗	2.0467 [12.69]∗∗∗
	1989m4	0.7222 [1.76]∗	0.6151 [2.91]∗∗∗	2.0392 [7.10]∗∗∗	1.8371 [4.80]∗∗∗	1.9463 [1.73]∗	−0.2158 [−1.38]
投入価格指数 Input prices	IOPI	0.1679 [2.38]∗∗	0.2585 [7.12]∗∗∗			0.0884 [4.66]∗∗∗	
	IOPI（−1）					0.0778 [3.43]∗∗∗	
	IOPI（−3）				0.0428 [1.20]		
	IOPI（−4）			0.0431 [1.40]			
	IOPI（−5）						0.0477 [1.85]∗
賃金指数 Wages	WI（−1）		0.0046 [1.31]			0.044 [1.36]	
	WI（−2）	0.0122 [1.78]∗					
	WI（−3）			0.002 [0.29]	0.0157 [0.86]		0.0031 [0.43]
自己ラグ Lag variables	CPI（−1）					0.1723 [2.23]∗∗	
	CPI（−2）		0.1291 [2.44]∗∗		0.1439 [1.80]∗		
	CPI（−3）			0.1137 [1.72]∗			0.1567 [2.70]∗∗∗
	CPI（−5）				0.2447 [3.10]∗∗∗		
	CPI（−8）	0.1818 [2.06]∗∗					
Observations		108	114	112	111	115	111
R-squared		0.298	0.692	0.534	0.353	0.569	0.649
Adj-R-squared		0.264	0.678	0.512	0.316	0.545	0.632
Breush-Godfrey LM test（Prob＞chi2，H0＝no serial correlation）							
	lag（−1）	0.934	0.045	0.297	0.016	0.725	0.728
	lag（−2）	0.046	0.131	0.014	0.052	0.815	0.921
	lag（−3）	0.059	0.104	0.033	0.114	0.938	0.946

注1：[　]内は t 値，∗p＜0.1，∗∗p＜0.05，∗∗∗p＜0.01
注2：ブロイシュ・ゴッドフレイ検定により，誤差項に関する3次までの自己相関の検定を実施した。

第4章
Point-of-Sale（POS）データに見る消費税の転嫁

1　はじめに

　本章では Point-of-Sale（POS）データを用いることにより，消費税転嫁に関する検討を行う。第3章では CPI データに基づく分析を行ったが，CPI データには，価格が7日間以上持続したものの価格指数という統計上の特徴があり，価格が7日間まで続かなかった特売価格に関する検討が課題として残された。そこで価格の持続期間が短いものを含む POS データの使用を考える。POS データを利用した研究としては，国内では「東大日次物価指数」が知られているが，それによると 2014年4月の POS データに基づく物価指数は一時的な上昇に留まったという。これは同時期の物価が増税分だけ上昇し，ほぼ完全転嫁であったとする CPI データが見せた動きとは異なるものである。この違いに関する検討を行う。

　スーパーなどの販売店が，従来に考えられてきた以上に頻繁に小売価格を改定していることが現在の日本における特徴である。EDLP（everyday low price）を標榜するスーパーがある一方で，曜日限定や五十日（ごとうび：日付の一の位が0や5といった日にちのこと）に特売セールを実施する販売店が多いことは，われわれの日々の生活実感からわかる。同じ販売店であっても，消費者には定価と特売価格という2つの価格が提示されており，このような価格タイプの多様化と改定頻度の上昇は，販売店に転嫁を操作させる余地を与えているものと考えられる。特売価格による販売がなされた場合に売上数量が伸張するならば，消費者が直面する価格は，CPI データではなく POS 価格を参照した方が適切である。POS 価格における消費税の転嫁は，実際にはどうであったのであろうか。POS データを詳しく分析し，さ

らに CPI データの動きと比較してみたい。

　また本章では，上記の POS データを用いたモデル推定を行うことから，価格転嫁に影響を与える要因に関する検討を行う。取引価格の実勢をより表わしている POS 価格においては，税の転嫁の傾向に関しては財別に相違が発生している可能性がある。この違いが存在するならば，それはどのような原因により生じているのであろうか。POS データに外部データを追加したデータセットを作成したうえで，これを用いてクロスセクション推定を試みることにより，価格転嫁の違いに影響を与える要因について検討する。

　本章では，以下のように議論を進める。第2節では，先行研究のサーベイを行い，POS データの検討からこれまでにわかった価格の動きに関する特徴を整理する。第3節では，本章で使用する POS データの説明を行ったうえで，それを用いて 2014年4月の税込み価格の上昇率に関する品目別の差異分析を行う。第4節では，本章において推定する計量モデルを検討する。第5節において推定結果を報告し，第6節では，本章をまとめる。

2　POS データを用いた先行研究

2.1　日本の実証研究 ─ CPI よりも早く変化する POS 価格

　周知のとおり，わが国では 1990年代半ばから今日に至るまで，物価の伸び悩みというデフレ経済が続いている。これを価格の硬直性という文脈からとらえた際には，企業の価格設定行動が関心テーマとなることが多く，そこでは価格改定の大きさや頻度が検討対象とされている。この分野の研究に際しては，POS データに代表されるミクロ価格データが用いられており，ここに本研究との接点がある。以下では，ミクロ価格データを用いた物価に関する先行研究を振り返ることにより，日本におけるミクロ価格の挙動に関して，これまで明らかにされたことを整理し，本研究への参考点を探っていく。サーベイからはミクロ価格データを使用した課税の転嫁と帰着に関する国内研究は，ごくわずかなものに留まることがわかった。

　大日・有賀（1995）は，この分野における初期の国内研究であり，財別の消費者物価，卸売物価を分析することにより，消費者物価の方が上方の価格ショックに反

応しやすいこと，個別商品の価格感応度は市場集中度に依存することを見出した。才田・肥後（2007）は，CPI の原データである小売物価統計調査の個票データを用いた価格の粘着性に関する研究を行ったが，サービス製品に比べると財製品における価格の改定頻度が高いといった日本の小売物価が欧州諸国とほぼ同じ性質を有することを明らかにしている。小売物価統計調査を用いた研究としては，宇野・西岡・原（2015），倉知・平木・西岡（2016）があり，宇野らは 2013 年以降のわが国における物価上昇の拡がりのなかで，価格改定の頻度が上昇していることを，倉知らは価格の改定頻度は上昇しているものの，価格自体は上下いずれにも変化するので互いに相殺されていることを指摘している。

　Abe and Tonogi（2010）は，本研究と同じ日経 POS データを用いたものであり，スーパーにおける定価と特価価格の頻繁な変更，特売時の売上高の急増を明らかにした。カップヌードル商品について 18 年間の販売データを対象として，価格の改定頻度，特売日における売上の集中を調べたが，定価（1 週間ごとの最頻価格）が20～40 日で変化すること，価格の改定頻度が高いこと，デフレ経済のなかで価格の改定幅が拡大するという値引き現象を指摘している。Sudo, Ueda and Watanabe（2014）は，日経 POS データとマクロ変数の関連性を分析しており，高い生産指数や低い失業率は，価格の上方への更新と関連性があるとした。なお，分析に際しては数量変化率と価格変化率の相関グラフを作成しており，それが右下がり（需要曲線）であることを見出した。これはスーパーでは供給側が価格形成を主導していることを意味する。日経 POS データを用いた研究として最も注目すべきは，「東大日次物価指数」であろう。渡辺（2015）によると，特売価格を集計対象に含めない CPI は，POS データに基づく東大日次物価指数に比べると上方バイアスが生じていること，2014 年 4 月の消費増税の直後には，東大日次物価指数では税抜き価格が前年比 0.8 ％上昇したものの，続く 5 月になると前年比で見て下落傾向に回帰したという。

　上田・須藤・渡辺（2016）も日経 POS データを使用した研究である。上田らによると，日本における価格の改定頻度はアメリカの 10 倍に達しており，定価の改定頻度は欧米とほぼ同じなので，日本では特売価格の改定頻度が高いことが示唆される。また，価格の改定頻度や改定幅は，商品間で異なることを明らかにした。今

井・渡辺（2016）は，新商品の登場に伴う価格改定を調べている。新商品の発売後に一貫して価格が低下するのが日本の特徴であり，すると企業にとっては価格引き上げのチャンスは新商品の発売時ということになる。

Matsuoka（2012）は，価格の粘着性の背後に存在する要因について検討した数少ない国内研究である。POS 価格を中心とするデータセットを用いることにより，市場集中度やメーカーと販売店の間における契約制度の存在が，価格の粘着性を引き上げ，逆に流通チャネルの増加やチャネル内の商品数の増加は，商品間の競争を活性化させるので価格の粘着性を引き下げる方向に働くという。

2014 年 4 月の消費増税に関する先行研究を見ておく。阿部・稲倉（2015）は，企業による提示価格ではなく，消費者が選好した価格を検討しているが，増税前の 2014 年 3 月には，消費者は保存可能な雑貨や化粧品をより安い価格で購入したという。増税後の 2014 年 4 月について，支出額で見た低下率が食品，飲料では比較的小さかったという。阿部らは「消費税率改定という大きなイベント時には，個人間で購入価格の変動が同一であるという仮定は極めて制約が強い」とし，CPI に基づく生活水準の判定には問題があることを指摘した。Abe, Enda, Inakura and Tonogi（2015）は，消費者の購入履歴から増税前後の生計費指数を算出し，これを通常の CPI と比較しているが，買いだめにより消費者が直面する価格は 2014 年 3 月に下落する一方，続く 4 月には新製品の投入により上昇したという。

以上をまとめると，日本では諸外国に比して定価よりも特売価格による販売数量が多く，特売価格の改定頻度は 1990 年代から上昇傾向にある。つまりミクロレベルでは価格の粘着性が低下しており，何らかの外的ショックに応じて価格は変化しやすく，そこには商品別の相違が存在することが示唆される。この相違には市場集中度や流通チャネルといった要因が影響している。2014 年 4 月の消費増税に際して，とりわけ 3 月の駆け込み需要において消費者は，低価格志向を強め購入商品を一時的に変えた模様である。消費増税により価格の動きに変化が生じたようであるが，個別商品における価格転嫁を追跡した先行研究は限られる。これが本章において解明すべき課題である。

2.2 諸外国における研究からわかったこと

■ サーベイ論文—海外では研究が盛ん

諸外国では価格研究の蓄積が厚いが，そこで使用されるデータは，日本のような
POS データではなく，CPI を算出するために集められた価格データであることが多
い。Klenow and Malin（2011）は，マイクロデータを用いた価格設定分析に関す
るサーベイ論文である。研究項目として，価格の改定頻度，価格変化の大きさ，動
的側面（同期性，売上高，参照価格，ハザード比，政策ショックへの反応）がある
という。解明済みの事項として，価格改定の頻度は財ごとに大きく異なること，特
売の実施が改定頻度に影響を与えることなどを挙げている。Dhyne et al.(2006)
は，EU 諸国及びアメリカにおけるマイクロデータ分析に関するサーベイ論文であ
る。消費者価格を対象としており，エネルギー財，生鮮食品において改定頻度が高
い一方，加工食品，エネルギー財以外の工業製品，サービスでは価格変動が少ない
という特徴が各国に共通して見られるという。国別・財別の改定頻度（合計，下落，
上昇），価格上昇率，価格下落率といった指標をもとに，上述の共通要因が解明さ
れている[54]。

生産者価格に関しては，Vermeulen et al.(2007) が参考になる。EU 諸国 6 か国
におけるミクロ価格分析のまとめであり，消費者価格と同じく生産者価格において
も価格の改定頻度は産業セクター別に異なり，エネルギー，食料品，中間財におい
て高く，逆に資本財，耐久財において低い。この差をもたらす要因としては，コス
ト構造（人件費ほか），インフレ率，競争条件，attractive price の有無（末尾が 9
で終わる価格），付加価値税（VAT 増減税を契機として税抜き価格を変更する）が
あるという。Greenslade and Parker（2012）は，イギリスに関するマイクロデー
タを用いた価格硬直性の研究に関するサーベイ論文である。従業員規模が大きな企
業，市場シェアが小さい企業における改定頻度の高さを指摘している。また，改定
頻度を高める要因として競争相手の存在があり，マークアップ行動を逆に低める要

---

54 Fabiani et al. ed. (2007) は，Dhyne らと同じく欧州における研究拠点である IPN
　 (Inflation Persistence Network) の研究成果のまとめであるが，こちらは企業アンケート
　 を主たる研究手法とした研究成果を収めている。

因として契約の存在，価格競争の恐れ，顧客に与える混乱を挙げている。

■ 個別研究―増税を契機とする状態依存型の価格変化

　アメリカにおける研究を振り返る。Nakamura（2008）は，アメリカでは卸売段階に比べると小売段階における価格変動が大きいこと，つまり小売価格の変動は，製造者や販売者の価格戦略に依存する部分が大きいことを指摘した。Nakamura and Zerom（2010）は，アメリカにおけるコーヒー市場において，原材料価格から卸売段階，小売段階に至る転嫁をモデル推計しているが，これにより現地価格の変化やマークアップ価格調整に，時間的なずれが生じていることを分析している。マイクロ価格データを用いつつ想定の異なる回帰推計を繰り返すことから，転嫁の性質を分析した。Richards et al.(2014) は，アメリカのロサンゼルス地区におけるシリアル販売に関するマイクロデータから，小売価格は上昇スピードが遅く，下落スピードが速いことを実証している。複数の ECM モデルを推計しつつ，スーパーの市場支配力や消費者のサーチ行動を検討した。

　続いて，欧州諸国における研究動向を見る。Druant et al.(2009) は，EU 内の1.7 万社の企業データの分析を通して，賃金の硬直性と価格の硬直性に関連性があること，競争の程度，輸出品との競合，人件費シェアなどが価格の硬直性に影響していることを明らかにした。Stahl（2005）は，ドイツの金属産業に関する実証分析から，生産者価格はコスト変動に影響されるような状態依存型ではなく，定期的な価格変更に左右される時間依存型であるとした。推計データは企業アンケートから得ており，市場の競争条件，需要見込み，コストといった個別事情を反映できる変数の取り込みに成功している。Álvarez et al.(2005) は，スペインの生産者価格に関して，コスト構造が価格の改定頻度に影響すること，市場の競争度が高い財では改定頻度が高いことを回帰モデルにより確認している。また，1995 年には付加価値税率が 1 ％ポイント変化したが，この税込み価格への影響は小さく，むしろ吸収されたという。Gautier（2006）は[55] フランスにおける 1995 年の付加価値税の

55　この論文の冒頭で解説される，ミクロデータを用いた価格設定行動の研究史は最も包括的である。

増税（18.6 ％から 20.6 ％）の際に，税抜きの生産者価格が上昇したこと，2000 年の付加価値税の減税（20.6 ％から 19.6 ％）の際には価格が低下したことを，ロジットモデルの推計から実証している。被説明変数データは生産者価格に関する企業個票より得ているが，説明変数データは，産業セクター別のインフレ率，需給ギャップ，月次ダミーなどの集計データが多い。Kosonen（2015）は，フィンランドにおける理髪業への軽減税率の適用の帰着について企業個票をもとに推定したものであり，税率の引き下げにも関わらず，うち半分程度しか消費者価格の低下に寄与しなかったことを DID 推定により明らかにした。さらに死荷重の軽減に関する簡単な試算から，効率性改善の効果も小さかったとしている。Benzarti et al.(2017)，Harju et al.(2018) は，Kosonen（2015）を欧州各国及び理髪業以外に拡張したものであり，価格転嫁における増税時と減税時の非対称な動きなどが，企業や産業特性に基づいていると指摘している。

　以上をまとめると，諸外国では日本と同じく価格の硬直性に関する研究の一環として，価格改定における状態依存型と時間依存型を検討する分野があるが，それにより産業別，財別の違いの存在が発見されている。計量モデルを使用した推定を通して，価格改定に影響を与える要因の特定化が試みられており，市場の競争条件，コスト要因といった企業条件，マクロ経済などの外部環境の作用が明らかにされている。付加価値税の増減税が，価格改定や転嫁の程度に影響することも検討されており，それが価格改定の契機となりつつ，必ずしも完全転嫁に至らないという研究成果を得ている。

3　データ分析 ― スーパー店頭における価格の動き

3.1　使用した POS データ

　使用した POS データは，日経メディアマーケティング社「日経 POS 情報」における価格情報と市場シェア情報を加工したものである。日経 POS 情報（販売時点情報管理）は，全国約 300 店舗のスーパーマーケット（大手，中小，生協）における店頭価格を採録したものである。いわゆるスキャンデータと呼ばれているものであり，スーパーレジにおける POS データを整理したものである。日経テレコン「日経

POS 情報・売れ筋商品ランキング」に商品別の月次データが掲載されており，ここ
から使用データを入手したうえで，以下のような加工を施すことにより分析用の
データセットを構築した。

　第 1 に，品目区分であるが，これは日経 POS 情報における分類に従った。この
品目分類はスーパーにおける陳列棚における商品配置を参考に定められている。具
体的には，すべての商品は合計 213 品目に分類される（表 4−1）。これらは，①加
工食品 156 品目と②家庭用品 57 品目に大別され，①加工食品はさらに，①-1 チル
ド売場 46 品目，①-2 常温売場 105 品目，①-3 冷凍売場 5 品目に分けられる。②
家庭用品は，②-1 消耗品 48 品目と②-2 耐久品 9 品目に分けられる。

　第 2 に，個別の商品データを次のような方法により 213 品目別の価格データとし
て加工した。上記の「売れ筋ランキング」とは品目分類ごとに，販売金額シェアが
上位 20 商品程度の売れ筋商品をまとめたものである。大量に存在するスーパーの
商品群を上記の品目分類に従って区分し，それぞれ上位 20 程度の商品（バーコー
ド番号によって特定化される個別の商品）について価格と販売数量を月次単位で報
告している[56]。個別商品の価格を販売金額（＝価格×数量）の情報を用いて加重平
均を施すことにより，品目ごとに価格データを算出した。POS 情報からは税抜き価
格が得られるが，本章ではこれを税込み価格に換算して分析に供した。したがって，
本章では税込み価格の推移を検討している[57]。

　300 店舗では膨大な商品数が販売されているが，本研究が集計対象とした売れ筋
商品は，販売金額シェアでは 3 分の 1 程度を占めている。具体的には，213 品目の
販売金額シェアの単純平均値は 37.0 ％，最高値 98.1 ％，最低値 2.1 ％，中央値
31.3 ％であった。集計対象とした商品数は限定されるが，スーパーでバーコードが
付される消費購入額の 3 分の 1 をカバーする商品群について価格動向を示すデータ

56　日経テレコン「日経 POS 情報・売れ筋商品ランキング」には，品目ごとに上位 20 商品
　　から 100 商品に関する価格，数量（販売シェア）が示されており，比較的安価にデータを
　　入手することができる。筆者はこれより個別商品のデータを入手し，品目別に加重平均値
　　を算出することから分析用のデータセットを構築した。
57　具体的には，2014 年 3 月以前の価格には 100 分の 105，4 月以降の価格には 100 分の
　　108 を乗じることから税込み価格を算出している。第 4 章では税込み価格をみるが，第 5
　　章では税抜き価格を中心に分析するので注意されたい。両者の間には本質的な違いはない。

表4−1　POS データにおける品目数と商品数

			品目数	商品数	完備商品数
加工食品＋家庭用品			213	5,607	2,847
加工食品			156	3,823	2,023
	チルド売場		46	1,122	598
		(1) 豆腐，納豆，コンニャク	3	112	57
		(2) 漬物・惣菜	4	169	86
		(3) 水産練り製品，チルド半製品	9	238	97
		(4) 畜肉加工品	3	61	38
		(5) 乳製品・豆乳類	10	200	141
		(6) チルドデザート	2	42	24
		(7) 飲料	15	300	155
	常温売り場		105	2,562	1,357
		(1) 乾物，めん類	8	188	91
		(2) 調味料，甘味料	18	362	259
		(3) 即席食品	15	300	173
		(4) 缶詰・瓶詰	9	176	107
		(5) パン，もち	6	161	100
		(6) ジャム，スプレッド，プレミックス	6	120	60
		(7) コーヒー，紅茶，緑茶	8	166	108
		(8) 菓子	16	538	188
		(9) 酒類	13	316	211
		(10) ベビーフード，穀類，その他	6	235	60
	冷凍売場		5	139	68
		(1) 冷凍食品	2	75	39
		(2) アイスクリーム・氷	3	64	29
家庭用品			57	1,784	824
	消耗品		48	1,565	734
		(1) バスボディケア用品	3	88	33
		(2) オーラルケア用品	5	104	73
		(3) 衛生用品	5	100	67
		(4) 洗剤	3	60	26
		(5) 生活環境用品	4	84	36
		(6) 化粧品	3	233	61
		(7) 頭髪化粧品	2	89	59
		(8) フレグランス	1	20	11
		(9) 身だしなみ用品	3	76	19
		(10) 医療関連品，雑貨	5	101	58
		(11) キッチン消耗品	3	67	38
		(12) ステーショナリー	6	338	145
		(13) ペットフード・サニタリー	4	185	103
		(14) 贈答品	1	20	5
	耐久品		9	219	90
		(1) 洗顔・浴室・台所・洗濯用品・フック類	9	219	90

注1：213品目の分類は，日経デジタルメディア社「日経 POS 情報」における分類品目である。表中の区分は大分類と中分類であり，213品目すべての名称ではない。うち3品目は完備データなしであり，分析対象を210品目とした。

注2：品目ごとに月次の平均価格を算出した。これは「日経 POS 情報・売れ筋ランキング」における商品情報をもとに上位20商品程度の価格情報を加重平均したものである。商品情報は5,607商品について得ているが，2014年1月〜9月の9か月間において連続したデータが得られる商品（完備商品2,847商品）を算出対象とした。

セットを構築している。さらに使用データでは，以下のような商品数に関する限定を行っている。分析では2014年1月から9月までの価格データを採録したが，商品のなかには上位商品から脱落したり販売が打ち切りとなるものがある。これらの商品については，当該月のデータを得ることができないが，時間を経た価格分析のためには対象商品がそろっている方が好ましいと考えた。そこで1月から9月までの全期間について商品データが得られたもの（上位商品として，ランキングに存在し続けた商品）を，完備データとして，これを品目別価格の算出に用いている。売れ筋ランキングには5,607商品が登場したが，うち完備データは2,847商品であった[58]。なお，「玩具入り菓子」「各種詰め合わせ菓子」「食品ギフトセット・商品券」の3品目については，品目分類レベルにおいても完備データが皆無であり，データなしとなった。贈答品や子供菓子は，商品の入れ替えが激しいことによると思われる。ランキング情報は月次データとした。消費増税が4月1日という月越えの時点で実施されるからである。なお，「日経POS情報」からは，上記の平均価格データのほかに，来店者千人当たり売上高（売上規模の指標），上位20商品の販売金額シェアの合計（市場集中度の指標）を採録している。

3.2 2014年4月におけるPOS価格の変動

■ POS価格の推移

加工食品と家庭用品を合わせた210品目に関する全体傾向を見る。税込みPOS価格の前月比の単純平均値について，2月−0.2%，3月−0.7%と下落傾向をたどっていたが，4月4.4%と上昇した[59]。この値は完全転嫁に相当する税込み価格の上昇率である2.86%を上回っている。コスト要因などの税制以外の要因により，

---

58 第5節では，完備データを用いたモデル推定を実施したが，推定結果の妥当性の吟味のため脱落データを含めた推定を行ったところ，推定結果に大きな違いはなかった。

59 繰り返しになるが，本章では税込み価格の動きを中心に見る。そのため増税前後の価格は，大きな過小転嫁である場合を除くと，総じて増税後に上昇する。また，そもそも消費増税がマクロ経済に及ぼす期間はどれくらいかという議論がある。中里（2010）によると，消費税率の引き上げに伴う駆け込み需要と反動減は1997年増税では1997年1月から6月までという。だいたい前後3四半期程度というのが一般的な見方であり，本研究では9か月間のデータを検討することにした。

前月からの価格が大きく上昇する可能性は低いので，これらの上昇率は多くの品目において税が転嫁されたことを示唆している。続く，5月−0.2％，6月−0.4％となり，3月までに見られた下落傾向に復帰している。7月には0.2％となり，価格の上昇を経験したのちに，8月−0.3％，9月−0.1％と再び穏やかな減少傾向を示した。加工食品，家庭用品別にみても上記の傾向には違いはなかった（図4−1）。

　210品目を，「加工食品＋家庭用品（210品目）」とその内訳である「加工食品（153品目）」「家庭用品（57品目）」に分けて，それぞれのグループにおいて前月比の単純平均値を算出した。さらに2月平均値と各月平均値との差異検定を実施することにより，統計学の手法を用いて価格変化を検証してみた。差異検定の結果によると，2月に比べて3月は有意に低下しており，4月は有意に上昇している。5月以降になると2月との差異に関する有意性が低下しており，3月における価格低下と4月における価格上昇は特異なものであったことが確かめられた。

　これより以下が指摘できるだろう。第1に，POS価格からは2014年3月における大きめの価格の下落が確認された。増税前の駆け込み需要を取り込むために特売

| 図4−1 | 加工食品＋家庭用品における税込み価格の変化（2014年2〜9月） |

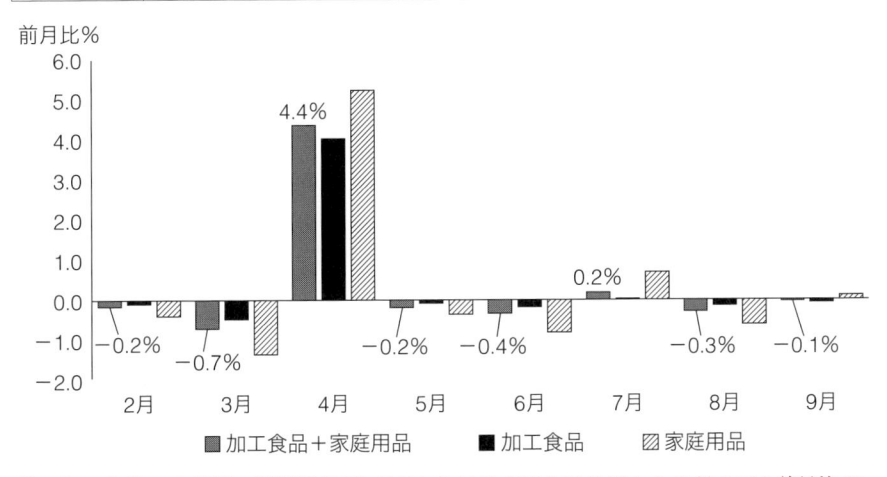

注：加工食品153品目，家庭用品57品目における2014年2月から9月までの前月比％の平均値。グラフ中の数値は（加工食品＋家庭用品）のもの。

の頻度が高まるなどして，POS価格にみられる実勢価格（定価と特売価格の両方を含む）[60]が低下したと思われる。4月の増税後の価格の実質的な上昇を抑制するために，あらかじめ前月価格を低く設定したという値付け行動が考えられるが，これについてはわからない。第2に，2014年4月になると，3月に比べて210品目の単純平均では4.4％だけPOS価格が上昇しており，これは増税が引き起こしたものと思われる。4月には増税分だけ価格が上昇したことに加えて，特売が抑制されたことにより価格が上昇した可能性がある。

■ 品目レベルの価格変化率の分布

POS価格の推移を品目別にみる。ここでの問題意識は，品目別の価格において増税前後の価格変動に差異があるのかというものである。品目レベルにおいて違いがあるならば，それは消費税の転嫁が業種レベルでは異なることを示唆するからである。

2014年4月における前月比に注目する。完全転嫁の場合の上昇率である2.86％を起点として，1％を幅とする区分を設定した。完全転嫁をやや下回る「1.86％以上2.86％未満」であった品目数は210品目中20品目であり，全体の10％を占めていた。一方，完全転嫁をやや上回る「2.86％以上3.86％未満」における品目数の構成比は24％であった。つまり2.86％を起点として上下1％ポイントずつの幅にある品目は34％であり，全体の3分の1程度にすぎないのである。残りの多くは3.86％以上の区分に属しており，「3.86％以上4.86％未満」は30％，「4.86％以上」は30％であった（図4-2）。税込み価格の上昇には差異が存在し，価格転嫁の程度は一律ではなかったようである。

それでは，4月以外の前月比はどのように分布していたのか。既述のとおり，この時期の価格トレンドは3月（-0.7％），7月（0.2％）を除くと-0.3％～-0.1％程度の穏やかな下落傾向にあった。210品目のうち前月比が0.0％未満であった品目に注目する。このようなマイナスの伸び率を経験した品目が総数に占め

60　本章におけるPOSデータは日次価格の平均値である月次価格を分析しているので，特売価格それ自体の動きはわからない。しかし，POSデータに基づく月次価格には，CPIに比べると特売価格の動きが反映されている。

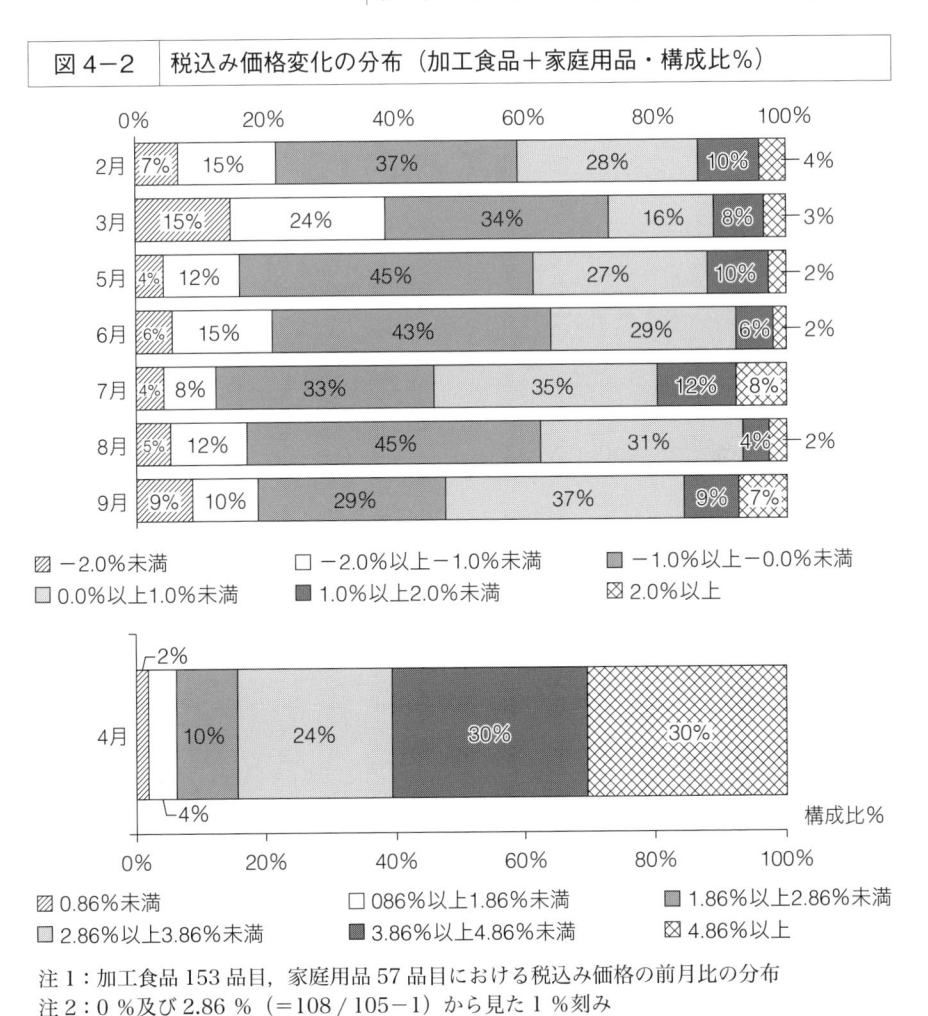

| 図 4−2 | 税込み価格変化の分布（加工食品＋家庭用品・構成比％） |

注 1：加工食品 153 品目，家庭用品 57 品目における税込み価格の前月比の分布
注 2：0 ％及び 2.86 ％（＝108 / 105−1）から見た 1 ％刻み

る構成比を見ると，2 月は 59 ％であり，価格低下のテンポを速めた 3 月には，この割合が 73 ％に上昇した。消費増税から 1 か月後に当たる 5 月には 61 ％，6 月 64 ％となっている。5 月と 6 月における前月比の分布は，消費増税前である 2 月の分布にほぼ同じである。2014 年前半の品目別の価格変化率には，もともと差異が存在していたが，それが 3 月には下方，4 月には上方に増幅されたのである。

2014年1月を基準とする累積値とその分布

品目別にみた価格変化率には差異があることがわかった。しかし，価格が月ごとに交互に増減を繰り返せば，その効果は相殺される。そこで2014年1月を起点として毎月の価格変化率を積算することにより累積値を算出してみた。全商品210品目の単純平均値をみると，2月には1月に比べて−0.2％下落したが，これに3月の伸び率を加算すると−0.9％となり，1月価格に比べるとほぼ1％下落した。さらに4月伸び率を加算したものは3.4％であった。その後は月ごとに前月比がマイナスで推移したので6月には2.9％まで低下している。3月の下落と4月の上昇を経験しつつ，1月〜6月で見ると完全転嫁ケース（2.86％）にほぼ等しい水準になっている。増税による価格転嫁が累積値においても確かめられ，さらにそれが完全転嫁となっていたことは興味深い。

ここで税の転嫁をより詳しく分析するために，転嫁割合という数値を算出してみた。これは品目別の価格変化率を完全転嫁ケースの2.86％を基準として評価したものである。全品目である210品目の単純平均で見ると，3月の転嫁割合は−32％であり，これが4月には120％まで上昇したが，5月114％，6月101％まで戻ったことにより完全転嫁となった。先行研究には2014年3月における物価低下の原因を，新商品の投入が減少したためとするものがあるが，本研究は商品の提供が続いた商品を分析対象としている。継続商品だけでも3月に価格が低下し，4月には過剰転嫁が出現していた点は新発見である。図4−3では加工食品，家庭用品について同様の傾向を示した。

ここで取り上げたPOS価格は，消費者に提示された日次のPOS価格を月次データとしつつ加重平均したものであり，これには定価と特売価格が含まれる。CPIが示す定価と比べてPOS価格の変動が大きいことは，スーパーが消費増税に際して特売価格を用いて税の転嫁を操作した可能性を示唆する。3月には，加工食品のような購入頻度が高い商品においても，特売価格が下げられたり，あるいは通常に比べると特売日が多く設定されることにより，月次価格が低下したものと思われる。4月になると，この反動として特売価格が引き上げられたりあるいは特売日が少なめに設定されることにより定価による販売が増えて，月次価格が上昇したのではないかと思われる。そして，増税後の2〜3カ月間を経てこのような価格設定や特売

図 4-3	消費者への転嫁割合の推移（価格変化の累積値，転嫁割合）

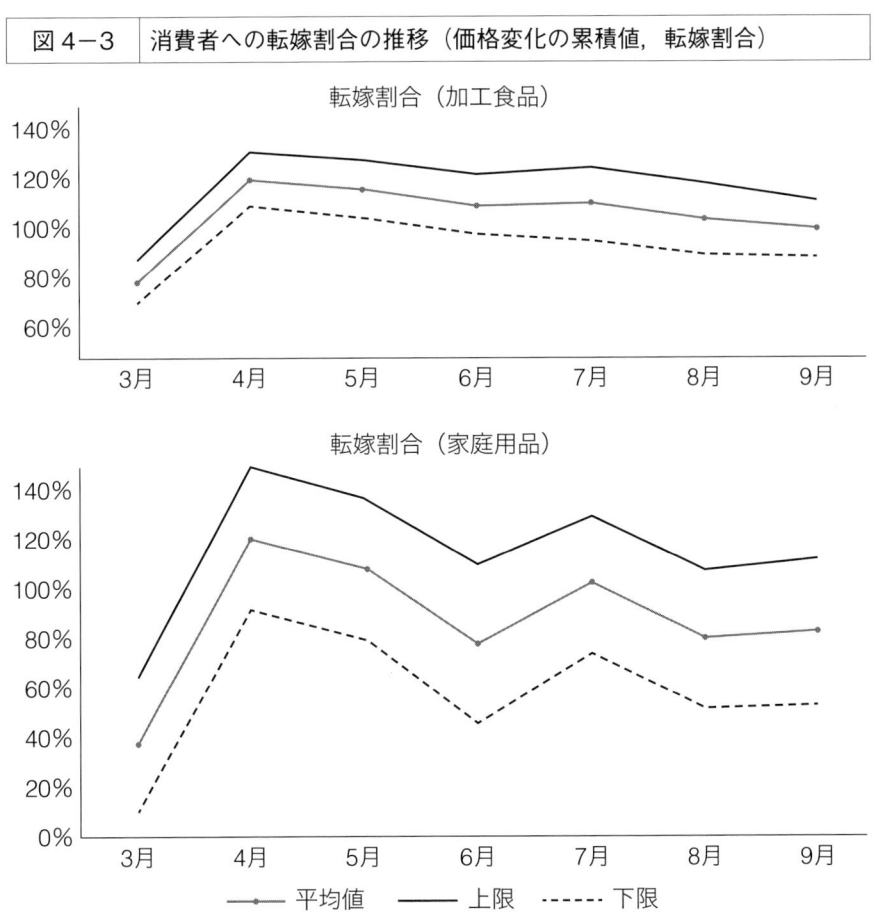

転嫁割合（加工食品）

転嫁割合（家庭用品）

——— 平均値　　——— 上限　　----- 下限

注 1：消費者への転嫁割合とは，価格変化率（累積値ベース）を完全転嫁ケースである
2.86 % で除したもの。ここで 100 % 未満が過小転換，100 % が完全転嫁，100 %
以上が過剰転嫁を意味する。
注 2：上限，下限は，95 % 信頼区間を示す。

日の調整が増税前の状態に復帰し，そこでは全体として完全転嫁に近いものが出現
したのである。消費税の転嫁の調整が，いつまで続いたかについては正確にはわか
らない。2014 年 9 月までの数値を見る限り，加工食品では 9 月まで低下傾向にあ
るので，調整局面が続いたようにも思われる。しかし，2014 年夏頃には景気の減
速が生じたので，これへの対抗策として価格の引き下げが主導されたかも知れない。

家庭用品では転嫁率の振幅が大きいが，6月頃には一段落している。

　品目別の違いを見るために，価格変化率の分布を調べてみた。4月までの累積値と6月までの累積値を比較すると，完全転嫁をやや下回る「1.86％以上2.86％未満」区分の品目数は4月まででは20％を占める（図4−4）。これが6月までの累積値になると21％であった。完全転嫁をやや上回る「2.86％以上3.86％未満」では28％→25％であり，それよりも価格上昇率が大きい「3.86％以上4.86％未満」では18％→16％，さらに大きい「4.86％以上」では16％→16％となっていた。いずれもシェア値には変化が見られない。つまり，全体として上昇率は2.9％に落ち着くものの，品目別にはその分布が2.9％近辺に収斂することはなかったのである。価格が大きく上昇した品目，あるいは下落した品目は，チルド売場，常温売場をまたいで偏りなく発生しており，品目レベルにおける個別事情が消費税の転嫁の多寡を決めていることが示唆される。

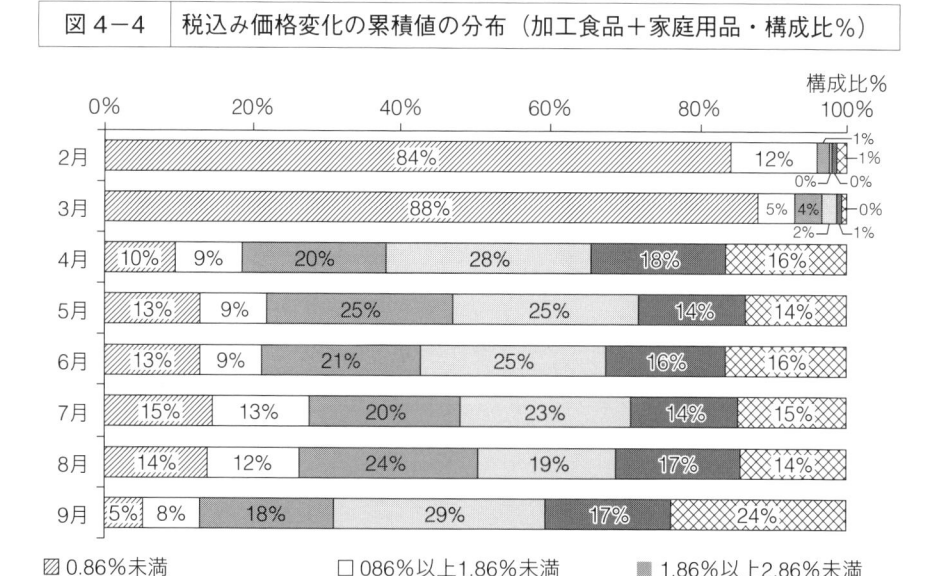

図4−4　税込み価格変化の累積値の分布（加工食品＋家庭用品・構成比％）

凡例：
- ▨ 0.86％未満
- ☐ 086％以上1.86％未満
- ■ 1.86％以上2.86％未満
- ☐ 2.86％以上3.86％未満
- ■ 3.86％以上4.86％未満
- ⊠ 4.86％以上

注：例えば，5月は2014年1月価格からみた2〜5月における毎月変化率の累積値であり，その分布を1％刻みで示した。

3.3　CPI 前月比との比較

■　POS 価格の変動は CPI よりも大きい

　ここでは POS 価格と CPI を比較してみた。POS 価格における品目区分は，CPI において設定されている品目とは完全には対応しておらず，品目分類表をもとに比較可能な 109 品目を選び出している[61]。はじめに品目別前月比の平均値を比較する。定価データである CPI に比べると，定価と特売価格の両方を含む実勢価格データである POS 価格では変動傾向が大きいことが見て取れる。

　2014 年 4 月における前月比は，POS 価格 4.3 %（109 品目の平均値）であったが CPI は 3.3 %に留まる（表 4-2）。前月に当たる 3 月については，POS 価格における下落傾向が著しく -0.7 %であったが CPI は 0.1 %である。つまり，3 月には定価は維持されたが実勢価格は下落していたのである。増税後の 5 月，6 月になると POS 価格は低下をしている。CPI も低下しているが下落幅は穏やかであった。POS 価格は 4 月に大きく上昇した後に，5 月以降には CPI よりも下落傾向を強めたのである。各月に関して，POS 価格と CPI の差異検定を行ったところ，2 月，3 月の伸び率は CPI が有意に高く，4 月については POS 価格の方が有意に高かった。

■　価格分布の形状からも両者の違いを確認

　2014 年 3〜5 月における価格変化率の分布を比較する（図 4-5）。価格上昇率が完全転嫁ケースである価格上昇率 2.86 %を基準として上下 1 %ポイントずつの幅に含まれる「1.86 %以上 3.86 %未満」であった品目数の割合は，4 月には POS 価格は 36 %，CPI は 67 %であった。CPI では 3 分の 2 近くの品目において完全転嫁に近い価格の引き上げが行われた一方で，POS 価格ではこの区分に含まれる品目数の割合が 3 分の 1 に留まる。逆に POS 価格では構成比 60 %の品目がそれよりも大きい「3.86 %以上」であった。ところが，その前の 3 月においては CPI に比べると，POS 価格の方が下落したものが多かった。そして 5 月になると両者の構成がほ

61　日経メディアマーケティング社『日経 POS 商品分類コードブック』及び総務省『小売物価統計調査（動向編）』(2014 年 4 月）における「調査品目及び基本銘柄」における商品分類，銘柄を比較することから得ている。109 品目は比較可能なものすべて（最大数）である。

表4-2　POS 価格と CPI との比較（前月比%）

加工食品＋家庭用品

	サンプル	POS 価格 平均値	中央値	95%信頼区間 下限～上限		CPI 平均値	中央値	95%信頼区間 下限～上限		平均値の差異検定 未満	等しい	超過
2 月	109	−0.3	−0.2	−0.5	−0.0	0.0	0.0	−0.1	0.2	1 %	3 %	99 %
3 月	109	−0.7	−0.6	−1.0	−0.5	0.1	0.1	−0.2	0.4	0 %	0 %	100 %
4 月	109	4.3	4.2	4.0	4.6	3.3	3.1	2.9	3.7	100 %	0 %	0 %
5 月	109	−0.3	−0.3	−0.5	−0.1	−0.2	−0.2	−0.5	−0.0	37 %	74 %	63 %
6 月	109	−0.3	−0.3	−0.5	−0.1	0.1	0.1	−0.1	0.3	0 %	0 %	100 %
7 月	109	0.1	0.0	−0.2	0.3	−0.1	−0.1	−0.3	0.1	84 %	33 %	16 %
8 月	109	−0.4	−0.2	−0.6	−0.1	−0.1	−0.1	−0.3	0.0	3 %	6 %	97 %
9 月	109	0.0	0.1	−0.3	0.3	0.1	0.2	−0.2	0.3	39 %	78 %	61 %

加工食品

	サンプル	POS 価格 平均値	中央値	95%信頼区間 下限～上限		CPI 平均値	中央値	95%信頼区間 下限～上限		平均値の差異検定 未満	等しい	超過
2 月	84	−0.0	−0.1	−0.3	0.2	0.1	0.0	−0.1	0.3	11 %	22 %	89 %
3 月	84	−0.6	−0.6	−0.9	−0.4	0.2	0.1	−0.2	0.5	0 %	0 %	100 %
4 月	84	4.1	4.0	3.8	4.3	3.1	3.0	2.8	3.3	100 %	0 %	0 %
5 月	84	−0.2	−0.3	−0.4	0.0	−0.3	−0.3	−0.5	−0.1	74 %	51 %	26 %
6 月	84	−0.2	−0.2	−0.3	0.0	0.1	0.1	−0.1	0.3	0 %	1 %	100 %
7 月	84	−0.1	−0.1	−0.3	0.1	−0.1	−0.0	−0.3	0.1	26 %	53 %	74 %
8 月	84	−0.2	−0.2	−0.4	−0.1	−0.1	−0.2	−0.3	−0.0	24 %	47 %	76 %
9 月	84	0.0	0.1	−0.2	0.3	0.1	0.2	−0.1	0.4	18 %	36 %	82 %

家庭用品

	サンプル	POS 価格 平均値	中央値	95%信頼区間 下限～上限		CPI 平均値	中央値	95%信頼区間 下限～上限		平均値の差異検定 未満	等しい	超過
2 月	25	−1.1	−1.2	−1.8	−0.4	−0.3	−0.1	−0.7	0.1	2 %	5 %	98 %
3 月	25	−1.1	−0.7	−2.2	−0.2	−0.0	0.0	−0.5	0.4	1 %	3 %	99 %
4 月	25	5.1	4.9	4.1	6.3	4.1	3.4	2.6	5.8	84 %	32 %	16 %
5 月	25	−0.5	−0.1	−0.9	−0.1	−0.0	−0.1	−0.7	0.8	9 %	19 %	91 %
6 月	25	−0.7	−1.0	−1.3	−0.2	0.0	−0.1	−0.5	0.5	4 %	8 %	96 %
7 月	25	0.8	0.6	0.1	1.6	0.0	−0.1	−0.7	0.1	100 %	0 %	0 %
8 月	25	−0.8	−0.5	−1.5	−0.0	−0.1	0.0	−0.3	0.2	3 %	5 %	97 %
9 月	25	−0.0	0.2	−1.0	0.9	−0.3	0.0	−1.0	0.3	65 %	70 %	35 %

注1：POS 品目に対応した CPI 品目（基本分類）が存在するもの 109 品目に関する集計値。
注2：CPI とは，総務省「消費者物価指数」における 2014 年 2～9 月における前月比。
注3：上限，下限は，平均値に対する 95 %信頼区間。
注4：平均値の差異検定とは，POS 価格と CPI における平均値の差に関する t 検定の有意確率。

| 図4−5 | POS 価格と CPI における前月比の分布（構成比%） |

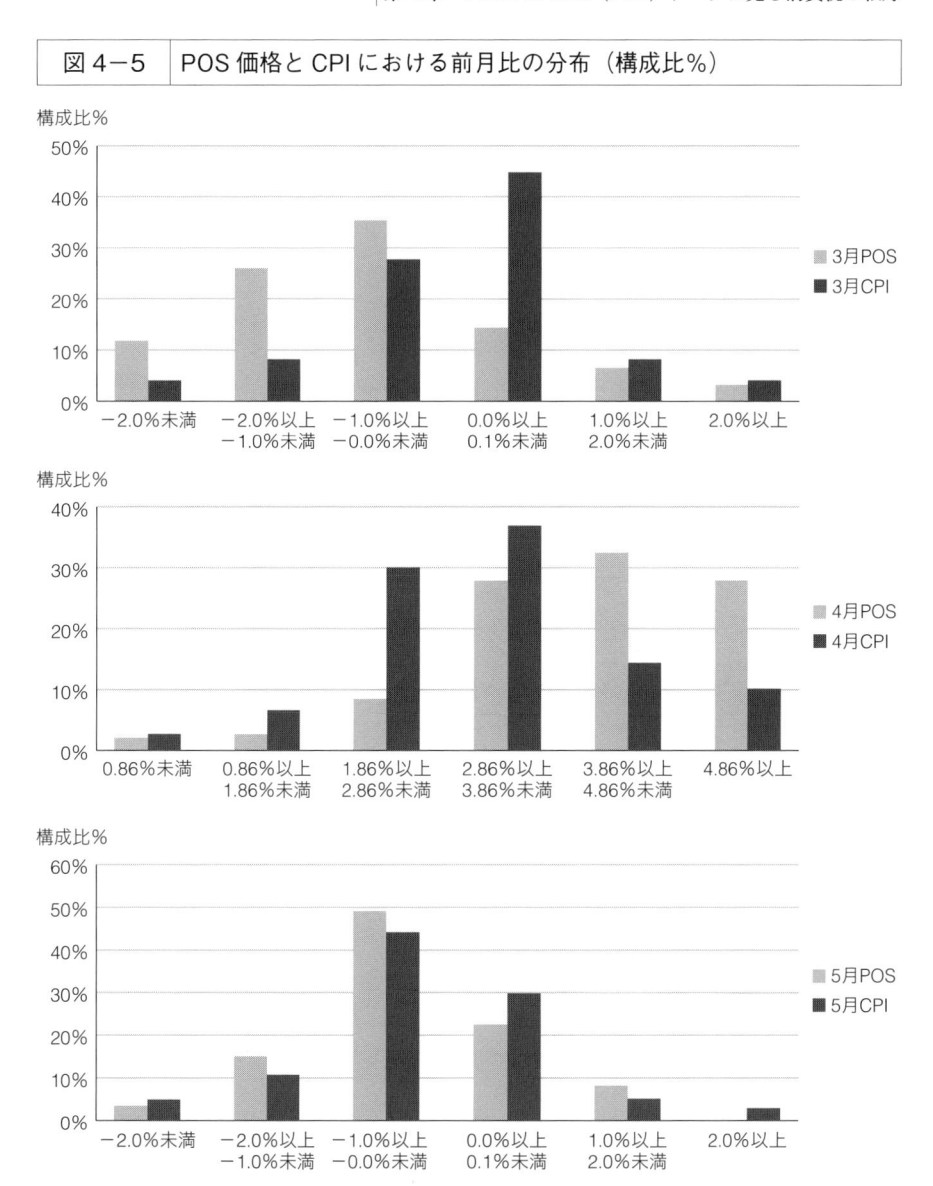

注1：3 月と 5 月については 0 %，4 月については 2.86 %（＝108 / 105）を基準として，刻み 1 %間隔を見たもの。
注2：POS 品目区分に対応した CPI 基本分類品目が存在するもの 109 品目について集計した。
資料：日経デジタルメディア社「日経 POS 情報」，総務省「消費者物価指数」をもとに作成。

ぼ一致しているのである。

まとめるとCPIは4月の増税の前後に穏やかに価格が推移したが，POS価格では下落と上昇という変動を示した。メーカーや販売店（スーパー）は，消費増税に際して定価よりも特売価格を利用することにより価格転嫁を操作した可能性がここでも示唆された。5月におけるCPIとPOS価格における前月比の分布の類似は，それだけでは価格調整の終了を意味しないが，特売価格を利用したCPIとは異なる価格の引き上げや引下げは3月と4月においてのみ顕著であり，増税後の比較的早い時期に両者の違いは消えたようである。

3.4 POS価格と数量の動き

■ 税込みの売上高は増税でも変化なし

増税を契機として価格の変化に差異が生じたことがわかったが，数量面での動向が気になるところである。POSデータからは，価格とともに売上金額（スーパー来店者千人当たり）に関するデータが得られる。売上高の変化率から価格変化率を取り除けば，数量の変化率を算出することができる。これらをもとに2014年1月＝1.00とする9月までの数量指数，売上高指数を品目別に算出し，価格と数量の関係について調べてみることにした。全品目210品目について，2月の数量は1.08（8％増），3月の数量は1.19（19％増）となっている（いずれも210品目の中央値）。3月にはPOS価格が低下したが，数量の方は大きく増加していたのである。4月には0.97（3％減）となり，5月0.95，6月0.97についても1月に比べると減少している。一方，売上高については，2月1.07，3月1.18，4月1.00，5月0.98，6月1.00，7月0.96と推移している（図4−6）。価格，数量，売上高の推移を比べると，価格は4月以降に増税分だけ3％程度上昇し，数量は3％程度減少したので，両者を合わせた売上高については横ばいとなっている。つまり，全体の売上高は増税前と増税後ではほぼ同水準となっており，税込み価格の上昇分だけ数量が落ち込んでいる。

日々の価格を主導的に決めているのは供給側のスーパーだと思われる。スーパーは顧客に提示する価格を数日おきに変更するが，それに応じて売上数量が変化し，これが蓄積されることによって月次の平均価格と販売数量が形成されている。210

| 図4−6 | 売上高，価格，数量の推移（加工食品＋家庭用品中央値） |

2014年1月＝1.0

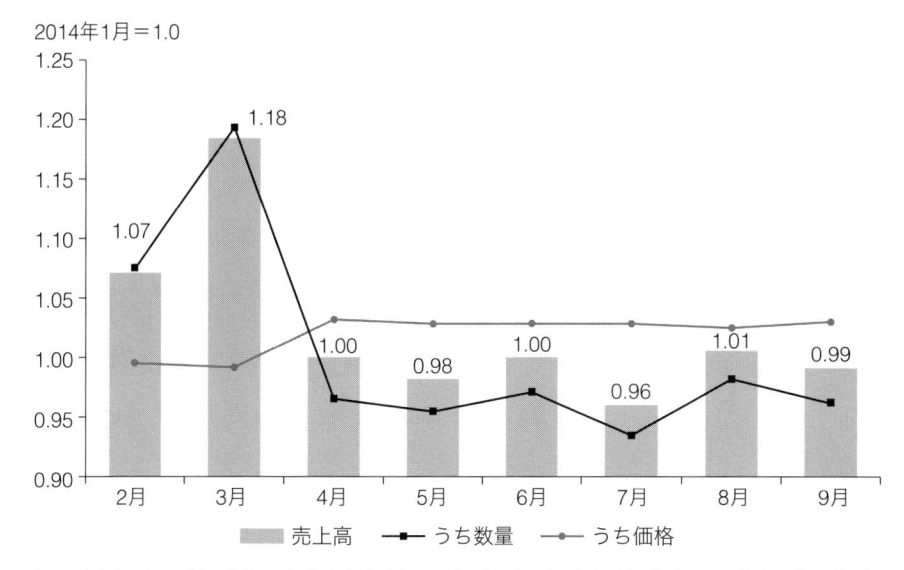

注：2014年1月＝1.00とする売上高，数量，価格の推移を示したもの。グラフ中の数値は売上高指数。

品目に関する単純な中央値に基づく考察であるが，全体での増税前後の売上高が一定になったことは，可処分所得とでもいうべき消費可能額の範囲内で商品別の価格と数量が調整されたことを示唆する。そしてスーパーは消費者が支出可能とする範囲のなかで最大の売上高を実現したことになる。これは全体レベルでは税の完全転嫁が実現したことを意味している。価格が上昇すると数量は減少するので，上記のような操作は容易ではないだろうが，商品ごとに価格を操作したり，日々の売上高を調整することによって実現したものと思われる。

■ 税の転嫁と数量の関係

　このように全体では売上高を一定にさせる傾向が窺えたが，これと価格変化率の関係を見ると，過小転嫁の品目では数量が伸張し，過剰転嫁の品目では数量が減少するという標準的な需要行動に沿った動きが見られた。全品目に関して，4月にお

137

ける価格が「0.86 ％未満」（過小転嫁）であった品目の数量指数は 1.68（68 ％増）であり，価格帯が上昇して「0.86 ％以上 1.86 ％未満」の区分の数量指数は 1.10（10 ％増），価格が「1.86 ％以上 2.86 ％未満」では 1.00（増減なし），価格が「2.86 ％以上 3.86 ％未満」では 0.93（7 ％減），「3.86 ％以上 4.86 ％未満」では 0.96（4 ％減），「4.86 ％以上」（かなりの過剰転嫁）では 0.83 ％（17 ％減）となっていた（図 4−7）。つまり増税に伴う転嫁の違いに呼応して，品目別に数量の増減に差が生まれた。そして全体では税込みの売上高が増税前と同じになるように売上高が調整されている。販売者が受け取る実質的な売上高は，税収分だけ低下したことになる。

　スーパーが全体としては増税分のすべてを消費者に転嫁していたことは驚くべきことである。品目別の転嫁率には差があったことは明らかなので，ある品目における過小転嫁を別の商品における過剰転嫁でカバーしている。これは家計が消費税を負担すべきという税の理念からは好ましいものであろう。しかし，公平性を考慮したラムゼールールから判断すると問題が潜んでいる可能性がある。需要の価格弾力

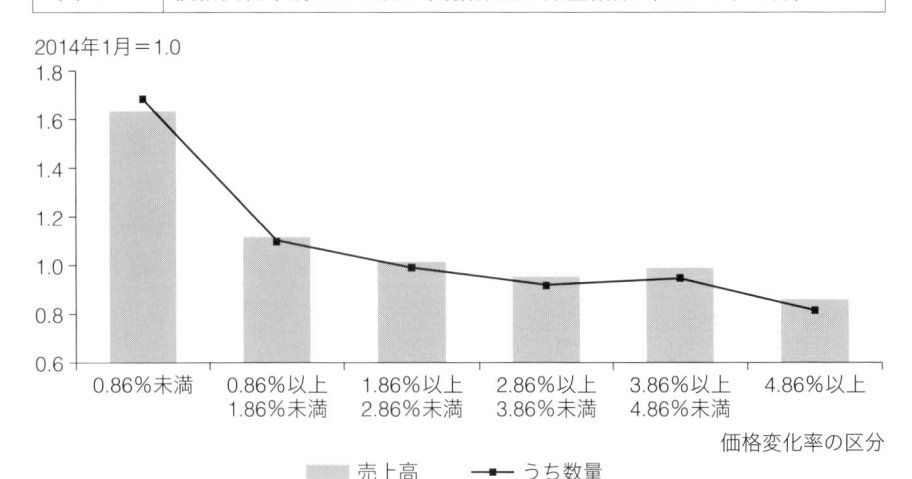

| 図 4−7 | 価格変化率別にみた売上高指数及び数量指数（2014 年 4 月） |

2014年1月＝1.0

凡例：売上高　うち数量

価格変化率の区分

横軸：0.86％未満　0.86％以上 1.86％未満　1.86％以上 2.86％未満　2.86％以上 3.86％未満　3.86％以上 4.86％未満　4.86％以上

注：売上高指数及び数量指数は，2014 年 1 月＝1.00 とするもの。価格変化率の区分ごとの中央値。

性が小さい食品などでは数量減少の程度が小さいから，スーパーは過剰転嫁にする可能性があるからである。個別商品における転嫁の程度には差があるはずだから，すべての食品に軽減税率を適用すれば済む話しではないだろう。

4 モデルの推定方法と記述統計量

4.1 推定モデル

これまで見てきたデータを利用してクロスセクション推計を行うことにより，商品タイプやそれを製造する産業セクターの違いが，価格転嫁に与える影響について検討する。本章で取り上げる 210 品目はすべて消費税の課税対象であり，課税品と非課税品の違いから転嫁の有無を特定化するといった推定を行うことはできない。2014 年の増税では，ほぼすべての商品を対象として標準税率が引き上げられたので比較対象群に欠き，価格転嫁の影響の有無を直接的に検出することが困難化しているからである。そこで 4 月前後の数か月間の税込み価格についてクロスセクション推計を行い，そのなかで増税の直接的な影響については月次ダミーにより特定化を試みること，これに加えて価格変化に影響を与えると思われる説明変数を選び出して，品目特性別のちがいを探ることにする。課税品に限定した推定であっても，価格を抑制したり，引き上げている要因がわかれば，それは転嫁実態の解明に向けての示唆になると考えられるだろう。

消費増税のあり／なしをモデル化することの困難性について，さらに説明をしておく。わが国でも非課税品が存在するが，それらは医療サービスなど公的制度によって価格が定められていたり，家賃のように改定頻度が低いものであり，欧州における先行研究のように，これらを消費税なしケースの価格トレンドとして推定モデルに加えて，それとの比較から価格転嫁を特定化する方法は困難化している。また，原油価格は外的要因によって決められるが製品コストに占める比重が低下しており，賃金変化が商品価格に影響するには時間ラグが存在するので，これらの変数を推定モデルに取り込むことが困難であることは，前章における分析からわかったとおりである。

推定モデルの定式化と説明変数について考える。第 3 節において言及した

Álvarez et al.(2005)では，スペインの生産者価格の変動傾向を調べるために，(4.1)式のような回帰式を推計している。ここでSは生産者価格の変動，Mは月次ダミー変数（季節変動を示す），$DT95M1$が付加価値税の増税月ダミー，INFがインフレ率，ATRが価格の末尾が「9」といった魅力価格に関する変数である。添え字のtが月次を意味し，iはラグを表す。Álvarezらは，産業セクター別にモデル推計することにより，これらの説明変数の説明力が総じて低く，価格変動のパターンがセクター間で共通することを見出している。ここで付加価値税ダミーは，有意性こそ低いもののセクターごとに正値，負値のいずれも取り，転嫁傾向に差異があることを明らかにした。

$$(4.1) \quad S_t = \alpha + \Sigma_i \beta_i M_i + \gamma DT95M1 + \delta INF_t + \varphi ATR_t + \varepsilon_t$$

Dhyne et al.(2006)では，欧州11か国の消費者物価に関するクロスカントリー分析を行っている。そこでの回帰式（4.2)式では，被説明変数は月次の価格変化率Vであり，説明変数は，INF（インフレ率の標準偏差），SLS（特売価格か否か），ATR（魅力価格），REG（規制価格），$Sector$（産業，商品ダミー），$Country$（国別ダミー）である。添え字のiはサンプルを表す。推計結果によると，インフレ変数や特売価格の存在は価格変動に正の影響を与え，規制は負の影響を与える。また，クロスカントリー分析であっても国別ダミーの有意性は低く，産業ダミーは有意であった。

$$(4.2) \quad V_i = \alpha + \beta INF_i + \gamma SLS_i + \delta ATR_i + \theta REG_i + \Sigma_i \mu_i Sector_i + \Sigma_i \varphi_i Country_i + \varepsilon_i$$

企業アンケートから得たデータを用いたStahl（2005)では，価格の上昇局面，下降局面における変化の有無を被説明変数としたロジットモデルを構築した。多くの説明変数を用いているが，ⅰ）需要要因（需要の純変動，期待値），ⅱ）コスト要因（中間財価格，賃金，契約形態），ⅲ）相対価格要因（国内企業物価，輸入物価，競合相手の価格），ⅳ）稼働要因（稼働率，在庫，輸出），ⅴ）履歴要因（自企業の改定歴），ⅵ）規模要因（従業員数），ⅶ）その他のダミー変数（産業ダミー，月次

ダミー，年次ダミー）となっている。推定結果によると，需要の落ち込みや在庫増，競争相手の存在などが価格引き下げに結びついている。

第 3 章では，時系列モデルという分析構造のもとでは，税制ダミー変数により転嫁傾向を分析できることがわかった。本章におけるサーベイからは，価格変動に影響する要因を把握する研究の存在がわかったが，そのなかに税要因があった。以上をもとに (4.3)式のような回帰モデルを設定した。

被説明変数 Prc は，品目別価格の前月比であるが，3〜9 月の 7 か月間の前月比のそれぞれから 2 月の増減率（1 月価格からの変化率）を引いた差分データとする。この差分化という処理により，品目別の価格トレンドという要因を取り除く。説明変数は，$Share$（上位 20 商品の販売金額シェアの合計），$Sales1$（顧客千人当たりの購入額（月次）；市場規模），$Sales2$（顧客千人当たりの購入額（1 月値）；市場規模），$Quantity$（月次の売上数量指数，2014 年 1 月＝1.00），$Import$（輸入比率），$Export$（輸出比率），C_margin（商業マージン比率），T_margin（運輸マージン比率），$Input$（中間投入率），$Wage$（人件費率），$Profit$（利益率）である。これに 3 月から 8 月までの月次ダミー変数を加える。(4.3)式において，添え字の m は月次，i は品目を意味する。

$$
\begin{aligned}
(4.3) \quad \dot{Prc}_{m,\ i} = &\ \alpha_1\ Share_i + \alpha_2\ Sales1_{m,\ i} + \alpha_3\ Sales2_i + \alpha_3\ Quantity_{m,\ i} + \alpha_4\ Import_i \\
&+ \alpha_5\ Export_i + \alpha_6\ C\_margin_i + \alpha_7\ T\_margin_i + \alpha_8\ Input_i \\
&+ \alpha_9\ Wage_i + \alpha_{10}\ Profit_i + \beta_1\ Dum\_Mar + \beta_2\ Dum\_Apr \\
&+ \beta_3\ Dum\_May + \beta_4\ Dum\_Jun + \beta_5\ Dum\_Jul \\
&+ \beta_6\ Dum\_Aug + \varepsilon_i
\end{aligned}
$$

4.2　記述統計量

モデル推計において用いた被説明変数 $\dot{Prc}$ は，前節で分析を試みた POS データをもとに作成した差分データである。これ以外の説明変数について説明をしておく。記述統計量は表 4−3 に示されるとおりである。千人当たり販売金額は，POS データと同じく「日経 POS 情報」より採録したものであり，品目ごとの販売金額の合計により市場規模を示す。売上数量は第 3 節で見たとおりであり，2014 年 1 月を 1.0

表 4-3 記述統計量

	全品目（210 品目）					加工食品（153 品目）					家庭用品（57 品目）				
	平均	標準偏差	中央値	最大値	最小値	平均	標準偏差	中央値	最大値	最小値	平均	標準偏差	中央値	最大値	最小値
価格上昇率 （3月，2月上昇率との差分%）	−0.6	2.3	−0.4	5.5	−13.9	−0.4	2.2	−0.2	5.5	−13.9	−0.9	2.5	−0.6	4.1	−5.8
価格上昇率 （4月，2月上昇率との差分%）	4.5	2.3	4.5	15.8	−5.1	4.1	1.7	4.2	7.9	−0.5	5.7	3.1	5.5	15.8	−5.1
価格上昇率 （5月，2月上昇率との差分%）	0.0	2.0	0.1	6.4	−13.9	0.0	1.6	0.1	4.1	−7.8	0.1	2.8	0.2	6.4	−13.9
価格上昇率 （6月，2月上昇率との差分%）	−0.2	2.0	0.0	8.9	−10.5	−0.1	1.7	0.0	6.0	−10.5	−0.4	2.6	−0.1	8.9	−10.0
価格上昇率 （7月，2月上昇率との差分%）	0.4	2.1	0.3	10.3	−9.1	0.1	1.7	0.2	7.3	−7.7	1.1	2.9	1.0	10.3	−9.1
価格上昇率 （8月，2月上昇率との差分%）	−0.1	2.0	0.0	7.9	−10.3	−0.1	1.8	0.1	7.9	−10.3	−0.2	2.5	−0.1	5.3	−9.3
価格上昇率 （9月，2月上昇率との差分%）	0.1	2.2	0.1	8.2	−11.2	0.1	2.2	0.2	6.5	−11.2	0.5	2.3	0.4	8.2	−4.7
千人当たり販売金額 （3月，千円）	2,111	2,504	1,321	13,959	12	2,375	2,495	1,517	13,959	49	1,402	2,409	674	12,349	12
千人当たり販売金額 （4月，千円）	1,713	2,033	1,038	11,682	7	2,040	2,189	1,278	11,682	48	836	1,159	407	5,617	7
千人当たり販売金額 （5月，千円）	1,783	2,129	1,048	12,361	6	2,117	2,274	1,334	12,361	44	886	1,323	441	6,702	6
千人当たり販売金額 （6月，千円）	1,846	2,165	1,050	12,184	4	2,161	2,297	1,361	12,184	41	1,003	1,478	500	6,982	4
千人当たり販売金額 （7月，千円）	1,822	2,169	1,031	12,453	3	2,135	2,313	1,384	12,453	38	982	1,430	500	6,891	3
千人当たり販売金額 （8月，千円）	1,870	2,267	996	14,706	6	2,206	2,426	1,408	14,706	35	967	1,438	528	7,064	6
千人当たり販売金額 （9月，千円）	1,795	2,150	1,040	11,920	6	2,115	2,284	1,376	11,920	43	935	1,436	396	6,925	6
売上数量 （3月，1月＝1.00）	1.32	0.54	1.19	5.78	0.48	1.20	0.32	1.14	3.68	0.48	1.65	0.82	1.43	5.78	0.94
売上数量 （4月，1月＝1.00）	1.06	0.75	0.97	9.31	0.26	0.98	0.31	0.97	3.42	0.26	1.27	1.34	0.88	9.31	0.53
売上数量 （5月，1月＝1.00）	1.13	1.35	0.95	18.66	0.22	1.05	0.55	0.98	6.32	0.22	1.34	2.43	0.90	18.66	0.24
売上数量 （6月，1月＝1.00）	1.24	1.98	0.97	27.19	0.13	1.09	0.71	0.97	8.21	0.20	1.65	3.61	0.97	27.19	0.13
売上数量 （7月，1月＝1.00）	1.24	1.91	0.93	24.86	0.09	1.09	0.91	0.93	10.26	0.17	1.62	3.34	0.96	24.86	0.09
売上数量 （8月，1月＝1.00）	1.20	1.36	0.98	17.81	0.08	1.11	0.77	0.96	8.18	0.23	1.43	2.27	1.02	17.81	0.08
売上数量 （9月，1月＝1.00）	1.05	0.81	0.96	11.59	0.14	0.99	0.31	0.97	2.63	0.36	1.20	1.47	0.96	11.59	0.14
千人当たり販売金額 （1月，千円）	1,799	2,127	1,063	12,665	8	2,114	2,237	1,337	12,665	46	955	1,520	374	7,518	8
市場シェア（20 社計）	43.8 %	22.1 %	41.9 %	99.0 %	7.8 %	46.8 %	22.5 %	45.7 %	99.0 %	10.4 %	35.7 %	19.0 %	34.0 %	89.6 %	7.8 %
輸入比率	9.0 %	8.9 %	5.2 %	48.2 %	0.0 %	7.8 %	9.6 %	4.7 %	48.2 %	0.0 %	12.3 %	5.8 %	12.5 %	26.3 %	4.6 %
輸出比率	2.9 %	6.4 %	1.0 %	39.1 %	0.0 %	0.9 %	0.9 %	0.6 %	4.8 %	0.0 %	8.5 %	10.5 %	5.2 %	39.1 %	0.3 %
BtoB 比率	61.8 %	134.2 %	42.4 %	1,387.2 %	10.0 %	59.3 %	155.9 %	42.4 %	1,387.2 %	10.0 %	68.5 %	35.2 %	68.4 %	135.3 %	11.1 %
BtoC 比率	63.9 %	28.6 %	65.5 %	149.3 %	1.2 %	70.1 %	23.2 %	72.7 %	149.3 %	1.2 %	47.3 %	34.9 %	36.4 %	140.5 %	1.4 %
商業マージン率	33.8 %	8.2 %	30.3 %	57.8 %	14.0 %	33.5 %	7.5 %	29.8 %	57.8 %	14.0 %	34.9 %	10.0 %	31.2 %	50.6 %	15.3 %
運輸マージン率	4.6 %	4.8 %	3.3 %	45.6 %	0.9 %	4.3 %	5.0 %	3.3 %	45.6 %	1.6 %	5.5 %	4.4 %	4.2 %	13.8 %	0.9 %
中間投入率	64.7 %	10.4 %	63.2 %	87.8 %	14.2 %	63.5 %	10.4 %	61.1 %	87.8 %	27.5 %	67.9 %	9.7 %	70.0 %	78.0 %	14.2 %
人件費率	15.4 %	6.1 %	14.8 %	29.6 %	1.2 %	15.5 %	5.9 %	14.8 %	29.6 %	1.2 %	15.3 %	6.9 %	12.4 %	28.7 %	2.6 %
利益率	10.6 %	7.0 %	9.4 %	29.2 %	1.1 %	12.3 %	7.2 %	11.2 %	29.2 %	1.1 %	6.1 %	3.7 %	4.7 %	13.2 %	1.2 %

注1：サンプル数は，全品目 210，加工食品 153，家庭用品 57 である。
注2：千人当たり販売金額は，品目別の商品における販売金額の総計。

とする数量指数である。価格と数量の関係は，通常は価格が原因，数量が結果となっているが，ここでは数量指数を説明変数に加えることにした。日次の販売数量を参照しながら価格を調整し，その結果として月次の価格が決まる関係を想定したからである。いずれも販売段階における特性をとらえるものである。

　これ以外のコスト要因などは，総務省「産業連関表」及びその付帯表である「運輸・商業マージン表」（いずれも2005年）における基本分類（約520部門）から，産業別にそれぞれの数値を算出し，これをPOSデータにおける品目区分に対応させることから推計データとしている。産業連関表からはセクター別のコスト構造がわかる。生産額（売上高に相当）を分母とする比率として，中間投入率，人件費率，利益率を得た。また，売上高の構成を示す輸出比率，輸入比率，BtoC比率（国内生産額に占める家計消費支出の割合），BtoB比率を求めることができるので，これらを変数として加えた。スーパーにおける製品価格は，製造段階と流通段階を経ている。上述の人件費率や輸出比率は，いずれも製造段階における指標である。そこで販売段階のデータについて，産業連関表における付帯表のひとつである運輸・商業マージン表から，商業マージン率（卸売マージン率と小売マージン率の合計），運輸マージン率を得て，これを変数群に加えることにした。

5　推定結果

　全品目（210品目）と，それを2つに分けた加工食品（153品目），家庭用品（57品目）について，クロスセクション推計を実施した。被説明変数は，価格上昇率の1次差分（2月伸び率との比較），推計期間は2014年3月〜9月の7か月間とし，比較のためにより短期である3月〜6月という4か月間だけについても推計した。以下では，このうち加工食品に関する推計結果を中心に見ていく。

　加工食品に関する推計結果によると（表4−4），市場シェア（20社計），数量指数（1月＝1.00），顧客千人当たり販売額（1月），運輸マージン率，商業マージン率，人件費比率，3月ダミー変数，4月ダミー変数について有意な結果を得た。3月ダミー変数の推計値は−0.4とマイナスに有意であり，4月ダミー変数では4.2とプラスに有意であった。このうち4月ダミー変数が有意にプラスであることは第3

表4-4 推計結果（全品目，加工食品，家庭用品）

被説明変数：前月比伸び率	全品目					加工食品				家庭用品		
	3-9月	3-9月〈含む欠落商品〉	3-9月	3-9月	3-9月	3-9月	3-6月	3-9月	3-9月	3-9月	3-6月	3-9月
	(1)	(2)	(3)	(a)	(b)	(4)	(5)	(c)	(d)	(6)	(7)	(e)
市場シェア(20社計)	0.00074 [0.28]	−0.0024 [−1.10]	0.00055 [0.23]	0.00045 [0.17]		0.00541 [2.18]**	0.00601 [1.85]*	0.00448 [1.81]*	0.00487 [2.23]**	−0.0068 [−0.62]	−0.0105 [−0.82]	−0.0079 [−1.18]
顧客千人当たり販売額	0.000032 [1.23]	0.000017 [0.81]	0.000033 [1.30]			0.000040 [1.58]	0.000030 [0.90]			0.00016 [1.50]	0.00019 [1.90]*	
顧客千人当たり販売額(1月)				0.000024 [0.87]	0.000025 [0.95]			0.000035 [1.34]	0.000041 [1.65]*			0.00012 [1.33]
数量指数(1月=1.00)				0.0841 [2.03]**	0.0922 [2.28]**			0.364 [3.99]***	0.369 [4.18]***			0.0357 [0.61]
輸入比率	−1.332 [−1.29]	−0.477 [−0.56]	0.537 [0.61]	−1.528 [−1.47]		−0.878 [−0.83]	−0.846 [−0.61]	−0.846 [−0.80]				
輸出比率	1.732 [1.65]*	1.790 [2.08]**		1.792 [1.70]*								
BtoB比率	0.243 [2.67]***	0.0895 [1.20]		0.242 [2.64]***								
BtoC比率	−0.0747 [−0.24]	−0.110 [−0.44]		0.0119 [0.04]								
商業マージン率	1.184 [1.24]	1.431 [1.82]*	0.325 [0.52]	1.108 [1.16]	0.490 [1.09]	−0.593 [−0.70]	−0.808 [−0.73]	−0.961 [−1.13]	−1.445 [−2.36]**	0.511 [0.21]	0.041 [0.02]	0.736 [0.59]
運輸マージン率	−4.282 [−1.84]*	−1.323 [−0.70]	−0.0639 [−0.05]	−3.9121 [−1.67]*		2.926 [1.87]*	3.280 [1.60]	2.872 [1.84]*	2.127 [1.87]*	−6.781 [−1.06]	−9.004 [−1.50]	−6.860 [−1.93]*
中間投入率	0.0855 [0.23]	−0.111 [−0.37]		0.0296 [0.08]								
人件費率	−2.565 [−2.81]***	−2.834 [−3.79]***	−2.367 [−2.77]***	−2.737 [−3.01]***	−2.679 [−3.30]***	−1.863 [−1.72]*	−1.551 [−1.10]	−2.577 [−2.40]**	−2.181 [−2.29]**	2.033 [0.58]	2.840 [0.76]	1.801 [0.85]
利益率	1.159 [1.19]	2.267 [2.84]***	1.436 [1.66]*	0.931 [0.95]	1.189 [1.66]*	0.498 [0.54]	0.254 [0.21]	−0.225 [−0.24]		5.840 [0.71]	6.319 [0.73]	5.537 [1.38]
3月ダミー変数	−0.679 [−3.31]***	−0.485 [−2.89]***	−0.597 [−3.72]***	−0.695 [−3.40]***	−0.605 [−3.78]***	−0.399 [−2.47]**	−0.367 [−2.06]**	−0.447 [−2.78]***	−0.446 [−2.77]***	−1.395 [−4.97]***	−1.172 [−3.39]***	−1.325 [−3.36]***
4月ダミー変数	4.437 [21.7]***	3.649 [21.8]***	4.519 [28.2]***	4.429 [21.69]***	4.522 [28.3]***	4.158 [25.8]***	4.187 [23.6]***	4.174 [26.0]***	4.176 [26.1]***	5.299 [14.0]***	5.540 [14.9]***	5.290 [13.4]***
5月ダミー変数	−0.1094 [−0.54]	−0.0912 [−0.55]		−0.120 [−0.59]								
6月ダミー変数	−0.299 [−1.46]	−0.246 [−1.47]		−0.317 [−1.55]						−0.845 [−3.04]***	−0.609 [−2.00]**	−0.840 [−2.13]**
7月ダミー変数	0.272 [1.33]	0.259 [1.55]		0.253 [1.24]								
8月ダミー変数	−0.236 [−1.15]	−0.269 [−1.60]		−0.250 [−1.22]								
自由度修正済み決定係数	0.41	0.41	0.40	0.41	0.40	0.43	0.57	0.44	0.44	0.42	0.55	0.41
F値	$F_{(17,1453)}=$	$F_{(17,1453)}=$	$F_{(9,1461)}=$	$F_{(18,1452)}=$	$F_{(17,1463)}=$	$F_{(9,1062)}=$	$F_{(9,603)}=$	$F_{(10,1061)}=$	$F_{(8,1063)}=$	$F_{(9,56)}=$	$F_{(9,56)}=$	$F_{(10,389)}=$
	60.1	60.7	110.0	57.1	142.5	90.6	91.7	84.1	105.2	31.2	32.46	28.44
(Prob＞F)	0.00	0.00	0.00	0.00	0.00	0.00	0.00	0.00	0.00	0.00	0.00	0.00
IMテスト χ^2値	$\chi^2(145)=$	$\chi^2(145)=$	$\chi^2(51)=$	$\chi^2(164)=$	$\chi^2(32)=$	$\chi^2(51)=$	$\chi^2(51)=$	$\chi^2(62)=$	$\chi^2(41)=$	ロバスト推計	ロバスト推計	$\chi^2(59)=$
	325.4	86.48	132.6	387.3	108.5	199.5	104.9	233.5	177.95			84.1
(Prob＞χ^2)	0.00	1.00	0.00	0.00	0.00	0.00	0.00	0.00	0.00			0.02
n(サンプル数)	1,470	1,470	1,470	1,470	1,470	1,071	612	1,071	1,071	399	228	399

注1：[ ] 内はt-値，*p<0.1，**p<0.05，***p<0.01

注2：被説明変数は，2014年3月から9月までの前月伸び率（2月伸び率を差し引いたもの）。

注3：IMテストは，誤差項の不均一分散に関する検定量。

注4：(2)式は，完備データ以外の1～9月に価格が欠落した商品を含めたもの。

注5：(6)式，(7)式については，誤差項に不均一分散が示唆されたのでロバスト推計を実施した。

注6：(a)～(e)式は，数量指数を説明変数に加えたもの。

章における推定結果に一致しており，4月には過剰転嫁であったことを意味する。一方，3月における価格の有意な低下は新たな発見であり，CPIと異なりPOS価格ではわずかながらも過小転嫁が認められる。

　これ以外の説明変数のうち市場シェア（20社計）はプラスに有意であり，顧客千人当たり販売額（1月）の符号条件も有意にプラスであった。スーパー棚における上位商品の集中度が高く，販売規模が大きな品目では価格が上昇しやすいことが示唆される。第2章で見た不完全競争における税の転嫁によると競争条件によっては過剰転嫁が起こり得るが，それが確かめられた訳である。数量指数の影響は有意にプラスであり，これは販売量が維持できる品目では価格が上昇する傾向を示唆する。需要の価格弾力性が低い商品においてより転嫁されている。人件費比率の符号条件は有意にマイナスであった。製造段階の人件費は企業経営のなかでも固定費に分類され短期的には変動しにくいが，人件費のうち残業代や非正規雇用のようなコスト要因が値下げの原資になっているかも知れない。このようにモデル推定の結果のなかには，供給サイドの価格支配力が税の転嫁に影響していくという不完全競争フレームと整合的なものが多い。

　運輸マージン率は有意にプラスであった。商品価格のうち輸送コストが高い品目では，それが価格の引き上げに結びつきやすいことが示唆される。商業マージン率の推計結果は有意性に劣り，さらに符号条件はマイナスであった。スーパーという販売段階でのマージン率が高いと，それは価格に対してマイナス傾向に作用するようである。商業マージン率とは，商業部門の生産額であり，これには原材料費と付加価値の両方が含まれる。利益率が高い商品では，その利潤を圧縮することにより過小転嫁になっているかも知れない。

　輸入比率に関する推計値の有意性は低かったが，符号条件はマイナスであった。つまり，品目において輸入品の割合が高いと価格が低下しやすい。筆者は，同時期は円安により輸入物価が上昇しており，さらに輸入品は国内の複数の製造段階を経ることなくスーパー店頭に陳列されるので，輸入業者だけが転嫁すればよく，その符号条件はプラスと予想していた。輸入比率の影響についてはさらに究明する必要がある。

　家庭用品における推計結果からは，月次ダミー変数を除いて少数の説明変数から

しか有意な結果を得ることができなかった。顧客千人当たり販売額（1 月）の符号条件はプラス，運輸マージンの符号条件はマイナスであった。前節におけるデータ分析では，家庭用品の方が加工食品に比べると価格変化が著しかったにも関わらず，家庭用品の推計結果の有意性が低い理由としては以下が指摘できる。第 1 に，対象とした品目数が 57 と少なく，このサンプルの少なさが有意性の低さをもたらしたという推計上の問題である。第 2 に，家庭用品は製品タイプがかなり異なる雑貨を 1 つのグループとしたので，統一的な傾向を見出すことが難しかったことが考えられる。

6 まとめ

本章では，消費増税の転嫁傾向を，POS データを用いて検討した。わが国における消費税の転嫁分析では，従来は CPI を対象とすることが多かったが，CPI は短期間で価格が改定される特売価格を含まず，定価データを主としているため，特売価格における転嫁については未解明であった。そこで商品別の POS データを 210 品目別に整理したうえで，価格の動きを分析してみた。さらにクロスセクション推定を行い，税の転嫁に影響を与える要因に関する検討を行った。本章において得られた知見は以下のようにまとめられる。

第 1 に，POS データに基づく税込み価格は，定価と特売価格のいずれも含む。2014 年前半における前月比の推移をみると，3 月には価格が下落しており，4 月には上昇している。消費増税を契機として価格が有意に変化し，消費税が転嫁されたことが確かめられた。上記のような価格の反転は，5 月以降にも存在する。そこで品目ごとに各月の前月比を積算した累積価格を算出したが，4 月以降の価格は 2 月価格に比して有意に上昇しており，さらに全品目の平均でみると完全転嫁に近い水準（2.9 ％増）となっていた。品目別の価格変化率にはばらつきが生じた点が注目され，増税を契機として価格転嫁に差異が発生し，過剰転嫁，過小転嫁となった品目の存在が確認された。

第 2 に，POS データにおける品目のうち CPI と比較可能なものだけを取り出したところ，POS データに基づく価格の動きは，CPI に比べると 3 月では下落傾向が強

く，4月では上昇傾向が強かった。POS は CPI に比べると価格の持続期間が短い特売価格を多く含んでいる。消費増税に際して，特売価格がより大きく増減することにより月次ベースの平均価格が変化したか，あるいは特売日数が増減することにより平均価格が変化した可能性がある。メーカーやスーパーは，定価においては完全転嫁を実行する一方で，特売価格では品目ごとに異なる価格設定を実施した可能性がある。消費税の転嫁動向の把握に際しては，CPI 以外のデータを参照すべきことがわかった。

第3に，価格と売上数量の関係を見ると，増税後の過剰転嫁により価格をより大きく引き上げた品目では，売上数量が減少している。ここで注目されるのは売上数量が増減する分岐点が，価格が完全転嫁（2.9 ％増）の付近であった点，税込みの売上高は増税前後においてほぼ一定であった点である。日次ベースで価格を調整するスーパーは，消費者が税の負担を受け入れつつ，税込みの購入金額を一定に保つような行動を読み取り，数量の動きを睨みながら商品別に転嫁の程度を調整したと考えられる。企業は数量減少の程度が価格の引き上げに比べると相対的に小さい品目において価格を高めに設定し，逆に数量減少の程度が大きい品目では価格を低めに設定している。

第4に，POS 価格を被説明変数とし，価格変化に影響する要因を説明変数とする回帰推計を実施したところ，スーパーにおける市場集中度が高い品目や売上規模が大きい品目では価格が上昇しやすいことがわかった。市場支配力が過剰転嫁をもたらす可能性が示唆された。一方，商業・運輸マージン率や人件費は価格に対してマイナスに作用しており，メーカーやスーパーにおけるコストの逓増は，過小転嫁をもたらした可能性がある。これらの推定結果は第2章の経済理論が説明する転嫁の傾向に一致するものが多く，理論予想の妥当性，もしくは日本の消費税転嫁が通常の経済原則に従っていることが見て取れる。また，推定モデルは食料品グループだけを対象としているので，食料品のなかでも消費増税に際しての価格変化の傾向には差異が存在することがわかった。このように類似商品においても税の転嫁が相違することは，完全競争モデルが説明する，税による相対価格が変化せず所得効果だけが働くなかでは発生しにくい現象である。市場は不完全競争の状態にあり，そこではメーカーやスーパーといった生産者サイドの市場支配力が税の転嫁を左右して

いるのである。

　残された課題について述べる。本章で使用したPOS価格は，定価と特売価格の加重平均値である。そのため定価と特売価格のそれぞれにおいて，どのような価格転嫁がなされたかについてはわからなかった。両者を分離すれば，価格転嫁の実態はさらに明らかになる。定価と特売価格は日次で変化するので，日次データを用いれば両者を区別することができる。次章では，日次データを用いた転嫁の検討を進めていく。

第5章
マイクロデータに見る消費税の転嫁

1. はじめに

　本章では，日次のPOSデータを用いた消費税の転嫁に関する検討を行う。前章においては，価格の持続日数が短い特売価格の存在と，それが消費税の転嫁に影響している可能性が明らかにされたが，そこで用いた月次データからは詳細がわからなかった。現在の日本では，青果品，食料工業製品といった食料品の多くはスーパーで販売されており，経営手法と情報技術が進歩するなかで，スーパーは頻繁に値付けを変更している。このなかで価格分析には期間をより細分化したデータが必要となっている。そこで本章では日次データを使用することにより，短期的な価格変動の把握を可能にして，定価と特売価格を分離したうえで2014年4月の消費増税に際しての価格転嫁の動きを分析していきたい。

　日次データにおいては価格や数量が変動しやすく，また，検討対象とした商品数は食パン1商品のみとしており店舗数についても5店舗に留まったため，本章が明らかにする転嫁の性質は限定的なものである。そのなかで日次変動の特徴，販売数量の動きを調べることにより，転嫁の性質に関する分析を試みた。さらにモデル推定により，データ分析の結果をさらに確認することにした。

　本章では価格の持続日数（duration）に着目する。これは物価の経済学における価格の硬直性分析の方法を転用したものである。価格の硬直性は，従来からマクロ経済学における一大テーマであったが，長期にわたるデフレ経済により日本でも関心が高まりつつある。そこでの問題意識は価格における粘着性の有無であり，金融緩和やインフレ期待の喚起といった政策ショックが価格の粘着性に与える効果が検討されている。これを本研究の問題意識に置き換えると，税制が価格の粘着性に与

える影響が問われる。税抜き価格に注目すると完全転嫁ケースでは課税前後には変化がないが，過剰転嫁や過小転嫁のケースにおいては価格が変化するので価格の粘着性が低下する。これまで本書では転嫁割合といった転嫁の規模を中心的に検討してきたが，価格の持続日数の分析からは異なる情報を得ることが期待できる。

　本章では，以下のように議論を進める。第 2 節では，先行研究のサーベイを行い，実証分析におけるマイクロ価格データの利用法を確認する。第 3 節では，本章において使用する POS データを説明したうえで，消費増税前後の価格設定に関する詳細なデータ分析を行う。第 4 節で，本章において推定する計量モデルを設定し，推定結果を報告する。第 5 節は，本章のまとめである。

2 先行研究

2.1 日本の実証研究

　渡辺・渡辺（2016）は，価格の硬直化とデフレの長期化を幅広く考察した研究であり，諸外国では価格上昇率を 2% 前後にするのが世間相場とされる一方，日本では価格上昇率をゼロとすることが標準状態とされ，これがデフレ脱却を難しくしているという。マイクロデータを用いた先行研究に関しては，すでに第 4 章においてサーベイしたとおりである。第 4 章では，倉知 , 平木 , 西岡（2016），Abe and Tonogi（2010），Sudo, Ueda and Watanabe（2014），上田・須藤・渡辺（2016），今井・渡辺（2016）を取り挙げたが，いずれも CPI データの個票や POS データを分析することから，商品別の価格の改定頻度や諸外国との比較，新製品の影響などから日本における価格の粘着性の性質を検討している。

　上記以外の先行研究は次のとおりである。阿部・外木・渡辺（2008）は，企業アンケートから日本企業の出荷価格に関する粘着性の強さを見出し，POS データから流通企業における末端価格の頻繁な価格変更を見つけている。水野・渡辺（2008）は，オンライン市場における値付け行動をフラクタル分析によって解明している。さらに，水野・渡辺・齊藤（2010）は，「価格 .com」における出店者の最低価格の値付け行動を検討している。企業は競合企業の値付けを参考にしつつ目標価格を決めており，それに向けて小刻みに価格を改定していくという。また，時間を通じた

価格の下落現象は，一様に分布するものではなく，ある時期に集中して発生し，その後はしばらく収まるという。宇野・永沼・原（2017）は，日銀短観の個票データを用いて企業のインフレ予想形成を分析したものだが，それによると企業によるインフレ期待の見直しの頻度は低いとのことである。

価格の改定頻度は，F＝改定日数／営業日数という算式で定義され，これはある期間における総日数に占める価格が改定された日数の割合である。つまり，価格改定が頻繁になるほど改定頻度 F は上昇して 1.0 に近くなる。価格の平均持続日数は，T＝$1/F$ という改定頻度の逆数として定義される。先行研究では，この 2 つの指標を用いて価格の粘着性が分析されることが多い。本研究でもこれらの算出を試みたい。

2.2　諸外国では増税の影響についても研究

諸外国における実証研究に関しても，すでに第 4 章において Klenow and Malin (2011) によるサーベイ論文や Álvarez et al.(2005)，Dhyne et al.(2006)，Stahl (2005) による実証分析を概観した。Álvarez et al.(2005) によるハザード関数の推計結果によると，その形状は右下がりである。つまり価格改定の程度（ハザード比）は改定直後に最も高く，その後は低下するが，一定間隔で上昇する時点がある。後者の性質は価格改定が時間依存型（価格が定期的に改定されるもの）であることを意味する。Stahl (2005) は，消費者物価がマークアップ原理に従うならば，生産者価格の改定が価格の硬直性に影響すると指摘した。ドイツの金属産業に関する実証分析によると，生産者価格は定期的な価格変更に左右される時間依存型だという。

本章で新たに追加し参考とすべき先行研究としては以下がある。Nakamura and Steinsson (2008) は，アメリカにおけるメニュー価格モデルを検討している。消費者物価及び生産者価格について政府データを用いることで，価格の改定頻度と変化率を詳細に計測している。特売の存在は価格の改定頻度を顕著に上昇させる。また，価格の改定直後の方がさらに改定を引き起こしやすい一方で，定期的な価格改定という時間依存型があることを見出した。Jonker et al.(2004) は，オランダにおける 1999 年から 2003 年にかけての付加価値税の増税に関して，税率の引き上

げの大部分が消費者物価に転嫁されたという結果を得ている。推定モデルは消費者物価指数の個票を用いた生存時間解析（Coxモデル）であり，前月，当月，翌月ダミー変数を用いて，月別のハザード比に変化があったかどうかを分析した。これより当月価格には影響するが，他月には影響が少ないこと（つまり増税を契機とする状態依存型の価格改定は当月に限られる），サービス品では2か月先まで影響するとした。オランダに加えて，諸外国の研究に言及しており，スペイン，ベルギーでもオランダと同じくVAT増税は，税込み価格の上方への改定頻度に影響を与えたという[62]。Bunn and Ellis（2012）は，イギリスのCPI（月次），スキャンデータ（週次）を分析しており，EU諸国よりは価格の改定頻度が高いこと，スーパーにおける改定頻度の高さはアメリカと同じであり，イギリスでもサービス品よりも食品の改定頻度が高いという。また，目視になるが価格変化率に関する分布グラフを作成している。分布の山がCPIに比べるとスキャンデータではよりゼロに近く，価格が上昇しにくいという興味深い事実を示している。ハザード関数の形状は，品目レベルにおいても右下がりであった。これはÁlvarez et al.(2005)に同じである。価格改定が時間依存型ならば，ハザード関数の形状は水平になるので，これは何らかのイベントを契機として価格が変化する状態依存型の存在を示唆している。

3　データ分析 ── 食パン価格はどのように推移したのか

3.1　使用データ

■　対象商品は某社の食パン製品

　対象商品は，代表的な食料製造品である「食パン（6枚組）」とした。このうち某社が製造している商品を取り上げる。この商品は2014年4月前後のスーパーにおける販売シェアが1位であったものである。CPIによると2014年1月〜9月における食パンの税抜き価格の前月比は，1月−0.4％，2月−0.3％，3月0.1％，4月−0.6％，5月0.5％，6月−0.4％，7月−0.1％，8月0.3％，9月−0.1％と

62　Jonkerらは，「他国におけるVATによる価格効果を，さらに知ることはとても興味深いこと」と指摘している。

増減を繰り返している。一方，POS 価格によると，上記の商品を加えた販売上位
15 位までの商品の価格平均値の前月比は，2 月 0.1 ％，3 月 0.1 ％，4 月 0.0 ％，5
月−1.1 ％，6 月−0.8 ％，7 月−0.3 ％，8 月 0.5 ％，9 月−0.6 ％となっており，
増税前は横ばい，増税後は下落（8 月を除く）という動きを示している[63]。つまり，
定価データとされる CPI の動きは，増税前後において変化がなかったが，これに特
売価格を加えた POS 価格では増税を契機として価格が低下している。食パンとい
う代表的な食料製造品において，定価と特売価格が異なる動きを示した可能性があ
り，この詳細について 1 商品を取り上げて調べることにした。なお，このトップ商
品の市場シェアは 2014 年 4 月には 6.8 ％（金額ベース）であった。メーカー4 社
によって供給される上位 15 商品の市場シェアの合計は 38.8 ％であった。

　ところで価格が低下したものの代表性はどれくらいか。第 4 章で用いたデータに
よると，スーパーにおける商品群 210 品目について 2014 年 1 月と 5 月の価格を比
較したところ，過小転嫁になった品目の割合は 47 ％であった。つまり，全体の半
数程度において価格が抑制されており，本章の食パン価格の分析は，これらを代表
するものである。

■　日次 POS データを使用

　使用したデータは，前章と同じく日経メディアマーケティング社が作成している
「日経 POS 情報」から得た価格情報と売上数量情報である。日経 POS 情報（販売時
点情報管理）は，全国約 300 店舗のスーパーマーケット（大手，中小，生協）にお
ける店頭価格を採録したものである。スーパーレジにおける POS データを整理し
たものである。このうち食パン（6 枚組）の 1 商品を取り上げ，その日次価格を消
費増税の前後の期間である 2014 年 1 月 1 日から 7 月 31 日まで，首都圏（東京都，
神奈川県）及び静岡県における計 5 店舗のデータを分析対象とした。この食パン
（6 枚組）製品は JAN バーコードによって特定化され，7 カ月間において容量など
の品質が変わることはなかった。

63　この POS データの集計値は，第 4 章から採録したものである。食パン製品のうち 2014
　年 4 月前後に連続して月次価格が得られる 15 商品（スーパーにおける市場シェア合計
　44 ％）の平均価格を算出した。

　販売価格について，定価と特売価格が分離されたデータを得るためには，単一製品かつ個店情報を取り上げる必要がある。そこで食パン製品のうち同期間におけるトップ商品を選んだ。データの採録単位については，POS情報における最低単位である日次データとした。データ区分が週次，月次であると，日次ベースで設定されている定価と特売価格が合算されてしまうからである[64]。対象店舗を複数とした理由は，1店舗のみでは当該スーパーの価格政策しかわからないので，全体傾向を知るために複数店舗に関するデータが必要であると考えたからである。5店舗に限定した理由は，データ購入に関する筆者の予算制約による。

■　5店舗×7か月間について調べる

　使用データの概要は以下のとおりである（表5−1）。まず，データを採録した5店舗の特性であるが，A店舗（東京区部・大手チェーン），B店舗（東京区部・大手チェーン），C店舗（東京市部・地域スーパー），D店舗（神奈川東部・地域スーパー），E店舗（静岡・大手チェーン）としており，首都圏から4店舗，全国動向の把握のために静岡県内から1店舗を選んだ。スーパー系列はすべて異なるが，A店舗，B店舗，E店舗が全国チェーンであり，C店舗，D店舗は地域ストアである。東京に在住する筆者が土地勘を有する東京圏から，チェーン母体の規模や所得水準などの地域特性がなるべく異なるように4店舗を選び出した。全国傾向との差異をみるため，マーケティング調査の対象地区として取り上げられることが多い静岡県（全国の代表性が高いと見なされている）から1店舗を選んだ。

　営業日数は，それぞれ209日から211日であり正月以外は毎日営業していたが，売上データが得られなかった日については欠損となっている。5店舗を合計した営業日数は1,051日であり，したがって1,051個の価格データを得ている。7か月間における5店舗合計の来店者数は879万人（1日当たり4.2万人）に達しており，いずれも大規模店舗である。検討対象とした食パン商品の販売個数は合計10.8万個であり，販売金額は1,500万円（消費税抜き）となっている。販売金額を販売個

64　使用データは日次データとして得られるので，閉店間際に実施されるタイムセールスといった同じ日における価格の違いを分析することはできない。

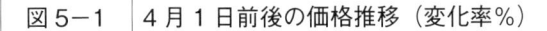

図5-1	4月1日前後の価格推移（変化率％）

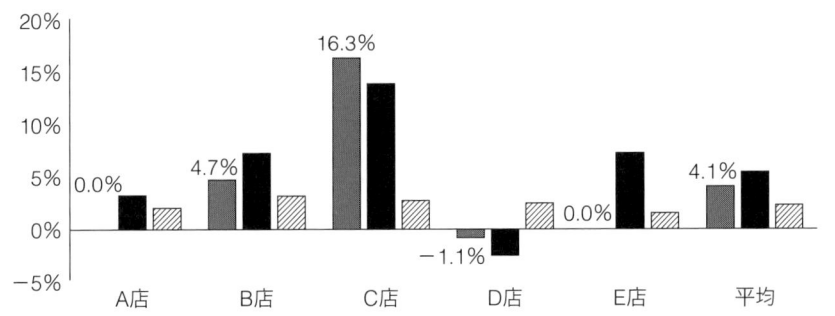

■ 前後1日(4月1日／3月31日)　■ 前後3日(4月1-3日／3月29-31日)　▨ 前後7日(4月1-7日／3月25-31日)

注1：消費増税前後の2日間，6日間，14日間について，4月1日を境として前後の価格について平均値を算出し，それぞれの変化率をみた。数値は前後1日のもの。
注2：平均とは，店舗ごとの平均値をもとにさらに5店舗の平均値を算出したもの。

は2つに留まり，微減が1店舗，上昇が2店舗となっており，消費増税の当日における税抜き価格の設定には，店舗間で差異があったことがわかる。比較の対象期間を前後14日間に拡大すると，前半と後半の価格変化率は1.5％〜3.1％となり，店舗間の格差が縮小するものの，いずれの店舗においても上昇をしている。これに消費増税分の価格引き上げ（2.9％）が加算されるので，消費者は4〜6％もの税込み価格の上昇に見舞われたことになる。前章でみた消費者への転嫁割合は，（税込み価格変化率／完全転嫁ケースの価格上昇率）によって示される。5店舗の単純平均では税抜き価格は2.3％上昇しているので転嫁割合は184％となり，かなりの過剰転嫁である。

　ここで売上数量の変化率をみると，増税前後1日の数量変化率は，A店舗−34％，B店舗−69％，C店舗−62％，D店舗−47％，E店舗＋5％であり，1店舗を除くと大幅な減少であった。5店舗における数量減の単純平均は−39％である。しかし，前後3日では−32％，前後7日では−11％となっており，4月1日から3日までに見られた数量の大幅な減少傾向は4月4日以降になると沈静化している。さらに売上高の推移を見ると5店舗の平均で，前後1日−40%，前後3日−28%，前後7日−8%であった。3月31日から翌日にかけての大幅な数量減と売上減は4月

157

7日までになるとそれぞれ－10％前後に縮小した。

増税直後の過剰転嫁の原因としては，インフレ期待の存在や消費税転嫁対策特別措置法が考えられる。アベノミクスによって物価が上向いており，転嫁には追い風になったと思われる。税抜き価格の設定は事業者に任せられるが，一方では初めて消費税転嫁対策特別措置法が施行され，その動向が世間の注目を集めていた。少なくとも4月上旬については，政府による転嫁対策が奏功したと見てもよいと思われる。政府は小売価格については具体的な判断基準を示さなかったが，買い叩きの規制に関しては，「(前略) 特段の事情がない限り，直前の価格に対して5％から8％部分の価格が乗っているかどうかということが一つの大きなメルクマールになっていくんじゃないかと思っております。」と比較的，明確な数値を示している[66]。税抜き価格でみると事後に－2.8％～0.0％という価格が提示されればよかったわけであるが，食パン商品におけるプラス設定は，これを上回っている。なお，B店舗，C店舗，D店舗では，4月1日時点の価格は1日間だけ持続したが，A店舗では3月31日から4月14日まで15日間も持続している。E店舗は，3月30日から4月1日までの3日間にわたり持続した価格であった。

■ 4月後半には早くも揺れ戻し

インフレ期待の持続と転嫁対策が奏功した期間は，ごく短期間で終了した可能性がある。旬次別（10日間ごと）の平均価格をみると，3月下旬の151.2円から4月上旬には151.6円となり，ほぼ横ばいであったが，4月中旬になると早くも価格が147.7円まで低下している。これを月次別に見ていくと，3月151.9円，4月150.5円，5月145.2円，6月142.3円となっており，4月に比べると5月，6月には価格が低下している。消費増税の前後の価格における平均値に着目し，1～3月における価格群と4～6月における価格群について，その差異に関する検定を実施した。検定結果によると，5店舗中3店舗（B店舗，D店舗，E店舗）において，1％有意水準にて4～6月価格の方が低下していた[67]。5月以降に税抜き価格を引き下げて

66　第183回国会衆議院経済産業委員会第10号（杉本和行公正取引委員会委員長答弁）。長澤・石井・植村・河野（2013）に，この経緯が紹介されている。

過小転嫁に転じた可能性が高い。ここで１日当たりの販売個数（５店舗計）の月次ベースの推移を見ておく。１月450個，２月580個，３月510個，４月490個，５月530個，６月510個，７月510個であり，４月の販売数量は３月に比べると減少したが，５月以降になると回復している。スーパーは過小転嫁に転じることで数量の落ち込みに歯止めをかけたと思われる。

3.2.2　定価と特売価格の推移

■　最大価格を定価と見なした理由

消費税の転嫁は定価よりも特売価格においてなされた可能性がある。そこで定価以外の価格の推移が焦点となるが，本研究が用いる日経POSデータについては，日次価格については，定価とそれ以外との識別が付されておらず，定価データを独自に特定化する作業が必要となる。そこで各店舗データについて，日次データをもとに月次と旬次の最頻価格，平均価格，最小価格，最大価格を算出し，これをもとに定価を決めることにした。旬次データとは月次を上旬，中旬，下旬の３つに分割したものである。最大価格と最小価格の中間に平均価格が位置するが，平均価格は最大価格にやや近く，つまりスーパーは値引き時には，かなり思い切った低価格を提示していた。また，最頻価格は最大価格にほぼ一致するが，両者が乖離することがあった。

本研究では月次の最大価格をその月の定価と見なすことにした。この理由は以下のとおりである。第１に，月次の最大価格を定価とする方法に従うと，定価の持続日数が特売価格を上回り，「定価では価格の持続期間が長いだろう」という定価の要件に合致することが挙げられる。５店舗７か月間の単純平均では，定価2.7日，特売価格1.3日であり，この傾向は月別，店舗別に見てもそうであった。なお，定価の候補としては最大価格のほかに最頻価格があるが，最頻価格を定価とした場合の

67　各店舗の価格データを，１〜３月と４〜６月の２群に分け，それぞれの平均値に関する差異検定を実施したところ，３店舗については，「両者の差分がゼロ」，「４〜６月価格の方が大きい」という帰無仮説が有意水準１％にて棄却された。したがって，４〜６月には税抜き価格が低下したことが推察される。一方，A店舗とC店舗については，前後の差異が有意に存在するという検定結果を得なかった。

持続日数は定価 2.7 日，特売価格 1.3 日であり最大価格ケースに同じであった。

　第 2 に，先行研究においては定価の設定方法として，最頻価格もしくは最大価格を用いることが多い。今次データについて最頻価格を見たところ，少ないながらも最頻価格を上回る最大価格が発生したことがわかった。ここで考えるべきは，定価を上回るような最大価格が，そもそも存在することはないだろうという点である。スーパーでは安売りが常態化しており，頻度ベースでは最大価格を上回る最頻価格が発生している。つまり，他の先行研究に比べて，本研究では価格の持続日数が全般的に短いため定価が最頻価格であることが保証されないのである[68]。なお，月次データを見るとＡ店舗以外の残りの 4 店舗においては 4 月以降に最頻価格を上回る最大価格が出現しており，3 月以前には最大価格と最頻価格が一致していた。増税後に定価と見なされる最大価格よりも高い頻度で出現した価格が生まれている。

　第 3 に，定価（最大価格）の設定期間を 1 か月とした理由について述べる。定価が 7 か月間を通して変化しないとする考え方があるが，消費期限が 3 日間程度の商品なので，仕入れは短期間で繰り返されていることが予想される。一方，月次よりも短い旬次（10 日間）については短すぎると考えた。なお，旬次の最大価格が月次の最大価格を下回るケースは少ないので，定価の設定期間を月次から旬次に変えても，以下の分析結果は大きくは変わらない。

　第 4 に，同じ日経 POS データのうち，しょう油，乾めん，牛乳パックについては定価であることがわかるものがある。それらは月次の最大価格の平均値とほぼ一致していた。食パンとは異なる商品であるが，最大価格を定価と見なすことの傍証となる[69]。

■　定価よりも低めで推移した特売価格

　店舗別の定価（最大価格）と特売価格の推移について見ていく（図 5−2）。A 店舗では，1 月〜7 月のすべてにおいて 128 円で変化がなかった。一方，特売価格は

68　スーパーには定価が存在しないという考え方もあるだろう。多くの商品には，値引きを認めない定価ではなく，それを認める希望小売価格や参考価格が設定されている。最大価格とこれらの価格との関係の把握は今後の課題である。
69　白石（2018a）を参照されたい。

図 5-2	定価, 特売価格別に見た価格の推移 (月次平均, 円)

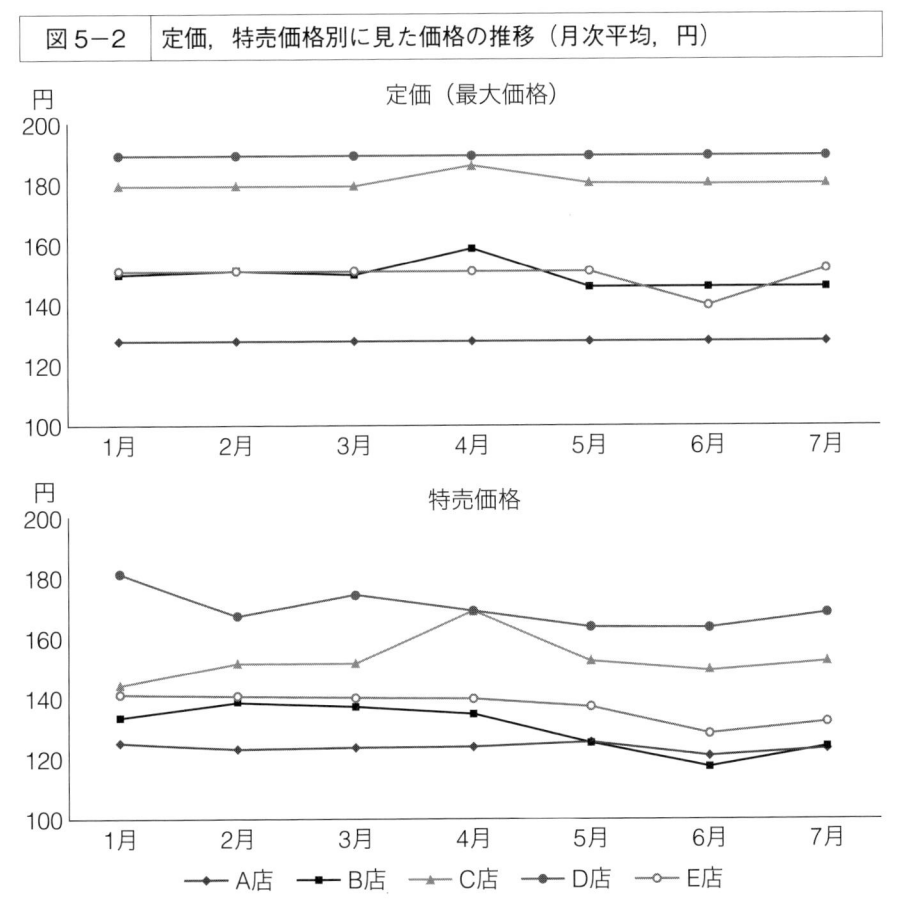

注 1：定価は月次の最大価格。
注 2：特売価格は定価以外の価格に関する月次平均。

やや低下した。B 店舗では, 1 月 150 円, 2 月 151 円, 3 月 150 円であったが, 4 月には 159 円と 6% だけ値上げされ, 5 月 146 円, 6 月 146 円, 7 月 146 円と対 3 月価格でみると 2.6% だけ値下げしている。この値下げ率は, ほぼ増税分に一致する。つまり定価において 5 月以降は過小転嫁にしている。定価において過小転嫁としたのは B 店舗だけであった。特売価格も 5 月以降に減少傾向を強めている。C 店舗では, 1〜3 月 179 円が 4 月 186 円と 3.9% だけ上昇し, 5〜7 月には 180 円と

なったので対3月価格でみると0.6%のわずかながらも過剰転嫁である。これに呼応して特売価格もやや上昇している。D店舗では，7か月間のすべてにおいて189円であり，定価ベースでの変化はない。一方，特売価格は4〜6月に低下傾向を示した。E店舗では，1〜5月には151円だが，6月には大幅に値下げをして140円となり，これを7月には戻して152円としている。特売価格も5月に下げ足を強めた。

　以上をまとめると，5店舗中4店舗では消費増税に伴う定価の変更は，4月や5月に値上げや値下げがあったものの，6月，7月といった時期にはなかったか，あってもわずかであったことがわかる。ここで注目すべきは，4月には税抜き価格ですら前月に比べて値上げするという価格設定行動が見られたことである。そして，この効果は長続きしなった。特売価格についてはいずれの店舗においても定価に連動する動きを示したが，5月以降になると大きく低下している。特売価格について5店舗の単純平均では，3月145.5円から，4月147.4円と上昇したものの，5月140.8円，6月136.1円，7月140.4円と低めに推移している。

　定価が一定であり，特売価格だけが変化したならば，両者の購入層に違いがあれば，それは消費税の負担に差異が生じた可能性を示唆する。先行研究によると，老人に比べて若者はコンビニでの支出が多く，主婦はスーパーでの購入比率が高いという[70]。これから類推すると，スーパーにおいて特売価格で購入するのは価格に敏感な主婦や老人であり，若者は定価で購入していると考えられる。需要の価格弾力性が大きい購入者を顧客とする特売価格において価格が変化しやすいという傾向は，第2章の経済理論と整合的である。

3.2.3　改定頻度と生存日数

■　5月以降に価格の粘着性が低下

　価格の改定頻度はF＝改定日数／営業日数という算式で定義される。ここでの分子側の改定日数とは，前日に比べて当日の価格が変化した場合にカウントしており，

70　阿部・稲倉（2015）による。このような世帯タイプ別の購買行動の詳細は，世帯ごとの購入履歴に関するマイクロデータを用いて分析される。類似研究として，阿部・新関（2010），阿部・塩谷（2011）がある。

分母側はカウント期間の営業日数である。5店舗平均で210.2営業日のうち135.0日において価格が改定された。したがって，平均ベースの改定頻度は0.64（＝135.0/210.2）であり，営業日の半分以上という高い頻度で前日から価格が変更されたことがわかる。POSデータにおける高頻度の価格改定は先行研究に一致する。5店舗別の営業日数，改定日数，改定頻度，持続期間を算出した（表5−2）。

表5−2　改定頻度と平均持続日数（店舗別）

| | 営業日数 | | | | | | 価格改定した日数 | | | | | |
	A店	B店	C店	D店	E店	平均	A店	B店	C店	D店	E店	平均
合計	211	211	209	209	211	210.2	75	185	94	147	174	135.0
1月	31	31	30	31	31	30.8	11	23	16	10	27	17.4
2月	27	27	26	25	27	26.4	7	20	13	15	18	14.6
3月	31	31	31	31	31	31.0	7	24	13	23	25	18.4
4月	30	30	30	30	30	30.0	7	29	13	19	23	18.2
5月	31	31	31	31	31	31.0	18	30	15	28	24	23.0
6月	30	30	30	30	30	30.0	9	29	10	28	28	20.8
7月	31	31	31	31	31	31.0	16	30	14	24	29	22.6

| | 改定頻度 | | | | | | 平均持続日数 | | | | | |
	A店	B店	C店	D店	E店	平均	A店	B店	C店	D店	E店	平均
合計	0.36	0.88	0.45	0.70	0.82	0.64	2.8	1.1	2.2	1.4	1.2	1.8
1月	0.35	0.74	0.53	0.32	0.87	0.56	2.8	1.3	1.9	3.1	1.1	2.1
2月	0.26	0.74	0.50	0.60	0.67	0.55	3.9	1.4	2.0	1.7	1.5	2.1
3月	0.23	0.77	0.42	0.74	0.81	0.59	4.4	1.3	2.4	1.3	1.2	2.1
4月	0.23	0.97	0.43	0.63	0.77	0.61	4.3	1.0	2.3	1.6	1.3	2.1
5月	0.58	0.97	0.48	0.90	0.77	0.74	1.7	1.0	2.1	1.1	1.3	1.4
6月	0.30	0.97	0.33	0.93	0.93	0.69	3.3	1.0	3.0	1.1	1.1	1.9
7月	0.52	0.97	0.45	0.77	0.94	0.73	1.9	1.0	2.2	1.3	1.1	1.5

注1：価格改定した日数とは前日から価格が変化したもの。
注2：改定頻度＝改定日数／営業日，平均持続日数＝1／改定頻度。
注3：表中の平均とは，5店舗に関するデータの平均値であり，データ総数に基づくものではない。

検討期間を1〜3月，4月，5〜7月の3つに区分したうえで，価格の改定頻度を見る。はじめに改定頻度は店舗ごとに異なっていた。A店舗では低く，B店舗では高かった。次に1〜3月から4月にかけての頻度の変化については，A店舗，C店舗，E店舗ではやや低下し，B店舗では大きく上昇，D店舗ではやや上昇となっていた。B店舗以外では，改定頻度はほぼ同水準であったわけである。そしてB店舗は定価において4月に過剰転嫁，5月以降に過小転嫁としており，明らかに価格設定の内容が変化している。4月から5〜7月にかけての頻度の変化については，A店舗，D店舗，E店舗では上昇し，B店舗では横ばい，C店舗では減少している。最後に1〜3月と5〜7月の頻度を比較すると，A店舗，B店舗，D店舗，E店舗において上昇し，C店舗では低下している[71]。ここで注目されるのは，A店舗とE店舗における改定頻度が，4月上旬にそれぞれ分析対象とする7か月間において最低水準を示した点である。増税直後には価格が硬直化したのである。

　これらをまとめると，以下が指摘できるだろう。1〜3月から4月にかけては，価格の改定頻度はB店舗を除くとそれほど変化はしなかった。しかし，続く5〜7月には上昇しており，この例外は頻度が低下せず定価が上昇したC店舗であった。つまり，消費増税の当月とりわけ4月上旬には模様眺めの状態にあり，しかし，5月以降になると価格調整が開始されて，これが価格の改定頻度の上昇という形で現れたのである。そして1回当たりの値上げ幅と値下げ幅は，増税前後でほぼ一定であったので（後述），価格を改定させる頻度が上昇した分だけ価格が変化したことになる。5月以降には価格の粘着性が低下して過小転嫁に転じたのである。

　平均持続日数は $T=1/F$ という算式で定義される。上述の総平均の改定頻度0.64に対応した平均持続日数は1.6日（＝1/0.64）であり，つまり平均すると食パン商品の価格は2日以下しか持続しなかったのである。これは大変に短い日数であるが，先行研究において指摘されたPOSデータから算出される改定頻度の高さと平均持続日数の短さという結果に一致している。1〜3月と5〜7月を比較すると，A店舗では3.7日から2.3日，D店舗では2.0日から1.2日と比較的大きな平均持続日数

71　改定頻度の捉え方として，価格が1円よりも大きく変化したものに限定する方法がある。今次データに関して3円以上変化した場合について，改定頻度を算出したが，1円変化の場合と傾向的には大きな違いがなかった。

の低下を見せている。特売日を増やすことにより，消費増税に伴う価格調整を実施したのであろう。B 店舗では 1.3 日から 1.0 日，E 店舗では 1.3 日から 1.1 日となっており，増税以前からほとんど毎日価格を改定していたが，5〜7 月になると，その頻度をさらに引き上げたことが見て取れる。一方，C 店舗では，2.1 日から 2.4 日と持続日数はむしろ伸びている。

■　むしろ増税後に活発化した特売

　最高価格を定価と見なしたので，定価以外の価格はすべて定価を下回る特売価格になる。営業日のうち特売価格で販売した特売日の割合を算出した。まず，全体として指摘できるのは，特売日の日数の割合が A 店舗では 29 ％に留まるが，残りの 4 店舗では 55 ％〜88 ％となっており，このパン商品は定価以下の特売価格により販売されることが多かったということである。

　A 店舗と E 店舗では，4 月上旬に改定頻度が顕著に低下しており，これは特売日割合の低下に結びついている。一方，残りの 3 店舗では特売割合はむしろ上昇した。しかし，前後 7 日間の平均価格はすべての店舗において上昇しているので，特売はされたものの大きな価格下落はなかった模様である。最後に，1〜3 月，4 月，5〜7 月という月次ベースの特売日の割合を比べると，5 月以降に特売日が増えている。4 月における変化が 5〜7 月に持続したのは B 店舗，D 店舗であり，特売日の割合が増税を契機として上昇している。A 店舗は 4 月に下落したにも関わらず，5〜7 月にはむしろ増税前の水準を上回っている。C 店舗，E 店舗では最終的に低下したが，その減少幅はわずかであった。

■　定価による販売数量は減少

　値引きの拡大により，定価による販売では数量が減少し，特売価格による販売では数量が維持されている（図 5−3）。1 日あたりの販売個数（5 店舗合計）によると，1 月 453 個，2 月 580 個，3 月 511 個，4 月 492 個，5 月 526 個，6 月 513 個，7 月 514 個であり，この食パンにおいて 1 月では少なく 2 月に多いことを除くと，4 月以降はほぼ一定であった。販売数量を定価によるものと特売価格によるものに分けたところ，定価では 4 月における数量の落ち込みがその後になっても回復してい

| 図5−3 | 販売数量の推移（1日当たり，個） |

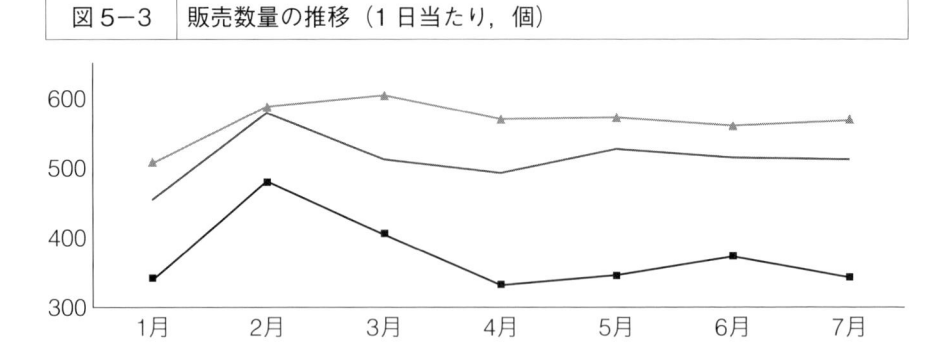

注：1日当たりの販売数量（5店舗計）及びその内数である定価及び特売価格による販売別に見たもの。

ない。一方，特売価格による数量は3月の落ち込みが少なく，その後も同じ水準で推移している。定価による購入者層は需要の価格弾力性が低いと考えられるので，数量の落ち込み幅は小さいと考えられるが，それでも数量減に見舞われている。価格の引き下げ幅を拡大させた特売価格では数量の落ち込みがカバーされており，スーパーは2つの価格を操作しながら，数量維持を図ったものと思われる。

4 モデル推定 — 生存時間解析とクロスセクション推定

4.1 生存率曲線に関するログランク検定

4.1.1 分析方法

　生存時間解析を用いた分析を行う。まず，生存率とは何であるかであるが，これは価格の持続日数をもとに算出されるものである[72]。5店舗合計でみると4月には営業日が150日であったが，4月に価格改定の初日があった件数は91件であった。この91件について価格が1日間だけ持続して翌日には改定されたものは69件であ

---

72 「生存率」という用語は先行研究に従う。持続時間を対象とする計量分析は，医療統計学において多用されるため，こう呼ばれている。生存時間解析については，クライン，メシュベルガー（2012），クラインバウム，クライン（2015）を参照。

り，残りの22件の価格が2日目以降に持続したので，1日間生存率は24%（＝22/91）と計算される。2日間生存率は12%（＝11/91），3日間生存率は8%，4日間生存率は3%，5日間生存率は2%と計算される。このような生存率を期間別，店舗別に比べることを考える。これまでの検討により，5月以降に価格の改定頻度が上昇したことが示唆されたが，これを統計学的に検証することができる。

　サンプルはパネルデータであり各サンプルには価格が持続した日数が与えられる。サンプルをスタート月別として，さらに1〜3月，4月，5〜7月の3グループに分けるが，価格の持続日数が3月末から4月上旬，あるいは4月末から5月上旬にまたがる場合には，日数が多い方のサンプルとした。増税前後で価格の持続日数が有意に変化したかどうかを調べるため，生存時間解析におけるログランク検定を用いる。特売価格だけにサンプルを限定することにより，特売価格における価格設定の変化を調べることができる。あるいはサンプルを直前の価格から見て当該価格が上昇したものや下落したものだけに限定したり，さらに直後の価格が当該サンプルに比べて上昇したものか下落したものに限定することを考える。こういった特定の属性を有するサンプルにおいて，増税前後において生存時間が有意に異なるかどうかを検定してみた。

4.1.2　検定結果

　ログランク検定の結果を示す（表5−3）。全サンプルを定価と特売価格の2つのグループに区分し，それぞれの生存率曲線を描いてみた（図5−4）。特売価格の生存率曲線の方が原点からみて内側に位置しており，ログランク検定により，1%の有意水準にて両者には差異があること，つまり生存日数は特売価格において短くなることが確認される。

　同様の検定をサンプルのスタート月別に行ったところ，生存日数は1〜3月に比べると5〜7月の方が有意に短いことがわかった。この傾向は定価サンプルに限定した場合には有意ではなく，サンプルを特売価格に限定した場合に有意であった。つまり前節で見た5〜7月における改定頻度の上昇（持続日数の短期化）が再確認できた。消費税は特売価格の設定行動に変化をもたらしている。

　特売価格のうち有意に短期化したグループについて考える。直前価格に比べて当

表5-3 生存時間解析（ログランク検定）

対象サンプル	検定グループイベント数					ログランク検定		生存率曲線（カプラン＝マイヤー法）
	1-3月	4月	5-7月	定価	特売価格	χ2-value	p-value	
全サンプル				124	545	118.9 ***	0.0 %	特売価格において短期化
全サンプル	250	91	328			9.92 ***	0.7 %	5-7月において短期化
全サンプル・除く4月	250		328			9.86 ***	0.2 %	5-7月において短期化
定価サンプル	60		50			0.42	51.7 %	
うち直前価格に比べて上昇	60	14	50			0.57	75.1 %	
うち直後価格が下落	59		50			0.51	47.5 %	
特売価格サンプル	190		278			9.4 ***	0.2 %	5-7月において短期化
うち直前価格に比べて上昇	67		105			1.70	19.3 %	
うち直前価格に比べて下落	123		173			10.3 ***	0.1 %	5-7月において短期化
うち直後価格が上昇	129		156			4.61 **	3.2 %	5-7月において短期化
うち直後価格が下落	62		122			3.87 **	4.9 %	5-7月において短期化

注1：＊ $p<0.1$, ＊＊ $p<0.05$, ＊＊＊ $p<0.01$
注2：価格の生存日数について，グループ間（増税前，増税直後，増税後）の差異をログランク検定により判定。対象サンプルを定価，価格変化の属性などにより限定したものを含む。
注3：生存日数の長短の特定化は，カプラン＝マイヤー法により生存率曲線を求めて判定。

図5-4	生存率曲線

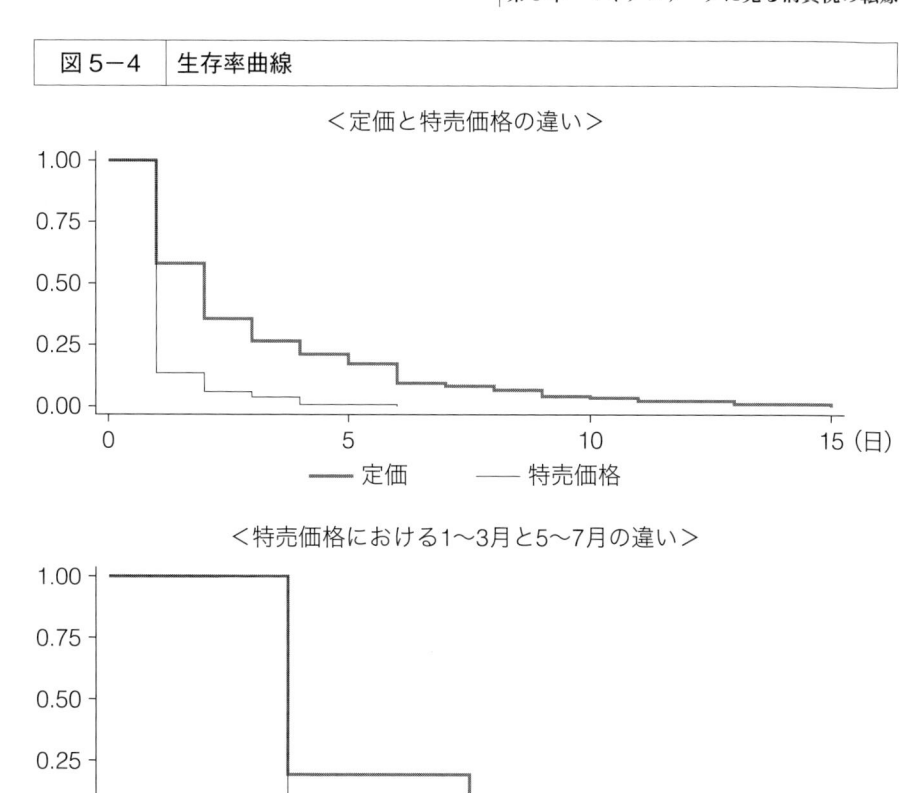

注：縦軸が生存率，横軸が生存日数。カプラン・マイヤー法による生存率曲線。

該サンプルの価格が上昇したもの，下落したもの別にみると，下落サンプルにおいて5〜7月が有意に短期化している。もし価格の下方への調整を意図するならば，むしろ引き下げられた当該価格の持続期間が長期化すると考えられるが，そうではなかった。一方，上昇サンプルの短期化は有意ではなかった。当該価格が上昇した場合の生存日数は5〜7月になっても変化せず，下落した場合には短期化したことになる。つまり期間の短い価格引き下げを有意に増やすことによって，価格を低めに誘導したのである。当該価格から見て直後（事後）の価格を意識した行動変化を

調べてみた。直後の価格が上昇したサンプルでも下落したサンプルでも，いずれの
グループでも有意に5〜7月には短期化しており，これだけではどのような影響が
あるかはわからなかった。

　ここでは，サンプルを1〜3月，4月，5〜7月という3つのグループに分けて分
析している。サンプルを2〜3グループに限定した方が分析が容易だからである。
図表中には示さないが，サンプルを各月に限定して2つずつをペアとしてログラン
ク検定を実施しても特売価格において有意な差異が見つかった。2月，3月，4月の
持続日数に比べて，5月と6月の持続日数が有意に短期化している。このような有
意な短期化は定価データにおいては見つからなかった。増税を契機として持続日数
が変化したのは特売価格であること，増税直後の4月には変化がなく，増税から1
か月を経た5月，6月に短期化したことが改めて確認された。

4.2　Cox 比例ハザードモデルの推定

4.2.1　分析方法

　ログランク検定では，1つの変数だけの有意性を評価しており複数の変数の相互
作用がわからない。そこで，先述の変数群を共変量としてCoxモデルを推計してみ
た。生存時間解析におけるCoxモデルでは，ハザード関数　$h\,(z_i, t)$ を (5.1)式の
ように定義する。ここで生存イベントは価格の改定でありz_{ij}は生存時間に影響を与
える共変量，β_jはこれに対応したパラメータであり，tは時間，iはサンプルを示す
添え字，jは共変量に関する添え字である。

$$(5.1) \qquad h(z_i, t) = h_0(t)\, e^{\beta_1 z_{i1} + \beta_2 z_{i2} + \cdots + \beta_j z_{ij}}$$

　Coxモデルは，セミパラメトリック・モデルなので，基本ハザード関数$h_0(t)$ は
推計せず，β_jのみを推計する。今次のサンプルのうち，共変量に関する情報を完備
したイベント数は669であり，これは1,037サンプルから構成される。共変量はサ
ンプルの属性として，スタート月（1〜3月，4月，5〜7月の3グループ），直前価
格からの変化（上昇もしくは下落），価格タイプ（定価，特売価格），店舗タイプ
（A-Eの5つ），数量変化（減少，変化なし，増加）を取り上げた。これらの属性が

価格の持続日数の長短に与える影響の有無を調べる。

4.2.2　推定結果

　モデルの推定結果から以下が指摘できる（表5-4）。スタート月に関して，4月及び5～7月といった増税後の月次になるとパラメータ推計値（ハザード比）は，有意に1.0以上となる。これは価格改定イベントが増えること，換言すると持続日数が短期化したことを意味する。価格タイプの影響については，特売価格において

表5-4　生存時間解析（Cox モデル）の推移結果

	Cox 比例ハザード・モデル				
	(1)	(2)	(3)	(4)	(5)
スタート月 （1：1-3月，2：4月，3：5-7月）	1.070 [1.57]+		1.072 [1.63]+	1.072 [1.63]+	1.073 [1.64]+
スタート月 （1：1-3月，3：5-7月）		1.069 [1.56]+			
価格タイプ （1：定価，2：特売価格）	1.770 [4.87]***	1.828 [4.76]***	1.622 [3.74]***	1.728 [4.56]***	1.623 [3.75]***
店舗タイプ （1-5：A, C, D, E, B）	1.114 [3.82]***	1.103 [3.27]***	1.119 [3.98]***	1.113 [3.80]***	1.118 [3.95]***
直前価格からの変化 （1：上昇，2：下落）			1.162 [1.69]*		1.149 [1.33]
来店者千人・1日あたり数量 （1：減少，2：変化なし，3：増加）				1.044 [1.06]	1.010 [0.22]
ログランク $\chi 2$-value	57.7	50.5	60.6	58.8	60.6
（p-value）	0.0 %	0.0 %	0.0 %	0.0 %	0.0 %
n（サンプル数）	1,037	887	1,037	1,037	1,037
d（イベント数）	669	578	669	669	669

注1：上段はハザード比，下段は z 値とその有意水準，+p<0.15，*p<0.1，**p<0.05，***p<0.01

注2：スタート月について，1～3月に1，4月に2，5～7月に3を与える。パラメータ推計値が1.0以上であることは数値が大きい5～7月における改定ハザードが上昇していること，つまり持続日数が短期化していることを意味する。

注3：各変数の比例ハザード性については確認済み。

有意に持続日数が短期化している。また，店舗間での差異は有意に存在する。店舗変数については，持続日数の長い店舗から，A店舗，C店舗，D店舗，E店舗，B店舗と並び替えている。この順序について，地域性や店舗グループの大小との関連は見られないが，最初のA店舗（つまり持続日数が一番長い）では定価からの引き下げ幅が小さく，最後のB店舗では定価からの引き下げ幅が最も大きいという特徴がある。つまり，値引きしない店に比べて値引きする店舗においては有意に改定頻度が上昇し，持続日数が短くなるのである。直前価格からの変化については，それが下落した場合には生存日数は短くなる。これは引き下げた価格を早めに改定する傾向を示唆する。来店者千人・1日当たりの数量については，有意な影響が見られなかった。販売数量の多寡が持続日数に影響する可能性は小さく価格の持続日数はあらかじめ決定されていたことが示唆される。以上より，持続日数の長短には，主として価格タイプと店舗要因が影響するなかで，消費増税後には持続日数が短期化したという傾向が確かめられた。

　ここでのモデル推定は，前項における諸変数をCoxモデルにおいて統合したものであり，前項における分析結果を再確認することができた。ただし，なぜスーパーは1回当たりの引き下げ幅を拡大せず，数度にわたる小刻みな引き下げ方策を採用するかについては，依然として未解明である。あくまでも予想であるが，2014年における増税後の価格調整が17年ぶりであったため，それまでの引き下げ幅を維持しつつ試行錯誤を繰り返したこと，あるいは近隣店舗における価格提示を参照しながら行動したことが考えられる。

4.3　定価からの引き下げ幅に関するクロスセクション推定

4.3.1　分析方法

　価格転嫁に関するクロスセクション推計を行う。これまでの分析から，この食パン商品では消費増税の前後において，定価はほぼ一定であり，特売価格の引き下げにより過小転嫁になったことがわかった。そこで本項では，特売価格のうち増税前後の定価がほぼ同じであったサンプル（店舗・月次）に限定したうえで，定価からの引き下げ幅を取り上げ，それらが過小転嫁になった要因について調べてみる。ここでの問題意識は，スーパーにおける特売価格の設定に際して影響したものは何か，

というものである。同一の商品であるにも関わらず，スーパーごとの定価と特売価格には大きな差異があるので，その性質を探ることにする。

　推定モデルの定式化と被説明変数，説明変数について考える。これは（5.2)式に示されるとおりであり，被説明変数として，定価から当該価格の引き下げ額（*down_Price*，本来は負値であるが，わかりやすくするために正値とした）を考える。期間は2014年1〜7月とする。データ単位は初出価格のみとし，前日と同じ価格であった持続価格はサンプルに加えない。B店舗については，増税後に定価自体が増減しているので，「定価を一定として，特売価格において過小転嫁した」状況とは異なるのでサンプルから除外している[73]。

$$(5.2) \quad down\_Price_i = \alpha_1 reg\_Price_{i,m} + \alpha_2 Duration_i + \alpha_3 day\_qty_i + \alpha_4 1000\_qty_i$$
$$+ \beta_1 ShopC + \beta_2 ShopD + \beta_3 ShopE + \beta_4 VAT + \delta_1 Feb + \delta_2 Mar + \delta_3 Apr$$
$$+ \delta_4 May + \delta_5 Jun + \delta_6 Jul + \varepsilon_i$$

　説明変数としては，以下を考える。第1に，月次定価（*reg_Price*）であり，定価と引き下げ幅の関係を確かめる。事前予想としては，定価が高いと引き下げ幅が拡大する可能性があるが，1回当たりの引き下げ幅は一定という関係があれば無相関という可能性がある。第2に，価格の持続日数（*Duration*）である。特売価格の持続日数と引き下げ幅との関係について調べてみる。持続日数に関しては，例えば，セール期間中に売上数量が伸張したからといって，セール期間を延長するようなことは考えにくい。それでは，あらかじめ決められているセール期間の長短と引き下げ幅の関係はいかなるものなのか。第3に，販売数量（*day_qty*）もしくは来店千人当たり販売数量（*1000_qty*）を考える。いずれも営業日1日当たりに換算したものであり，前者は営業日1日当たりの販売個数であり，後者はこの数値をさらに来店者千人当たりに換算したものである。売れ行き動向を示す変数であり，売れ行きと引き下げ幅との関係を調べることにした。スーパーは価格と販売数量の関係を事

73　同様にC店舗については4月，E店舗については6月サンプルを除いている。いずれも
　　定価自体が他月に比べて大きく変動したものである。

前によく知っていると思われるが，販売数量を伸長させるために値引き幅を拡大させるかについて確認する[74]。第4に，店舗ダミー変数（*ShopC, ShopD, ShopE*）である。店舗要因の有無について調べてみる。第5に，月次ダミー変数（*Feb, Mar, Apr, May, Jun, Jul*）と消費税ダミー（*VAT*，4〜7月）を取り上げる。これより月次ごとの引き下げ幅の変動について確かめる。(5.2)式において，添え字iはサンプル，添え字なしはダミー変数（0もしくは1）であることを示す。

4.3.2 推定結果

　クロスセクション推定の結果を報告する（表5−5）。推計結果によると，第1に，月次ダミーに関しては，2月，3月，4月，5月の有意性は低く，つまり，1月と比べて2〜5月における定価からの引き下げ幅は同じであったことが示唆される。しかし，6月，7月についてはプラスに有意であり，消費増税から2か月を経て引き下げ幅が拡大したことがわかる。前項までの分析から5月以降には価格の改定頻度が上昇したことがわかったが，6月からは，これに加えて1回当たりの特売価格が引き下げられていたのである。このことは，消費税の転嫁の操作方法として，定価を下げない場合には，はじめには特売価格の改定頻度を増やすという方法が採用されるが，続いて，特売価格での値引き額を拡大させるという方法が用いられることを示唆している。消費税ダミーは，その実態としては4〜7月ダミー変数であるが，その推定結果は推定式によって，符号条件はプラス，マイナスのいずれにもなり有意性が低かった。上記のように，消費増税後に特売価格の値引き額が変化する時期があったり，なかったりするのだから，消費税ダミー変数の有意性が低いわけである。

　第2に，価格の持続日数については，マイナスに有意であった。つまり，長めの特売期間においては価格の引き下げ幅が縮小する。逆に，短めの特売期間ではスーパーは引き下げ幅を拡大させるのである。特売価格での購入者層がさらに分化しており，特売価格自体も差別化されている。値引きが大きい特売については短期間で

---

[74]　変数間の内生性に問題が残る。ここでは一種の完全予見を想定しており，スーパーは売上数量の確保のために引き下げ幅を調整すると考えている。

表5-5	推定結果（定価からみた引き下げ幅に関するクロスセクション推定）				
	1-7月 (1)	1-7月 (2)	1-7月 (3)	1-7月 (4)	1-7月 (5)
定価	−0.0201 [−1.06]	−0.0436 [−1.49]		0.127 [8.43]***	
持続日数	−17.471 [−8.25]***	−16.347 [−7.53]***	1.413 [0.86]	−18.158 [−7.56]***	−14.983 [−6.71]***
来店千人当たり販売数量（1日あたり）	1.447 [13.3]***	1.397 [12.5]***		1.163 [9.37]***	
販売数量（1日あたり）					0.118 [9.98]***
店舗Cダミー	33.256 [12.2]***	34.665 [11.4]***	28.348 [13.0]***		29.912 [15.4]***
店舗Dダミー	19.333 [7.76]***	20.416 [7.18]***	15.365 [7.56]***		21.280 [11.2]***
店舗Eダミー	18.190 [8.52]***	17.692 [7.85]***	9.754 [5.22]***		16.548 [9.00]***
消費税ダミー		3.090 [1.81]*		−0.263 [−0.20]*	1.010 [1.09]
2月ダミー変数	−2.227 [−1.03]	−2.138 [−0.96]	0.991 [0.42]		
3月ダミー変数	−1.922 [−0.92]	−1.864 [−0.86]	0.487 [0.21]		
4月ダミー変数	−2.194 [−0.99]		−0.510 [−0.21]		
5月ダミー変数	0.922 [0.47]		2.741 [1.31]		
6月ダミー変数	6.119 [2.66]***		7.346 [2.90]***		
7月ダミー変数	6.721 [3.52]***		6.115 [2.93]***		
自由度修正済み決定係数, R^2	0.81	0.79	0.70	0.70	0.77
F値 (Prob>F)	$F(12,331)=119.1$ 0.00	$F(9,334)=146.3$ 0.00	$F(10,333)=82.0$ 0.00	$F(4,339)=197.2$ 0.00	$F(6,337)=187.8$ 0.00
IMテスト χ^2 値 (Prob>χ^2)	$\chi2(48)=194.7$ 0.00	$\chi2(33)=140.1$ 0.00	$\chi2(35)=94.3$ 0.00	$\chi2(11)=36.7$ 0.00	$\chi2(18)=119.09$ 0.00
n（サンプル数）	343	343	343	343	343

注1：[　]内はt−値，*p＜0.1，**p＜0.05，***p＜0.01
注2：被説明変数は，定価からみた引き下げ幅（単位：円）。
注3：IMテストは，誤差項の不均一分散に関する検定量。

済ませるというのは，スーパーにおける供給行動として納得のいくものである。

　第3に，店舗ダミーに関しては，プラス方向の有意性が確認された。同じ商品でありながら店舗間では定価には60円近くの差異がある。A店舗が128円と最低であり，C店舗179円，D店舗189円，E店舗151円であった。そしてC店舗，D店舗，E店舗に関する店舗ダミーが有意に高いという推定結果は，定価が高い店舗では，特売価格の引き下げ幅が大きくなる傾向を示唆する。店舗ダミーを除いて定価だけを説明変数として推定したところ，これもプラスに有意であった。定価が高いと特売価格において引き下げ幅が拡大するのである。

　第4に，来店者千人当たりの販売数量（1日当たり換算）は，プラスに有意であった。この変数に関しては，推定モデルにおける因果関係における内生性に問題が残っているので結論は留保されるが，モデル式が数量→価格という，本来とは別の因果経路を想定している点を許容するならば，スーパーは数量見通しについて，過去の経験をもとに一定の予想を有しており，そこでの目標数量を実現するべく，数量を増やすために値引き価格を低めに誘導させたという可能性が考えられる。つまり，この商品では数量を維持するために過小転嫁による価格の低下を許容したのである。

5　まとめ

　本章では，消費増税の転嫁傾向を，日次POSデータを用いて検討した。ここで食料品のなかから食パン商品を選び出し，首都圏を中心とする5店舗における7か月間の日次POSデータを検討した。分析に際しては，詳細なデータ分析を実施するとともに，生存時間解析におけるCoxモデルや回帰分析のひとつであるクロスセクション推定といったモデル推定を行った。あくまでも1商品における消費税の転嫁が，完全転嫁から過小転嫁に転じていくプロセスを描写したものに留まるが，これまで知られていなかった価格設定行動を明らかにすることができた。この食パン商品では2014年4月の消費増税に際して，税抜き価格を引き下げることにより過小転嫁となった模様であり，そこでは定価，特売価格，価格の持続日数，改定頻度を操作するという複数の方法が用いられたことがわかった。本章において得られた知

見は以下のようにまとめられる。

　第1に，消費増税により，価格は増税直後に比較的大きく変動する可能性がある。この商品では，2014年4月上旬には税抜き価格が引き上げられて過剰転嫁となった。しかし，この傾向は長続きせず5月になると税抜き価格はむしろ増税前を下回って過小転嫁となっている。第4章までの分析では，増税直後の4月という1か月間では完全転嫁が示唆されたが，分析期間を短くすると増税直後に上昇してその後に下落するという傾向が存在することがわかった。従来，増税前には駆け込み需要による数量増が発生することが知られていたが，これに加えて，価格が乱高下することが新たに確かめられた。短期的な過剰転嫁を促した要因として，インフレ期待が縮小したことに加えて，消費税還元セールを禁止し，仕入れ業者による買い叩き行動などを監視した消費税転嫁対策特別措置法が影響した可能性が指摘できる。

　第2に，消費税の転嫁が特売価格によって調整されることが確かめられた。価格を定価と特売価格に分離したところ，5店舗中4店舗においては増税前後で定価を変えなかった。過小転嫁とするための価格調整には特売価格が用いられたことが見てとれる。価格の持続期間を7日以上とし，主として定価データから作成されるCPIだけから転嫁の判断をするのには注意が必要である。増税前後の価格動向は，CPI（総務省），物価モニター調査（消費者庁）によって調べられているが，これらだけでは不十分かも知れない。消費者に提示される価格は高い頻度で日々変動をしており，日次価格をより注意深く分析しなくては消費税の転嫁に関する判断は難しい。この商品では過小転嫁が実現しているが，価格タイプ別にみた消費税の転嫁の程度の違いは，特売価格で購入した消費者では税負担が低く，定価で購入した消費者ではそれが高いことを意味する。

　第3に，消費増税は，税抜き価格レベルにおいて価格の粘着性を低下させ，スーパーの価格設定行動を変化させることがわかった。これにより完全転嫁以外の過小転嫁が発生した。POS価格の改定頻度は高く，平均的な持続日数は1.6日に過ぎない。価格改定が短期間で繰り返されることにより，価格が決められているのが実態である。この商品において改定頻度は，増税前に比べると増税後に有意に上昇しており，状態依存型の価格改定が生じたと見なされる。そこでは価格の引き下げ頻度が引上げ頻度を上回っており，価格の持続日数を縮小させ，価格の改定を間断なく

177

実施することにより過小転嫁が実現していることがわかった。このような価格調整の実態とそれが消費税の転嫁に影響することも，本章が初めて明らかにしたことである。

　第4に，消費増税に伴い特売価格における引き下げ額に変化が生じることがわかった。この商品では，4月当初には過剰転嫁であったが，5月以降になると過小転嫁に転じている。ここで定価から見た特売価格の引き下げ幅は，5月には前月までに同じであるが，6月以降になると拡大している。つまり，過小転嫁にする方法には，1回当たりの引き下げ幅を維持しつつ引き下げ方向の改定頻度を高める方法と，1回当たりの引き下げ幅を拡大させる方法があることが見て取れる。

　最後に政策含意についてまとめる。スーパーは価格タイプごとに価格の転嫁に差異を設けているので，同じ商品を購入する消費者であっても消費増税による税負担が異なる可能性がある。単純に考えると価格が上昇しないのだから，軽減税率を適用する必要性は低いといえるだろう。このような商品に軽減税率を適用した場合に，軽減税率がないときに比べて価格がさらに低下する保証はなく，すると逆進性対策のための租税支出は，結局のところ生産者に対する隠れた補助金になってしまう。食料品を線引き基準とする逆進性対策の困難性が窺える。

【参考】しょう油，乾めん，牛乳パックにおける転嫁状況

　第5章においては，食パン製品という1商品だけを検討対象としたが，ここでは同じスーパーで販売された3つの代表的な商品と食パン製品を比較した日次データを紹介したい。4つの商品は，①しょう油（750ミリリットル），②乾めん（150グラム5パック入り），③牛乳パック（1000ミリリットル），そして④食パン（6枚組）であり，いずれも市場シェア1位もしくは2位の商品である。首都圏におけるスーパー4店舗における日次データを採録したが，これらの店舗と④食パンについては，第5章のものと同一である。2014年3月〜4月の2か月間における946個の日次データをもとに，4月1日を境とする前後1日，3日，7日，1か月の価格と数量の変化を調べてみた。価格変化率と数量変化率は，付図5−1と付図5−2に示される。

　①しょう油に関する税抜き価格の変化率は，前後1日から前後1か月にかけてそれぞれ24.2％，27.2％，22.7％，10.7％となっており，増税直後にはかなり大きな価格上昇を見せたが，3月平均と4月平均を比較した場合には上昇率は小幅となる。増税直後には過剰転嫁であるが，それが日数を経るにつれて縮小していく傾向は4つの商品に共通したものである。しかし，前後1か月での変化率を比較すると，しょう油（11％），牛乳パック（2％）では過剰転嫁，乾めん（−2％），食パン（−1％）では過小転嫁となっている。同じ4店舗において売られた同じような加工食品であるにもかかわらず，転嫁傾向には差があったのである。③牛乳パックと④食パンはいずれも保存が効かない食品であるが，③牛乳パックでは定価を引き上げる動きすら散見され，価格が低下気味で推移した④食パンとは極めて対照的である。すべての商品の税込み価格が等しく上昇していく状況とは，およそかけ離れたことになっている。

　数量の変化率を見ていくと，4月には驚くべき事態が発生したことが見て取れる。前後1日の数量変化率は，①しょう油−84％，②乾めん−79％，③牛乳パック−30％，④食パン−53％であり，いずれも前日である3月31日に比べて大幅減である。前後7日で見ても①しょう油−87％，②乾めん−71％，③牛乳パック−23％，④食パン−8％であり，賞味期限が短い③牛乳パックや

付図 5−1　しょう油，乾めん，牛乳パックの税抜き価格の変化率%

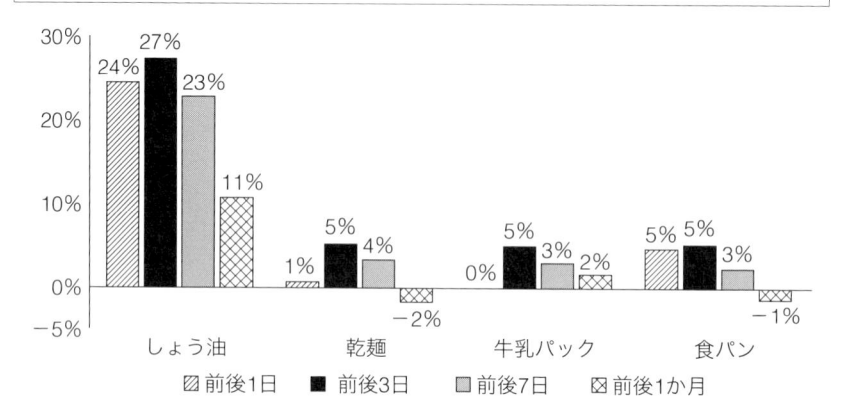

注1：前後1日とは，3月31日から4月1日にかけての変化率
　　　前後3日とは，3月29〜31日と4月1〜3日の平均価格の変化率
　　　前後7日とは，3月25〜31日と4月1〜7日の平均価格の変化率
　　　前後1カ月とは，3月1〜31日と4月1〜30日の平均価格の変化率
注2：変化率を4店舗別に算出し，その単純平均値を示す。

付図 5−2　しょう油，乾めん，牛乳パックの数量の変化率%

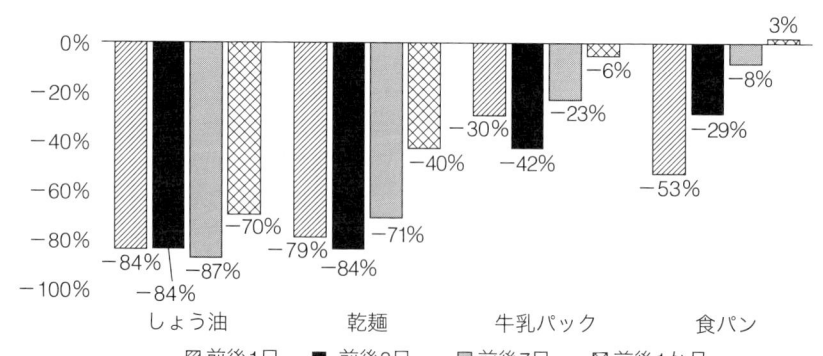

注1：前後1日とは，3月31日から4月1日にかけての変化率
　　　前後3日とは，3月29〜31日と4月1〜3日の数量の変化率
　　　前後7日とは，3月25〜31日と4月1〜7日の数量の変化率
　　　前後1カ月とは，3月1〜31日と4月1〜30日の数量の変化率
注2：変化率を4店舗別に算出し，その単純平均値を示す。

④食パンにおける大きな数量減には，スーパー側も驚いたのではないだろうか。増税直後には価格ばかりでなく，数量の動きについても注視していくことが望まれる。

第6章

産業連関分析に見る消費税の転嫁

1 はじめに

　本章では産業連関分析における価格決定モデルを用いて，増税による価格変化を検討する。第3章から第5章までの分析では，CPIやPOS価格を用いて税の帰着について考えてきたが，これらは商品の流通段階のなかでは消費者向けの販売という下流段階の価格である。そのため複数の取引を経て価格が累増するなかで，取引段階の各所において課税される消費税の性質と価格転嫁の関係については検討していない。本章ではこの問題に取り組む。

　価格の累増分析に用いられるのが，産業連関分析における価格決定モデルである。産業連関表を縦方向に読めば，それはある商品について中間投入と付加価値が形成される構造なので，当該財の価格形成を示すことになる。産業間の取引関係を逆算していく逆行列[75]を使用すれば，中間取引をさかのぼった価格形成を分析できるので，増税による全般的な影響の検討ができる。ただし，産業連関分析における投入係数，付加価値係数ほかはすべて固定係数なので，増税に伴う価格の変化を内生的に分析するには限界がある。産業連関分析が検討できるのは，課税業者や非課税業者の行動について外生的にシナリオを設定した場合に，それがほかの商品の価格にいかなる波及効果を及ぼすかである。たとえシナリオ分析であっても転嫁構造に有用な情報を与えることが期待できる。

75　産業連関分析では，生産波及効果の推計に利用されるレオンティエフ逆行列 $(I-A)^{-1}$ がよく知られており，価格決定モデルでもこれを使用する。価格決定モデルでは，投入係数行列 A を転置したゴッシュ逆行列 $(I-A')^{-1}$ を使用することがある。ゴッシュ逆行列については，Dietzenbacher（1997）を参照。

本章では，以下のように議論を進める。第2節では，先行研究のサーベイを行う。産業連関分析における価格決定モデルを消費税の研究に適用していくための方法が理解される。第3節では，先行研究を踏まえて，新しく価格決定モデルを作成してみる。第4節では，ここで使用する産業連関表の説明を行い必要となる追加的なデータ補正について述べる。第5節では，新たに作成した産業連関モデルとデータを用いていくつかの推計作業を行い，この推計結果を整理することにより価格転嫁のメカニズムについて考察をする。第6節はまとめである。

2. 先行研究 ── 産業連関分析の考え方

2.1 価格決定モデルの基本式

わが国における産業連関表の整備とそれを用いた実証研究は世界的に見ても進んでおり，消費税分析についても実証分析が蓄積されている。しかし，2000 年以降になると研究が途絶えてしまった。本節では先行研究を振り返りつつ，産業連関分析を活用していく可能性について考えてみる。

具体的なサーベイに入る前に，産業連関分析における価格決定モデルについて説明をしておく。産業連関表においては，以下のような収支均等式が成立している。

$$(6.1) \qquad p_j X_j = \sum_{i=1}^{j} p_i X_{ij} + V_j$$

ここで p_j は財 j の価格，X_j は財 j の生産量である。(6.1)式の左辺は財 j の生産額を示す。一方，右辺は財 j の生産に要した投入構造を示す。X_{ij} は財 j の生産のために原材料として用いられた財 i の投入を示し，これに財 i の価格 p_i を乗じたものが中間投入額 $p_i X_{ij}$ である。これを投入財の数だけ積算することから中間投入額の合計が求められる。これに財 j の付加価値 V_j（労働投入，営業余剰ほか）を加算することにより収支均等式が成立する。

(6.1)式を生産量 X_j で除することにより，価格 p_j に関する価格式である (6.2)式が求められる。さらに産業連関分析における投入係数 $a_{ij} = X_{ij}/X_j$ を利用すると，(6.3)式を得る。

(6.2)　　　$p_j = \sum_i p_i\, X_{ij}/X_j + V_j/X_j$

(6.3)　　　$p_j = \sum_i p_i\, a_{ij} + V_j/X_j$

(6.3)式は財の数だけ存在するので，次式のように行列表記ができる。

(6.4)　　　$\mathbf{p} = \mathbf{A}'\mathbf{p} + \mathbf{v}$

ここで $\mathbf{p}$ は価格ベクトル，$\mathbf{A}'$ は投入係数行列の転置行列（産出係数行列という），$\mathbf{v}$ は付加価値率ベクトル（付加価値額を当該財の生産額で除したもの）である。通常の産業連関分析では，投入係数行列 $\mathbf{A}$ は，ある産業の他産業への販売先を示すパラメータとして機能する。一方，価格モデルでは産業連関表を縦方向に読むので，投入係数行列を転置して用いるのである。(6.4)式を価格ベクトル $\mathbf{p}$ について解く。

(6.5)　　　$\mathbf{p} = (\mathbf{I} - \mathbf{A}')^{-1}\mathbf{v}$

ここで，$\mathbf{I}$ は単位行列である。$(\mathbf{I} - \mathbf{A}')^{-1}$ がゴッシュ逆行列である。(6.5)式が産業連関分析における価格決定モデルの基本式であり，価格ベクトルは付加価値率ベクトルに前から逆行列を乗じることにより求められる。直観的には，これは当該財の価格形成をさかのぼったものであり，付加価値率が投入構造における相互依存関係を通して，ほかの財の価格に影響している。

　次に消費税を導入する。消費税は付加価値税タイプなので，その課税ベースは産業連関表における付加価値額に一致する。価格ベクトル $\mathbf{p}$ を税込み価格に読み換えると，(6.4)式は次のように書き換えることができる。

(6.6)　　　$\mathbf{p} = \mathbf{A}'\mathbf{p} + (\mathbf{I} + \mathbf{T})\mathbf{v}$

ここで行列 $\mathbf{T}$ は，財 i に課せられる税率 τ_i を対角要素とする正方行列である（対角要素以外はゼロ値）。価格ベクトル $\mathbf{p}$ は税込み価格であり，これは税込みの中間

投入財価格を積算したものと（第1項），自らの付加価値に（1＋税率）を乗じたもの（第2項）の合計となっている。(6.6)式を **p** について解く。

$$(6.7) \qquad \mathbf{p}=(\mathbf{I}-\mathbf{A'})^{-1}(\mathbf{I}+\mathbf{T})\mathbf{v}$$

(6.7)式が消費税分析のための基本式であり，増税効果は **T** の構成要素である税率 τ を増減させることにより測定することができる。ただし，消費税の実態を踏まえるためには多くの改良が必要である。その論点を探るのがサーベイのねらいである。

最後に，(6.7)式の別表現について考える。(6.4)式における **A′p** は n 行1列の列ベクトルであるが（nはセクター数），これを1行n列に転置すると **p′A** となる。するとこの式は，以下のように書き換えられる。

$$(6.8) \qquad \mathbf{p'}=\mathbf{v'}(\mathbf{I}+\mathbf{T})(\mathbf{I}-\mathbf{A})^{-1}$$

この新たな式においては産業連関分析で使用されることが多い投入係数行列 **A**，レオンティエフ逆行列 $(\mathbf{I}-\mathbf{A})^{-1}$ が使用されるので，実際の推計に際して間違いが少なくなるメリットがある[76]。以下では付加価値ベクトルに前からゴッシュ逆行列を乗じるのではなく，後ろからレオンティエフ逆行列を乗じる算式を用いることにする。

2.2　先行研究のサーベイ

わが国では1970〜1990年代に消費税が価格体系に与える影響を，産業連関分析を用いて検討する研究が展開された。研究テーマとしては，第1に，既存の物品税から消費税に税制改正することによる影響，第2に，消費税におけるインボイス方式と帳簿方式の相違点，第3に，課税の帰着として設備投資の仕入れ税額控除が与える影響などが分析されている。さらに，以上の検討を1次効果としつつ，第4に，

76　価格決定モデルの解説については，藤川（2010）を参照。

税収の変化が家計の可処分所得を変更させることの経済的影響（2次効果），第5に，得られた価格変化を家計の品目別消費に適用することにより，所得分位別にみた税負担の逆進性を分析する研究などが展開されている。消費税分析の実証手法が大いに発展したことが見てとれる。

　中井（1981）は，この分野における初期の研究のひとつである。消費税のモデル化に際しての検討項目として， i ）課税ベース（消費型，付加価値型，所得型）， ii ）仕入れ控除方式， iii ）非課税範囲， iv ）単一税率を指摘し，これらを反映させた価格決定モデルを（6.9)式のように定式化した。なお， v ）簡易課税， vi ）小規模事業者における免税， vii ）申告納付（コンプライアンス）については，産業連関分析では検討困難としている。

$$(6.9) \qquad p = (I - a')^{-1}[e + \pi + d + \beta t^{cv}(e + \pi + d - k_v - k_n)]$$

　ここで p は税込みの価格ベクトル， $(I - a')^{-1}$ はゴッシュ逆行列， e は賃金率ベクトル， π は営業余剰率ベクトル， d は減価償却率ベクトル， β は付加価値税の転嫁パラメータ， t^{cv} は消費税率ベクトル， k_v は投入した資本形成率ベクトル， k_n は在庫投資率ベクトルである。付加価値は産業連関表における付加価値部門に対応して賃金，営業余剰，減価償却から構成され，これに消費税が加わる。消費税はその課税ベースに税率と転嫁率を乗じることから求めている。1977 年延長産業連関表（23 部門）を用いた推計結果によると，単一税率 5 ％の導入がもたらす税込みの価格上昇率の産業加重平均値は 2.74 ％になるという。β は 1.0 としており完全転嫁を想定している。さらに，食料品，金融・保険，不動産を非課税とする推計を実施しており，この場合には 2.51 ％となる。非課税分析においては，当該産業に適用する税率 t^{cv} の一部がゼロとなる[77]。産業連関表における投入係数行列，付加価値率を組み合わせることにより，価格分析が実現することが見て取れる。消費税の課税ベースである付加価値から，資本形成ベクトル k_v と在庫投資率ベクトル k_n を除い

---

[77]　中井（1981）は，論文の後半において 2 次効果として家計内生化モデルほかを扱っている。

たのは，消費税における投資税額控除のしくみを反映させるためである。

　金子（1981）は，中井（1981）と並ぶ先駆的研究のひとつである。以下では金子（1981）をもとに加筆修正した金子（1990）を見る[78]。金子モデルも産業連関表における収支均等式を基本とするが，そこから増税前後の2時点間の価格比率に関する決定式を導き，これを直接に解くという実証分析を行っている。推計には1975年産業連関表を使用している。先行研究としての金子モデルが参考になる点は，実際の日本の消費税制に合致させるべく，複数の分析アイディアを提示しているところである。第1に，許認可制の公共料金については外生的に価格上昇率を与えている。これは価格波及の中断を考えるものである。第2に，非課税品が被る税の上昇分を，販売価格にⅰ）転嫁できないケース，ⅱ）転嫁できるケースに分けて考えた。第3に，仕入れ税額控除の定式化である。前述の（6.8）式では，消費税の課税ベースを当該産業の付加価値としているが，より正確には収支均等式にまで立ち戻り，そこで（販売額マイナス中間投入額）という算式を定義する方法を提案した。第4に，設備投資に係る消費税の仕入れ税額控除でありこれは中井（1981）に同じである。第5に，商業マージンへの注目がある。産業連関表には，生産者価格表と購入者価格表があり，生産者価格表においては商業マージン，運輸マージンは，それぞれ商業部門，運輸部門に一括して計上されている。しかし，これは企業間取引価格の実態とは言い難く価格が累増するメカニズムを分析する際には，個別の取引額ごとに商業マージン，運輸マージンを計上する方が正確である。そこで金子（1990）はモデルの定式化において商業マージン部分を別掲している。明示化はしていないが，これは購入者価格表の使用を推奨するものである。

　第6に，推計結果の整理方法である。金子（1990）は，税率5％の消費税を分析しており，課税品では3〜4％の価格上昇が見込まれ，これが税制が予定する5％を下回る理由として，設備投資に係る仕入れ税額控除の存在を指摘している。また，非課税品でも転嫁できるケースでは価格が上昇することを示した。注目すべきは，価格影響力係数と価格感応度係数を算出している点である。価格影響力係数とは，当該財の価格上昇に伴い他財の価格がどれくらい上昇するかを見るものであり，価

78　金子（1981，1990）を地域産業連関分析に応用した研究として新長（1992）がある。

格感応度係数とは，全般的な価格上昇により相対的に影響を受ける財を示すものである。いずれも逆行列における係数から算出される。価格決定モデルは価格累増の分析に優れているが，推計条件は外生的に与えられ増税に伴うすべての価格変化を内生的に得ることができない難点がある。すると産業連関分析が導く情報とは価格体系における影響力，感応度の大きさ知るということになる。価格影響力係数，価格感応度係数は，この情報を提供するものである。

　橋本（1989），林・橋本（1987，1991）は，1989年の消費税の創設，物品税の廃止に関する価格分析を試みた。中井（1981），金子（1981）を参照しつつ，いくつか改良を提示している。ここでは彼らによる一連の研究のうち林・橋本（1991）を中心に見る。使用データは，1980年及び1985年の総務省産業連関表であり，部門数はそれぞれ72部門及び84部門である。非競争輸入型の生産者価格表，固定資本形成マトリックス，商業マージン表，運輸マージン表を使用している。彼らの貢献は多岐にわたる。第1に，非競争輸入型の産業連関分析としており，これにより通関時に一括して消費税が課税される輸入品の特性を明示的に扱うことを可能にした。具体的なモデル式は（6.10）式と（6.11）式により示される。

$$(6.10) \qquad T_j = \tau_j \left(p_j X_j - \sum_{i=1}^{n} p_i X_{ij} - \sum_{i=1}^{n} p_i^m M_{ij} - \sum_{i=1}^{n} p_i K_{ij} \right)$$

$$(6.11) \qquad p_j X_j = \sum_{i=1}^{n} p_i X_{ij} + \sum_{i=1}^{n} p_i^m M_{ij} + V_j + \sum_{i=1}^{n} \rho \tau_j p_i K_{ij} + T_j$$

　ここで（6.10）式が消費税収の決定式であり，そこから求められた消費税収 T_j を（6.11）式に代入することにより需給バランスが決定される。ここで，τ が税率，p が価格，X が生産額，M は輸入に係る中間投入量（非競争輸入型なので別掲される），K が投資財の購入量，V が付加価値額である。つまり（6.10）式では当該財の生産額から，中間投入額や設備投資額を差し引くことから，消費税の課税ベースを求め，これに税率 τ を乗じることから消費税収を求める。そして（6.11）式では，供給サイドの生産額（左辺）が需要サイドの右辺側の中間投入，輸入，付加価値，設備投資，税収の合計に一致するという定式化がなされる。（6.11）式を生産額 X で除すれば，これが価格決定式となり，価格 p が投入係数，輸入係数，付加価値係数，固定

資本係数, 税率によって決定されるという構造が導かれる。これを価格 p について解き外生変数の変化に伴う価格変化を求めればよいのである。

林・橋本モデルにおいて注目すべき第2点は, (6.11)式におけるパラメータ ρ である。これは「消費税導入前と比較した投資財購入額の増加に対する企業の対応を示すパラメータ」とされる。そして, ケース1は,「企業が投資財の税額控除を全額価格の引き下げに充てる」ものであり $\rho = 0$ となる。ケース2は, 投資財税額控除と減価償却分を比較するという企業行動を加味しており, つまり, 固定資本係数を減価償却費比率に一致させるものであり, ケース3は, 上記の比較行動が原価償却分の2分の1と想定するものである。ケース4は, $\rho = 1$ とするものであり, 投資財税額控除が生産物の価格に全く影響しないという考え方である。$\rho = 1$ とすることにより, 設備投資に課せられた消費税額の分だけ価格が上昇するので, それと同額を税額控除すれば実質的な影響はなくなる。(6.10)式は消費税のしくみに従った定式化であり, ここで設備投資が過大な企業ではそれだけ付加価値額が減少するので税が少なくなる。設備投資に係る減少分を価格引き下げの原資にすることができる。これは実際のしくみにおいて許容されるものであるが, 林と橋本はそのような価格引き下げ要因を除去するメカニズムを, (6.11)式に組み込むべきであるとした。企業は設備投資資金を回収するために, 自らの資本所得である営業余剰に加えて, 減価償却分を稼がなくてはならない。これを受けて産業連関表には, 付加価値部門の一項目として, 減価償却費（資本減耗引当）が存在している。企業が自らの資本ストックを一定に保つならば, 毎年の減価償却費と設備投資額は一致するはずであるが, 実際には不一致であるのが普通である。このような単一時点での不一致を許容するのがケース2である。この式の右辺第4項において, 減価償却分だけ消費税額を加算してやると企業はそれだけ値下げをしないことになる。一方, 理論値を求めようとするのがケース4である。設備投資に対応した消費税額を右辺に加算すれば値下げをする必要がなくなる。近年, 企業における内部留保の増加が話題となっている。この場合, 設備投資が減価償却費を下回るので, あまり問題にはならない。あるいは設備投資のための資金は, 増資や借入れによって調達できるので, 企業は価格引き下げができるという考え方もあるだろう。つまり想定ごとに複数モデルが導かれるが, このなかで設備投資の税額控除に関する中立性シナリオ（ケー

ス4）を検討することは重要である。

　藤川（1991，1997，1999），Tamaoka（1994）は，上述の一連の研究と同じく1989年の消費税の創設における価格効果を検討したものであるが，その関心テーマは消費税におけるインボイス方式と帳簿方式が価格効果に与える相違である。帳簿方式においては，帳簿上の売上高と仕入額の差額を付加価値として，これに自社が販売する製品に適用される消費税率を乗じることから課税額が求められる。仕入額のなかに異なる税率や非課税品が混在していると，インボイス方式ではそれを明示的に取り扱える。一方，帳簿方式では仕入れ税額を一括して算出するので税額が異なってくるというのが彼らの問題意識である。ところで，わが国は帳簿方式の消費税制ではあるが，ⅰ）非課税品は仕入れ税額控除の対象に含まれないこと，ⅱ）単一税率であり税率差が存在しないこと，ⅲ）領収証に保存義務があることなどから，実態はインボイス方式に近い[79]。さらに，将来に予定されている複数税率の導入に際して新たにインボイスが導入される。つまり，その後の消費税制の整備によりインボイス方式と帳簿方式を比較検討することの意義は後退している。

　藤川（1997）が参考になるのは，価格決定モデルを消費税分析に適用する際の検討式を体系的に整理し，さらに実際の推計に向けた多くの留意点を提示している点である。第1に，モデル分析においては，非課税，設備投資の一括した仕入れ税額控除，輸入の別掲など，先行研究の論点をほぼ取り込んでいるが，新たに輸出品の扱いについて，ほかの研究とは異なる考え方を示している。国際的ルールに従い消費税では仕向地主義を原則としている。輸出先の相手国が課税権を有するので，輸出時に製品が国境を越えると一種の精算が行われる。輸出品の消費税は免税され，仕入れに要した税額は還付される。産業連関表における価格pや生産額Xは供給サイドの金額なので，生産額Xは国内向けの生産額と輸出の合計額から輸入を控除したものであり，価格pはそれらの合成価格である。非競争輸入型の産業連関表を利用すれば，上記のうち輸入の問題は除去できるが，依然として輸出の取扱いが残る。藤川モデルは，この問題を明示的に取り込んでいる[80]。第2に，実際上の工夫点が

79　玉岡（2007，2013）を参照した。課税ベースの算出におけるsubtraction methodの分類については，Schenk, Thuronyi and Cui（2015）が詳しい。

参考になる。推計では「1990年産業連関表」（総務省）のうち購入者価格表を利用しており，固定資本形成マトリクス，非課税品の設定，非競争型輸入を考慮している。固定資本形成マトリクスについては，機械に加えて企業部門の建物投資に注意すべきと指摘している点，結果的には考慮しなかったが，仮設部門や帰属計算（農家の自家消費，家計の帰属家賃）が住宅サービス部門ほかに分類されており，そこから波及効果が発生する問題点を指摘した。

これ以外に浅利・土居（1988）は，「1985年産業連関表（延長表）71部門表」を用いて，新型間接税に関するシミュレーションを実施している。中西（1989）は，先行研究における試算結果における相違の原因について考察した[81]。それによると，ⅰ）設備投資に係る仕入れ税額控除，ⅱ）輸出免税，ⅲ）輸入品価格，ⅳ）間接税を挙げている。ここで注目すべきは，消費税以外の間接税であろう。産業連関表の付加価値部門における「間接税」には，酒税，たばこ税，固定資産税などがあり，これらは購入者への転嫁が予定されているものなので付加価値の計算に含めるべきである[82]。

3　推計モデルの構築

3.1　消費税転嫁の価格モデル

3.1.1　消費税の算出

先行研究における価格モデルの構築方法は，はじめに仕入れ税額控除のしくみを加味した消費税額の決定式を作成し，これを価格決定式に組み込むことにより価格

80　ただし，本研究で使用する産業連関表では，輸出額は消費税を還付する前の税込み価格として計上されており，税込みの国内価格と輸出価格が同一である。

81　本間・滋野・福重（1995）では，中西（1989）と同じく先行研究で採用された分析手法を比較検討している。ただし，本間らは産業連関分析を行っておらず，時系列モデルに基づく実証分析を行っている。

82　消費税の転嫁ではないが，輸入価格の上昇が国内価格に転嫁されたことを，産業連関分析により検討した研究がある。Shioji and Uchino（2011），Shioji（2015）を参照。また，価格モデルではなく産業連関表の情報を用いて地方消費税の分割基準を検討した研究として，持田ほか（2010）がある。

モデルを作成するという2段階の手順を踏むものである。これらを参考にして，本章では以下のような分析モデルを考えた。

　第j産業（特定の商品jと見なす）における消費税の納税義務額について考える。仕入れ税額控除を加味した消費税額は次式のように示される。

$$(6.12) \quad vat_j = \tau_j p_j X_j - \sum_i \tau_i\, p_i\, X_{ij} - \sum_i \tau_i\, p_i^m\, M_{ij}$$

　ここでvat_jは財jの納税額，τ_jは税率，p_jは税込み価格，X_jは生産額（生産量＝生産額と考えている）である。X_{ij}は産業jによる中間投入財iの購入額である。同様に，M_{ij}は産業jによる輸入財iの購入額であり，p_i^mは当該の輸入財価格である。繰り返しになるが，pは税込み価格である。そのためモデルにおける税率τ_jはτ＝消費税率／(1＋消費税率)として定義される。(6.12)式の右辺第1項は財jの受取り消費税額であり，非課税品についてはτ_jがゼロとなり課税自体が生じない。第2項，第3項は仕入れ税額控除に関する算式である。それぞれ中間投入額（仕入れ品）[83]，輸入額（仕入れ品）である。本書では設備投資の多寡が価格に及ぼす影響は考えない。この式に仕入れ税額控除のための調整パラメータδ_jを導入して次式を得る。

$$(6.13) \qquad vat_j = \tau_j p_j\, X_j - \delta_j \sum_i \tau_i\, p_i\, X_{ij} - \delta_j \sum_i \tau_i\, p_i^m\, M_{ij}$$

　調整パラメータδ_jは(6.13)式の右辺第2項，第3項に配置される。通常は1であるが，財jが非課税品であった場合には0となり，仕入れ税額控除ができなくなる。これは実際の税制に対応したものである。なお，非課税品は消費税率もゼロとなるので，$\tau_j=0$，$\delta_j=0$となり，したがって$vat_j=0$となる。財jが課税品であった場合には，τ_i＝税率，$\delta_j=1$となる（表6-1）。ここで非課税品の産業セクターの

83　消費税における仕向地原則から輸出品は免税となるので，本来は生産額Xから輸出額を除く手続きが必要となるが，本研究で使用する産業連関表では，輸出額も税込み表示となっている。ここで，輸出に係る消費税額は生産額から控除されている。総務省（2015）を参照。本研究では，この使用データに合わせて輸出税額控除前の税額の均等式を考えている。

表6-1　非課税品のための仕入れ税額控除パラメータ δ_j の設定

$\delta_i=1$	課税品ケース：仕入れ税額控除が可能
$\delta_i=0$	非課税品ケース：仕入れ税額控除ができない

注：課税品について 1，非課税品について 0 と設定することにより，仕入れ
　　税額控除の可否を操作する。

税負担について注意が必要である。この産業セクターは，仕入れに係る消費税を控除できないので，結果的に自己負担という形態で仕入れに係る税を負担している。そのため後述する価格決定式において，非課税品の産業セクターの付加価値を自己負担分だけ減額させてやる。

　以上で消費税額に関する算式が決定されたので，(6.13)式を生産額 X_j で除することにより，生産物 1 単位当たりの価格式 (6.14) にする。この式において vat_j/X_j は生産物 1 単位当たりの消費税額である。a_{ij}（$=X_{ij}/X_j$）は投入係数，$m_{ij}(=M_{ij}/M_j)$ は輸入係数である。

$$(6.14) \qquad vat_j/X_j = \tau_j p_j - \delta_j \sum_i \tau_i\, p_i\, a_{ij} - \delta_j \sum_i \tau_i\, p_i^m\, m_{ij}$$

3.1.2　消費税を取り込んだ価格決定式

　消費税を取り込んだ税込み価格 p_j の決定式を考える。これは (6.15)式によって与えられる。

$$(6.15) \qquad p_j = \Sigma_i\, p_i\, a_{ij} + \sum_i p_i^m\, m_{ij} + v_j - \eta_j \sum_i \tau_i\, p_i\, a_{ij} - \eta_j \sum_i \tau_i\, p_i^m m_{ij}$$
$$+ \tau_j p_j - \delta_j \sum_i \tau_i\, p_i\, a_{ij} - \delta_j \sum_i \tau_i\, p_i^m\, m_{ij}$$

　(6.15)式の右辺のうち，第 1 項は投入価格と投入係数を乗じた中間投入に関する積算式であり，第 2 項は，同様に輸入価格と輸入係数を乗じた積算式である。第 1 項，第 2 項により，中間投入額が決定される。第 3 項は付加価値率である。中間投入額に付加価値額（価格が 1.0 に基準化されているので，付加価値分は付加価値率

により表される）を加えることにより価格形成式の基本構造が完成する。しかし，実際には価格に消費税が上乗せされており，さらに非課税品では仕入れに伴う消費税を自己負担しているので，これらの加味が必要となる。第 4 項，第 5 項では，非課税品のために付加価値率を調整する。非課税品の産業セクターは仕入れ税額控除ができず自己負担となるが，この自己負担分は価格決定式においては，付加価値の減額によって捻出される。第 4 項は中間投入に係る消費税，第 5 項は輸入に係る消費税であり，調整パラメータ η_j は非課税品において 1 となり，それぞれ消費税負担と同額の付加価値を減額させる。一方，課税品においては 0 となり，第 4 項，第 5 項はすべてゼロとなり，付加価値額の減額はなしである。第 6 項，第 7 項，第 8 項は (6.14)式を代入したものであり消費税額である。

3.1.3　非課税品に関わる仕入れ税額控除に関する調整パラメータ

調整パラメータ η_j について説明する。調整パラメータ η_j は，非課税品における付加価値の減額を操作する。したがって，課税品の場合には $\eta_j=0$ となり，付加価値が減ることはない。一方，非課税品においては $\eta_j=1$ となる（表 6−2）。

3.1.4　価格モデルの行列表示

(6.15)式の複数財に拡張し，その行列表示を考える。(6.8)式にならい価格 $\mathbf{p}$ については行ベクトル（1 行×n 列）とする。価格ベクトル $\mathbf{p}$ に後ろから投入係数行列 $\mathbf{A}$ が乗ぜられる形式となり，両者の間やさらに後ろに対角要素をパラメータとす

表 6−2　非課税品における付加価値調整パラメータ η_i の設定

財のタイプ		付加価値調整パラメータ
課税品		$\eta_i=0$
非課税品	現行制度	$\eta_i=1$ （自己負担）
	転嫁シナリオ	$\eta_i=0$ （課税品に同じ）

注 1：課税品については，0 と設定することにより，中間投入に係る消費税が製品価格に転嫁される。非課税品については，1 と設定することにより転嫁が排除される。
注 2：転嫁シナリオとは，非課税品にも関わらず中間投入に係る消費税を製品価格に転嫁するケースである。

る正方行列が配置されることになる。これは次式のように表される。

$$(6.16) \quad (p_1, p_2, p_3, \cdots, p_n) = (p_1, p_2, p_3, \cdots, p_n) \begin{pmatrix} a_{11} & \cdots & a_{1n} \\ \vdots & \ddots & \vdots \\ a_{n1} & \cdots & a_{nn} \end{pmatrix}$$

$$+ (p_1^m, p_2^m, p_3^m, \cdots, p_n^m) \begin{pmatrix} m_{11} & \cdots & m_{1n} \\ \vdots & \ddots & \vdots \\ m_{n1} & \cdots & m_{nn} \end{pmatrix}$$

$$+ (v_1, v_2, v_3, \cdots, v_{2n})$$

$$- (p_1, p_2, p_3, \cdots, p_2) \begin{pmatrix} \tau_1 & \cdots & 0 \\ \vdots & \ddots & \vdots \\ 0 & \cdots & \tau_n \end{pmatrix} \begin{pmatrix} a_{11} & \cdots & a_{1n} \\ \vdots & \ddots & \vdots \\ a_{n1} & \cdots & a_{nn} \end{pmatrix} \begin{pmatrix} \eta_1 & \cdots & 0 \\ \vdots & \ddots & \vdots \\ 0 & \cdots & \eta_n \end{pmatrix}$$

$$- (p_1^m, p_2^m, p_3^m, \cdots, p_n^m) \begin{pmatrix} \tau_1 & \cdots & 0 \\ \vdots & \ddots & \vdots \\ 0 & \cdots & \tau_n \end{pmatrix} \begin{pmatrix} m_{11} & \cdots & m_{1n} \\ \vdots & \ddots & \vdots \\ m_{n1} & \cdots & m_{nn} \end{pmatrix} \begin{pmatrix} \eta_1 & \cdots & 0 \\ \vdots & \ddots & \vdots \\ 0 & \cdots & \eta_n \end{pmatrix}$$

$$+ (p_1, p_2, p_3, \cdots, p_n) \begin{pmatrix} \tau_1 & \cdots & 0 \\ \vdots & \ddots & \vdots \\ 0 & \cdots & \tau_n \end{pmatrix}$$

$$- (p_1, p_2, p_3, \cdots, p_n) \begin{pmatrix} \tau_1 & \cdots & 0 \\ \vdots & \ddots & \vdots \\ 0 & \cdots & \tau_n \end{pmatrix} \begin{pmatrix} a_{11} & \cdots & a_{1n} \\ \vdots & \ddots & \vdots \\ a_{n1} & \cdots & a_{nn} \end{pmatrix} \begin{pmatrix} \delta_1 & \cdots & 0 \\ \vdots & \ddots & \vdots \\ 0 & \cdots & \delta_n \end{pmatrix}$$

$$- (p_1^m, p_2^m, p_3^m, \cdots, p_n^m) \begin{pmatrix} \tau_1 & \cdots & 0 \\ \vdots & \ddots & \vdots \\ 0 & \cdots & \tau_n \end{pmatrix} \begin{pmatrix} m_{11} & \cdots & m_{1n} \\ \vdots & \ddots & \vdots \\ m_{n1} & \cdots & m_{nn} \end{pmatrix} \begin{pmatrix} \delta_1 & \cdots & 0 \\ \vdots & \ddots & \vdots \\ 0 & \cdots & \delta_n \end{pmatrix}$$

これを行列表示にする。

$$(6.17) \quad \mathbf{p} = \mathbf{p}\,\mathbf{A} + \mathbf{p}^m\mathbf{M} + \mathbf{v} - \mathbf{p}\,\mathbf{T}\,\mathbf{A}\,\mathbf{H} - \mathbf{p}^m\mathbf{T}\mathbf{M}\,\mathbf{H} + \mathbf{p}\,\mathbf{T} - \mathbf{p}\,\mathbf{T}\,\mathbf{A}\,\mathit{\Delta} - \mathbf{p}^m\mathbf{T}\,\mathbf{M}\,\mathit{\Delta}$$

ここで，$\mathbf{p}$ が税込み価格（行ベクトル），$\mathbf{v}$ は付加価値率ベクトルである。$\mathbf{T}$ は τ_j（消費税率）対角要素とする正方行列，$\mathbf{A}$ は投入係数行列，$\mathbf{M}$ は輸入係数行列である。$\mathbf{p}^m$ は輸入価格（行ベクトル）であるが，これは外生値である。調整パラメータは，正方行列である $\mathit{\Delta}$（非課税品における仕入れ税額控除パラメータ），$\mathbf{H}$（非課税

品における付加価値調整パラメータ）である。(6.17)式を p について解くことから次式を得る。この式を用いることにより消費税の価格効果が推計される。ただし，税率行列 **T** を操作しても課税品では税率の通り，非課税では変化なしという結果しか得ることはできない。本章の問題意識は，税率のとおりに上昇した税込み価格における税の累増構造の解明であり，前章までに検討した下流段階のメーカーやスーパーによる寄与度について調べたい。そこで価格の形成メカニズムについて考えてみる[84]。

$$(6.18) \qquad \mathbf{p} = (\mathbf{v} + \mathbf{p}^m \mathbf{M} - \mathbf{p}^m \mathbf{TMH} - \mathbf{p}^m \mathbf{T} \mathbf{M} \varDelta) \times [\mathbf{I} - \mathbf{T} - \mathbf{A} + \mathbf{T} \mathbf{A} \mathbf{H} + \mathbf{T} \mathbf{A} \varDelta]^{-1}$$

［税込み価格，行ベクトル］＝［付加価値率，行ベクトル］×［逆行列］

その前に輸入品について，少し詳しく見ておく。この式の右辺第1項に注目する。この第1項は，付加価値率を基本としており，後ろから逆行列を乗じるが，これを仔細にみると付加価値率に輸入された投入価格を加えたものであることがわかる。モデルにおいて，輸入価格 $\mathbf{p^m}$ は外生変数であり，これに輸入係数行列 **M** を乗じたものが，価格 **p** における輸入部分となっている。(6.18)式の右辺第1項を2つに分離して，それぞれに逆行列を乗じたものとして (6.19)式を得る。これにより価格 **p** について，国内の付加価値に由来するものと輸入に由来するものに分離することができる。

$$(6.19) \qquad \mathbf{p} = \mathbf{v}[\mathbf{I} - \mathbf{T} - \mathbf{A} + \mathbf{T} \mathbf{A} \mathbf{H} + \mathbf{T} \mathbf{A} \varDelta]^{-1}$$
$$+ (\mathbf{p}^m \mathbf{M} - \mathbf{p}^m \mathbf{T} \mathbf{M} \mathbf{H} - \mathbf{p}^m \mathbf{TM} \varDelta)[\mathbf{I} - \mathbf{T} - \mathbf{A} + \mathbf{T} \mathbf{A} \mathbf{H} + \mathbf{T} \mathbf{A} \varDelta]^{-1}$$

---

84 過剰転嫁や過小転嫁のケースを分析するためには付加価値率を操作すればよい。これについては白石（2017）において推計した。

3.2 消費税転嫁の産業別分解

3.2.1 産業別分解の方法

　ここからは本章の後半で展開するデータ分析の方法について検討する。ある商品に転嫁される消費税の累増を考えるためには，価格決定式（6.18）式を用いて，税込み価格 **p** の構成を分解していく方法が必要となる。これは付加価値ベクトルに，後ろから消費税分析用に作成したレオンティエフ逆行列を乗じたものである。簡略化して付加価値ベクトルにおける各要素を $v_i{}^{sum}$（i は産業セクター），産業別の付加価値率を乗じる逆行列における各要素を w_{ij} と表記することにより（6.20）式のように表わす。

$$(6.20) \qquad (p_1, p_2, p_3, \cdots, p_n) = (v_1^{sum}, v_2^{sum}, v_3^{sum}, \cdots, v_n^{sum}) \begin{pmatrix} w_{11} & \cdots & w_{1n} \\ \vdots & \ddots & \vdots \\ w_{n1} & \cdots & w_{nn} \end{pmatrix}$$

　ここで特定の商品 j を取り出して，その税込み価格 p_j の形成について考える。これは（6.21）式のように表すことができる。付加価値ベクトルはそのまま残るが，レオンティエフ逆行列については j 列だけを取り出しているので列ベクトルとなる。価格 p_j は各産業の付加価値率に，逆行列における j 番目の列ベクトルを乗じた積和として算出されていることがわかる。つまり，（6.21）式における各要素 $v_i{}^{sum} \cdot w_{ij}$ が，価格 p_j を産業別に分解したものなのである。各産業セクターの付加価値額が直接間接の取り引きを通して j 産業の価格 p_j を構成している構造が見て取れる。これが価格 p_j に寄与する産業別分解である。

$$(6.21) \qquad p_j = (v_1^{sum}, v_2^{sum}, v_3^{sum}, \cdots, v_n^{sum}) \begin{pmatrix} w_{1j} \\ w_{2j} \\ \vdots \\ w_{nj} \end{pmatrix}$$

$$= \sum_{i=1}^{n} v_i^{sum} \cdot w_{ij}$$

3.2.2 消費税額を分離する方法

　（6.21）式は税込み価格の推計式なので，増税に伴う消費税の転嫁を分析するため

には，そこから消費税だけを取り出す必要がある。そこで増税前と増税後の価格を比較する方法について考える。この式において税率変数は，付加価値ベクトルと逆行列係数のいずれにも存在している。例えば，消費税率が 8 ％から 10 ％に増税されると，付加価値ベクトルにおいては，中間投入のうち輸入品に課せられる消費税額が変化し，逆行列においても消費税率に関する変数があるので逆行列係数も変化する。そのため税の変化額だけを特定化する算式は容易には定義できない。そこで税込み価格から消費税を分離するために，消費税率 10 ％ケースと消費税率 8 ％ケースのそれぞれについて，(6.21)式を推計し両者の差分を算出するという方法を考える。これは (6.22)式のように表される。

$$(6.22) \qquad p_j^{10\%} - p_j^{8\%} = \sum_{i=1}^{n} v_i^{sum,10\%} \cdot w_{ij}^{10\%} - \sum_{i=1}^{n} v_i^{sum,8\%} \cdot w_{ij}^{8\%}$$

この式は消費税率の 8 ％から 10 ％への引き上げによる税込み価格 p_j の変化を算出するものであり，理論シナリオに基づく価格決定式ならば，消費増税額に相当するので 0.0185（＝110/108－1）となる。この増加額に関して，以下の (6.23) 式を利用して，産業セクター別に分解する方法を考える。(6.22)式においては消費税の変化額は産業セクター間で独立に決まっているので，価格 p_j の変化額 0.0185 のうち産業 i による寄与額は，その変化額だけを取り出した (6.23)式となる。このようにして税を産業別に分解することができる。

$$(6.23) \qquad p_{ij}^{10\%} - p_{ij}^{8\%} = v_i^{sum,10\%} \cdot w_{ij}^{10\%} - v_i^{sum,8\%} \cdot w_{ij}^{8\%}$$

なお，(6.23)式には注意すべき問題が存在するので指摘をしておく。ここではある産業セクターの付加価値率に逆行列係数を乗じたものから税込み価格を求め，それらの差分から消費税を分離する方法を用いている。この算式においては，結局のところ消費税は付加価値に起因するものとなっている。そしてある商品の価格とは，その生産に寄与したすべてのセクターの付加価値の合計だから，それには非課税品の付加価値が含まれている。実際の税負担のしくみは，この付加価値を購入者に移転しつつ非課税品には税を課さないことにより，税の負担を調整している。一方，

産業連関モデルでは付加価値自体は非課税品に帰属させているので，実際には非課税品を購入したセクターが納税しているのにあたかも税が非課税品において発生したかのように推計されてしまう。ただし，これは重要な情報をもたらす。もし，非課税品セクターが増税に際して便乗値上げを意図したり，あるいは自己負担を強いられている仕入れに係る税の転嫁を試みた場合には，その規模はここで推計される非課税品による税の寄与度が目安になるからである。

3.2.3 運輸・商業マージンの分離

(6.22)式，(6.23)式には，運輸，商業セクターが納税義務者となる消費税額が，このままでは過少推計されてしまう問題がある。本推計で用いる産業連関表は購入者価格表タイプである点に注意されたい。購入者価格表では，中間取引額のそれぞれにおいて当該の取り引きに要した運輸・商業マージンを含めた金額を計上している。これにより付加価値と消費税の転嫁場所については正確に特定化することができるが，(付加価値率×逆行列係数) という算式においては，例えば，農業セクターの逆行列係数のなかには運輸・商業マージン部分が含まれているので，農業セクターによる貢献分だけを測定しているわけではない。取引価格に占める商業マージン率は，商品によっては 20 ％前後を占めているので，算出された消費税額から運輸セクターや商業セクターの寄与分を分離するとわかりやすくなる。実際データによると，これらの運輸・商業マージンには「卸売」「小売」「鉄道」「道路」「沿海」「港湾」「航空」「利用運送」「倉庫」といった 9 つのセクターが存在する。

そこで，運輸・商業セクターを (6.24)式に示されるような簡便法を用いて分解することにした。価格及び消費税額は「付加価値率×逆行列係数」によって算出されるが，このうちの付加価値率に着目し，これを産業セクター部分と運輸・商業セクターを分離することにより，これを運輸・商業セクターの消費税額として分離することにした。その分離のためのシェア値は中間取引額における情報を用いることから設定した。ただし，これは正確な方法ではない。例えば，自動車産業の付加価値率は自動車産業のものであり，産業連関表が購入者価格表であるからといって，ここから商業部門を分離することはデータ不足のため実現不能である。これを中間取引額に占める運輸・商業マージン額のシェア値により分離するというのはあくま

でも簡便法であり，その詳細化は今度の課題としたい。

(6.24)式はある産業 j における中間投入額 int の合計式を示す。中間投入額合計は，各産業 i からの中間投入額の合計であり，これを当該の産業部分（sector）とマージン部分（margin）に分離する[85]。それぞれを中間投入額合計で除すことにより，(6.25)式のような配分シェアを得る。

$$(6.24) \qquad \sum_{i=1}^{n} int_{ij} = \sum_{i=1}^{n} (int_{ij}^{sector} + int_{ij}^{margin})$$

$$(6.25) \qquad \left.\sum_{i=1}^{n} int_{ij} \middle/ \sum_{i=1}^{n} int_{ij}\right. = \left.\sum_{i=1}^{n} int_{ij}^{sector} \middle/ \sum_{i=1}^{n} int_{ij}\right. + \left.\sum_{i=1}^{n} int_{ij}^{margin} \middle/ \sum_{i=1}^{n} int_{ij}\right.$$

$$1 = Share_j^{sector} + Share_j^{margin}$$

この配分シェアを付加価値額に適用することにより，産業別の消費税額から運輸・商業セクター部分を分割する。これは (6.26)式で示されるが，この算式を用いて消費税額のうち，運輸，商業セクターを推計することにした。そして，上記の方法により特定化された運輸・商業マージン部門に帰属する消費税額については，それぞれに該当する運輸・商業セクターに戻すことにした。

$$(6.26) \qquad p_{ij}^{10\%} - p_{ij}^{8\%} = (v_i^{sum,10\%} \cdot Share_j^{sector} \cdot w_{ij}^{10\%} - v_i^{sum,8\%} \cdot Share_j^{sector} \cdot w_{ij}^{8\%})$$
$$+ (v_i^{sum,10\%} \cdot Share_j^{margin} \cdot w_{ij}^{10\%} - v_i^{sum,8\%} \cdot Share_j^{margin} \cdot w_{ij}^{8\%})$$

3.3　消費税転嫁のバリューチェーン

産業連関分析における逆行列からは産業間の取引関係がわかるが，これは直接間接のすべての効果を合算した最終的な姿であるため，個別の取り引きのどこで消費税が転嫁されたががわからない。この転嫁場所を特定化する方法について考えてみる。価格モデルではなく生産額モデルについて考えてみる。これは (6.27)式により示され，生産額 $\mathbf{X}$ について解くと (6.28)式を得る。$\mathbf{A}$ は投入係数行列，$\mathbf{M}$ は輸

85　この分離の作業は，産業連関表データから比較的容易に算出が可能である。

入係数行列，$\mathbf{F}$ は最終需要ベクトルであり，ここで $(\mathbf{I}-\mathbf{A}-\mathbf{M})^{-1}$ がレオンティエフ逆行列である。

(6.27) $\quad \mathbf{A}\,\mathbf{X}+\mathbf{M}\,\mathbf{X}+\mathbf{F}=\mathbf{X}$

(6.28) $\quad \mathbf{X}=(\mathbf{I}-\mathbf{A}-\mathbf{M})^{-1}\mathbf{F}$

　続いて，尾崎（1980）のユニット・ストラクチャーについて考える。レオンティエフ逆行列における j 列に関する列ベクトルは，j 産業における最終需要に起因する各産業への直接間接の波及効果を表わす。この列ベクトルを対角要素とする正方行列 $\mathbf{L}_j$ を作成し，前から投入係数行列 $\mathbf{A}$ を乗じたものが j 産業のユニット・ストラクチャーである。(6.29)式に示されるように，これは直接間接の生産波及額の投入額を算出するものであり，商品 j の最終需要の生産に要する調達先の拡がりを示すバリューチェーンを表わしている。

(6.29) $\quad \mathrm{US}_j = \mathbf{A}\,\mathbf{L}_j$

　ユニット・ストラクチャーをもとに消費税の転嫁構造を求める。ユニット・ストラクチャーは生産額の波及を示すので，これに産業別の付加価値率を乗じることにより付加価値額を取り出し，さらに消費税率を乗じることにより，転嫁される消費税額を求めることができる。(6.30)式において，$\mathbf{T}$ は消費税率を対角要素とする正方行列，$\mathbf{V}$ は付加価値率を対角要素とする正方行列である。(6.31)式は，輸入関連の消費税を算出するものである。

(6.30) $\quad \mathrm{VATUS}_j = \mathbf{T}\,\mathbf{V}\,\mathbf{A}\,\mathbf{L}_j$

(6.31) $\quad \mathrm{VAT_m US}_j = \mathbf{T}\,\mathbf{V}\,\mathbf{M}\,\mathbf{L}_j$

4．使用データ―総務省 2011 年表

4.1　総務省 2011 年表について

　本研究において使用する産業連関表は，総務省「2011 年（平成 23 年）産業連関表」である（以下，総務省 2011 年表と呼ぶ）。わが国では内閣府，経済産業省など各所において産業連関表を作成しているが，このうち総務省表は，複数省庁の共同事業により 5 年に 1 回作成される基本表である。他の産業連関表の作成に際して基本データとして参照されるものである。総務省 2011 年表は最新版であり，付帯表を含む確報データが 2015 年に公表された。総務省 2011 年表のうち，ⅰ）購入者価格表（統合小分類，190 部門，自家輸送部門の表章なし），ⅱ）輸入表（同上）を加工することにより，本研究のための所要のデータセットを作成した（表 6−3）[86]。

表6−3	価格分析モデルのための産業連関表

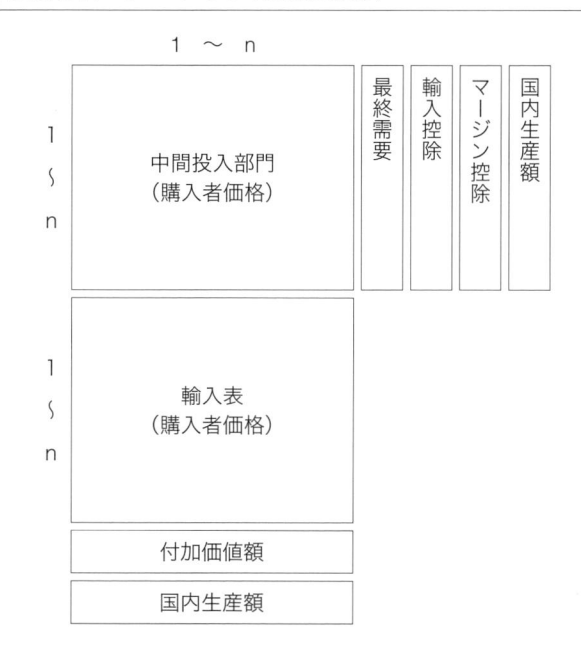

86　産業連関表データは，総務省ホームページからダウンロードすることができる。

4.2　データセットの作成

■　購入者価格表の使用

　総務省2011年表のうち購入者価格表を用いる。生産者価格表との違いは，中間投入額のそれぞれに商業，運輸マージンが加算されている点である。いずれの表でも中間投入額は消費税込みの価格で作成されているので，消費税の分析ができる。しかし，購入者価格表の方が，実際の消費税が累増過程をより正確に反映している。また，公表データのうち自家輸送部門の表章がないデータを用いた。したがって，自家輸送部門は別掲されず，それぞれの産業セクターにおける中間投入額に含まれる。これは消費税における仕入れ構造と税額計算においては，原材料と自家輸送が同じ扱いになるという実態を踏まえたものである[87]。

■　187部門表の作成

　総務省2011年表は基本分類レベルでは，部門数を約400部門まで細分化できるが，本研究では統合小分類とされる190部門を部門数とした。ここで産業セクターを減らす加工と増やす加工を施している。

　統合小分類の部門数である190部門から減少させたものは，「鉄屑」「非鉄金属屑」「自家輸送（旅客自動車）」「自家輸送（貨物自動車）」「住宅賃貸料（帰属家賃）」の5つである。このうち，「自家輸送（旅客自動車）」「自家輸送（貨物自動車）」の2つは，自家輸送を表章しないデータを利用しているので，この部門に関連したデータはゼロであり，「鉄屑」「非鉄金属屑」についても，投入関連のデータがすべてゼロであったので，産業部門から減らすことにした。「住宅賃貸料（帰属家賃）」とは，持家の所有について家賃収入を架空計上するものであり，実際には存在しない取引である。そこで帰属家賃については行部門，列部門とも産業連関表から投入額，産出額を削除して存在しないものとした。

　一方，新たに追加した部門は，小分類セクター「映像・音声・文字情報制作」を，基本分類である「映像・音声・文字情報制作業」「新聞」「出版」の3つに分割した

87　通常の産業連関表において自家輸送部門を別掲するねらいは，真に製造に要した中間投入品のみを計上することにより，投入係数の安定性を確保するためである。

ものであり，したがって，部門数は 2 つだけ増加する。上記の 3 セクターのうち「新聞」だけが，2019 年に導入が予定される軽減税率の適用品目である。そこで「新聞」セクターを分離し，分析に備えることにした。

■　投入（産出）係数，付加価値率の算出

これまでのデータセットの作成作業により，非競争型の輸入表を併設する購入者価格表示の産業連関表が得られる。中間投入額，付加価値額を産業別の生産額で除することにより投入係数，付加価値係数を算出した。

5　推計結果 ― 消費税はどこで転嫁されるのか

5.1　消費税転嫁の産業別分解

■　推計シナリオ

消費税転嫁の産業別分解に関する推計結果を示す。消費税率が 8 ％から 10 ％に引き上げられると，増税前の税込み価格が 108 円であった商品では完全転嫁ならば 110 円となり，消費税額が 2 円だけ上昇する。このような増税額に関して，生産過程に関与して付加価値に応じて消費税を発生させ，それを価格に転嫁した産業のそれぞれについて消費税額を分解することを試みた。産業連関分析に基づく価格決定モデルを用いて，税率 10 ％ケースと税率 8 ％ケースについて税込み価格を推計しその差分から増税額を求めつつ，この増税額を産業別に分解した。そして増税総額を 100 ％とする産業別の寄与率（対総額比％）を算出した。なお，価格推計に際してはソフトウェア Scilab を使用した[88]。

■　上位セクターにおける寄与度の集中

187 セクターすべてに関して，消費税率が 8 ％から 10 ％に上昇した場合を想定して，税の増加額に関する産業別分解を推計した（表 6−4）。ここで「全産業」とは，187 セクターのうち課税品を生産している 177 セクターに関する単純平均値で

---

[88]　Scilab については，山田・荻原（2012），上坂（2010），北本（2009）を参照した。

表6−4 消費増税額の構成（25 部門別）

	セクター数	うち課税品	うち非課税品	1 位シェア	1〜5位シェア	1〜10位シェア	再配分した運輸商業セクター	非課税品の消費税
全産業	187	177	10	44 %	71 %	80 %	14 %	1.7 %
1. 農林水産業	13	13	0	47 %	74 %	83 %	18 %	1.3 %
2. 鉱業	4	4	0	47 %	69 %	79 %	8 %	2.9 %
3. 飲食料品	12	12	0	42 %	72 %	81 %	20 %	1.1 %
4. 繊維製品	8	8	0	38 %	70 %	80 %	24 %	2.2 %
5. パルプ・紙・木製品	8	8	0	33 %	71 %	81 %	24 %	1.6 %
6. 化学製品	15	15	0	38 %	69 %	80 %	12 %	1.4 %
7. 石油・石炭製品	2	2	0	62 %	90 %	95 %	28 %	0.5 %
8. プラスチック・ゴム	3	3	0	43 %	70 %	82 %	19 %	1.0 %
9. 窯業・土石	5	5	0	45 %	68 %	77 %	16 %	1.7 %
10. 鉄鋼・非鉄・金属製品	13	13	0	38 %	72 %	82 %	13 %	1.4 %
11. 汎用・生産用・業務用機械	19	19	0	42 %	64 %	74 %	12 %	1.5 %
12. 電気機械・電子部品・情報通信機器	10	10	0	39 %	63 %	74 %	11 %	1.2 %
13. 輸送用機械	8	8	0	36 %	61 %	72 %	8 %	1.5 %
14. その他製造業	6	6	0	39 %	71 %	80 %	21 %	1.7 %
15. 建設	5	5	0	40 %	65 %	76 %	18 %	2.1 %
16. 電力・ガス・水道	5	5	0	55 %	76 %	86 %	10 %	1.6 %
17. 商業	2	2	0	68 %	81 %	88 %	5 %	2.0 %
18. 金融・保険・不動産	4	1	3	70 %	88 %	92 %	1 %	6.7 %
19. 運輸・郵便	13	13	0	61 %	81 %	88 %	6 %	2.2 %
20. 情報・通信	8	8	0	47 %	74 %	82 %	6 %	1.3 %
21. 公務・教育・研究	6	3	3	56 %	75 %	82 %	9 %	1.0 %
22. 医療・福祉	5	1	4	53 %	73 %	82 %	12 %	5.2 %
23. 対事業所サービス	6	6	0	53 %	74 %	82 %	7 %	2.1 %
24. 対個人サービス	5	5	0	54 %	74 %	81 %	16 %	1.2 %
25. 事務用品・分類不明	2	2	0	30 %	58 %	75 %	17 %	9.6 %

注1：消費税率が8％から10％に引き上げられた完全転嫁ケースに関して，増税額を転嫁した産業別に分解した推計結果をまとめたもの。軽減税率の適用はなし。

注2：187 セクターに関する推計結果を 25 部門に集約した。それぞれの部門において示したシェア値ほかは，所属する産業セクターに関する推計結果の単純平均値である。

注3：「シェア」とは，消費増税額の産業別分解における上位セクターの寄与度。上位1位は当該セクターであることが多い。

注4：「再配分した運輸商業セクター」とは，産業別の中間取引額に付加されていた運輸商業マージンの割合。これを運輸商業セクターに配分することにより別掲した。

注5：「非課税品の消費税」とは，非課税品の付加価値に起因する消費税であり，実際には後工程のセクターが納税したものである。

ある。表6-2における25部門とは，187セクターを25部門に集約したものであり，それぞれの部門に含まれる産業セクターに関する単純平均値である。

　全産業ベース（177セクター）においては，上位1位セクターの増税総額への寄与度は44％であった。これを25部門別に見ていくと，1位セクターは自産業であることが多いが，この寄与度がとりわけ高いのは，「商業」（68％），「石油・石炭製品」（62％），「対個人サービス」（54％）といった部門であり，サービス製品や石油製品といった自セクターにおける生産集約度が高いセクターである。逆に，1位セクターの寄与度が低い部門は，「パルプ・紙・木製品」（33％），「輸送用機械」（36％）であり，自社による生産集約度が低く，他セクターからの投入が多い産業部門である。しかし，程度の差こそはあれ，1位セクターの貢献度が高いことには変わりはない。

　消費税の多くは当該製品を生産するセクターが転嫁したものであり，税の完全転嫁，過剰転嫁，過小転嫁を左右するのは自産業となる可能性が高い。自産業による寄与度が高いことは増税に伴う税込み価格の操作や需要変動への対応を，消費者への転嫁という最終段階で実行できることを意味する。消費税を実際に負担し，それぞれの商品における需要の価格弾力性に応じて購入量を減少させるのは消費者である。この消費者の需要動向に直面する最終財の生産者や販売者における価格操作の余地が大きいならば，消費税の完全転嫁が保証される可能性は，それだけ低いといえるだろう。さらに中間財の取り引きにおいて販売者側が取引における自らの優位性を利用して便乗値上げを目論んだとしても，それが最終財の税込み価格に及ぼす影響はわずかであるといえる。

　つまり，消費者物価の多寡という観点から消費税の転嫁状況を評価するためには，最終製品における値付けを重点的に監視すればよい。一方，中間取引については買い叩きや便乗値上げといった増税を契機とする公正取引への阻害の問題としてとらえるべきである。また，前章までの研究との関連性に言及すると，下流段階の寄与度が大きいことは，そこでのCPIやPOS価格の性質が全体の転嫁傾向を左右しており，したがって，前章までの分析結果が有効であることを意味している。

■ 運輸部門・商業部門の寄与度

運輸部門，商業部門が転嫁したと考えられる消費税額が，増税総額に占める割合を 25 部門別に見ていくと，「石油・石炭製品」（28 %），「繊維製品」（24 %），「パルプ・紙・木製品」（24 %）などの製造部門において高く，逆に，「運輸・郵便」（6 %），「情報・通信」（6 %）といったサービス部門では低かった。消費財関連では，「飲食料品」（20 %），「対個人サービス」（16 %）では 2 割前後に達しており，商業部門や運輸部門が転嫁する消費税額が少なくないことが見て取れる。これらは多段階取引の各所においてマージン部分を形成するものなので，すべてが流通段階のうち小売店によるものではない。しかし，消費財におけるマージン率の高さは，販売店が消費税の転嫁に影響する程度の大きさを示唆するものである。スーパー，小売店といった販売店による値付けにも，完全転嫁以外の過剰転嫁や過小転嫁を引き起こす可能性があることがわかった。

■ 非課税品の寄与度

非課税品の寄与度に関しては，「金融・保険・不動産」（6.7 %），「医療・福祉」（5.2 %）といった非課税品の生産セクターを除くと，多くの産業部門において 2 %以下となっている。これは現在の日本において，非課税品が限定されているうえ，その多くが医療などであり中間投入物として使用されることが少ないからである。非課税品が税の転嫁を歪める程度が小さいことがわかった。なお，金融サービスは多くの産業が利用しており，金融業が仕入れに係る税を自己負担せずに販売先に転嫁したならば，その影響は多くの課税品に及ぶ。ただし，その影響はわずかである。

5.2 消費税転嫁のバリューチェーン

■ バリューチェーンの考え方

ユニット・ストラクチャーとは，ある商品の生産誘発額を一次分解したものに投入係数を乗じたものであり調達構造を表す。この正方行列に産業別の付加価値率を乗じることから，付加価値ベースのユニット・ストラクチャーが求められ，さらに消費税率を乗じれば転嫁のユニット・ストラクチャーが得られる。これを消費税転嫁のバリューチェーンと呼ぶ。このバリューチェーンにおいて，縦方向は投入構造

なので転嫁の受け手であり，横方向は産出構造だから転嫁の出し手を表している。横方向のうちいくつかのセクターは非課税品なので転嫁する消費税はゼロである。また，購入者価格表示なので，商業部門は元々，取引額がゼロとなっており，そのため転嫁される消費税はゼロとなる。消費税転嫁のバリューチェーンは，産業間取引ごとの消費税を記述し，課税ベースは付加価値に対応しているので，これは仕入れ税額の控除後の消費税である。産業間の中間取引のそれぞれにおいてパスされた消費税を示している。したがって，最終段階で追加される転嫁は含まない。

　推計は 187 セクターで行った。以下では，第 5 章で取り上げた食パン製品を含む「めん・パン・菓子」に関する推計結果を見ていく。また，ユニット・ストラクチャーはこのままでは 187×187 という大きなマトリクスなのでわかりにくい。そこで 25 部門に集約した結果を示す。推計結果においては，産業間取引の各所における税の転嫁額の大きさを示すため，これらの中間取引における消費税額の合計を 100 ％とするシェア値を算出している。

■ めん・パン・菓子のバリューチェーン

　自部門である飲食料品における受取シェアが 59 ％を占めるが，農林水産業 9 ％，対事業所サービス 6 ％，化学製品 5 ％なども消費税の受け手となっている。支払サイドから見ると，飲食料品のシェアは 24 ％まで低下し，他部門のシェアが高くなる（表 6−5)[89]。前項で見たとおり，めん・パン・菓子においても税の転嫁が一番大きいものは，ここでは含まれない最終工程であるが，それを除いた中間取引では原材料やサービスといった様々な産業による生産への寄与に応じて消費税が転嫁されていることが見て取れる。また，ここでの推計はネットベースの消費税であり，実際には前工程から受け継いだ消費税があるので，実際に転嫁されている税はさらに多くなっている[90]。最終製品の生産者に中間品を供給している納入業者は，大雑把に見て最終製品に課されるグロスベースの消費税の半分くらいを転嫁しており，その転嫁場所が多岐にわたることがわかった。転嫁対策が最終製品の価格及ぼす影

89　推計結果の詳細は付表 6−1 を参照されたい。
90　この点は，消費税は仕入れ税額控除を認める付加価値税であるが，転嫁の観点からは売上税と見なした方がよいという考え方に関連する。

表6-5 産業間取引における消費税の転嫁先（野菜，めん・パン・菓子類）

	野菜		めん・パン・菓子類					
					軽減ケース		軽減ケースの減少率	
	受取	支払	受取	支払	受取	支払	受取	支払
1. 農林水産業	53 %	14 %	9 %	17 %	10 %	15 %	−1 %	−15 %
2. 鉱業	4 %	2 %	2 %	1 %	2 %	1 %	0 %	0 %
3. 飲食料品	1 %	1 %	59 %	24 %	56 %	21 %	−11 %	−18 %
4. 繊維製品	1 %	1 %	0 %	1 %	0 %	1 %	0 %	0 %
5. パルプ・紙・木製品	9 %	17 %	3 %	6 %	3 %	6 %	0 %	0 %
6. 化学製品	11 %	16 %	5 %	6 %	5 %	7 %	0 %	0 %
7. 石油・石炭製品	1 %	6 %	0 %	2 %	0 %	2 %	0 %	0 %
8. プラスチック・ゴム	2 %	4 %	2 %	3 %	2 %	4 %	0 %	0 %
9. 窯業・土石	1 %	2 %	0 %	1 %	0 %	1 %	0 %	0 %
10. 鉄鋼・非鉄・金属製品	2 %	3 %	2 %	3 %	2 %	3 %	0 %	0 %
11. 汎用・生産用・業務用機械	1 %	1 %	0 %	1 %	1 %	1 %	0 %	0 %
12. 電気機械・電子部品・情報通信機器	1 %	1 %	1 %	0 %	1 %	0 %	0 %	0 %
13. 輸送用機械	1 %	1 %	0 %	1 %	0 %	1 %	0 %	0 %
14. その他製造業	1 %	1 %	2 %	4 %	2 %	4 %	0 %	0 %
15. 建設	1 %	3 %	0 %	1 %	0 %	1 %	0 %	0 %
16. 電力・ガス・水道	2 %	1 %	1 %	2 %	2 %	1 %	0 %	0 %
17. 商業	0 %	0 %	0 %	0 %	0 %	0 %		
18. 金融・保険・不動産	1 %	1 %	1 %	2 %	1 %	2 %	0 %	0 %
19. 運輸・郵便	1 %	3 %	1 %	2 %	1 %	2 %	0 %	0 %
20. 情報・通信	2 %	4 %	3 %	5 %	3 %	5 %	0 %	−2 %
21. 公務・教育・研究	1 %	1 %	1 %	3 %	1 %	4 %	0 %	0 %
22. 医療・福祉	0 %	0 %	0 %	0 %	0 %	0 %	0 %	0 %
23. 対事業所サービス	4 %	12 %	6 %	15 %	6 %	17 %	−1 %	0 %
24. 対個人サービス	0 %	0 %	0 %	0 %	0 %	1 %	−4 %	0 %
25. 事務用品・分類不明	1 %	3 %	1 %	1 %	1 %	1 %	0 %	0 %
26. 取引計	100 %	100 %	100 %	100 %	100 %	100 %	−7 %	−7 %

注1：187セクターに関する推計結果を25部門に集約したもの。
注2：数値は，当該財の生産に要したすべての産業間の中間取引において転嫁された消費税額（最終製品の付加価値に対応し最終段階で上乗せされた消費税額を除いたもの）の対総額比％。
注3：「受取」とは，産業間取引で転嫁された消費税の受け手に関するもの。
注4：「支払」とは，産業間取引で消費税を転嫁した出し手に関するもの。
注5：「軽減ケース」とは，食料品ほかに軽減税率が適用された場合のもの。
注6：「税の減少率」とは，標準税率10％ケースと軽減税率8％ケースとの消費税収を比較したもの。

響は小さいが，公正取引の観点からは注視すべき範囲が広いことが確認できた。

消費税率の10％への引き上げ時には，めん・パン・菓子には軽減税率8％が適用される予定である。軽減税率が適用されると，消費税の転嫁額が減少するが，この減少率を推計した。受取サイドでは，飲食料品－11％，農林水産業－1％となっている。減少率における違いは，飲食料品では軽減品目からの投入が多い一方で，農林水産業では標準税率が適用される品目からの投入が多いことによる。軽減税率の適用の有無は，産業間取引における消費税の転嫁額に産業間での相違をもたらす。

■　衣服のバリューチェーン

生活用品である衣服についてもバリューチェーンを推計してみた。中間取引に係わる消費税額のうち自産業の受取シェア額は53％であり，この比率は食品と同じ水準である。一方，支払シェアを見ていくと衣服ではバリューチェーンが長いので自部門以外による支払シェアが高くなる（図6－1）。衣服については，海外からの中間製品の輸入が多いものと思われ，この場合，消費税は国境段階で課税される。この輸入段階で課税され消費税の割合は23％（＝輸入品に由来する消費税／［国内品に由来する消費税＋輸入品に由来する消費税］）と推計された。これはユニット・ストラクチャーに輸入係数行列を乗じることにより求められる。つまり，転嫁対策の重点のひとつは国境取引なのである。輸入先である諸外国の企業による価格設定にも目を向けていく必要性が窺える。

6　まとめ

デフレ経済により家計や企業のインフレ期待が低迷しているなかでは，消費増税を契機として，税込み価格を引き上げることは事業者にとって容易なことではない。消費税は多段階課税のしくみであり，製造販売の過程を経て税が徐々に累増していくので，消費税の転嫁問題の検討に際しては，ある商品の最終生産者や販売者以外に税の形成に寄与した中間事業者を特定化し，その影響について知ることが望ましい。本章では産業連関モデルを用いて，消費税が形成される構造を検討したものであり，得られた知見は以下のようにまとめられる。

| 図6−1 | 産業間取引における消費税の転嫁先（衣服） |

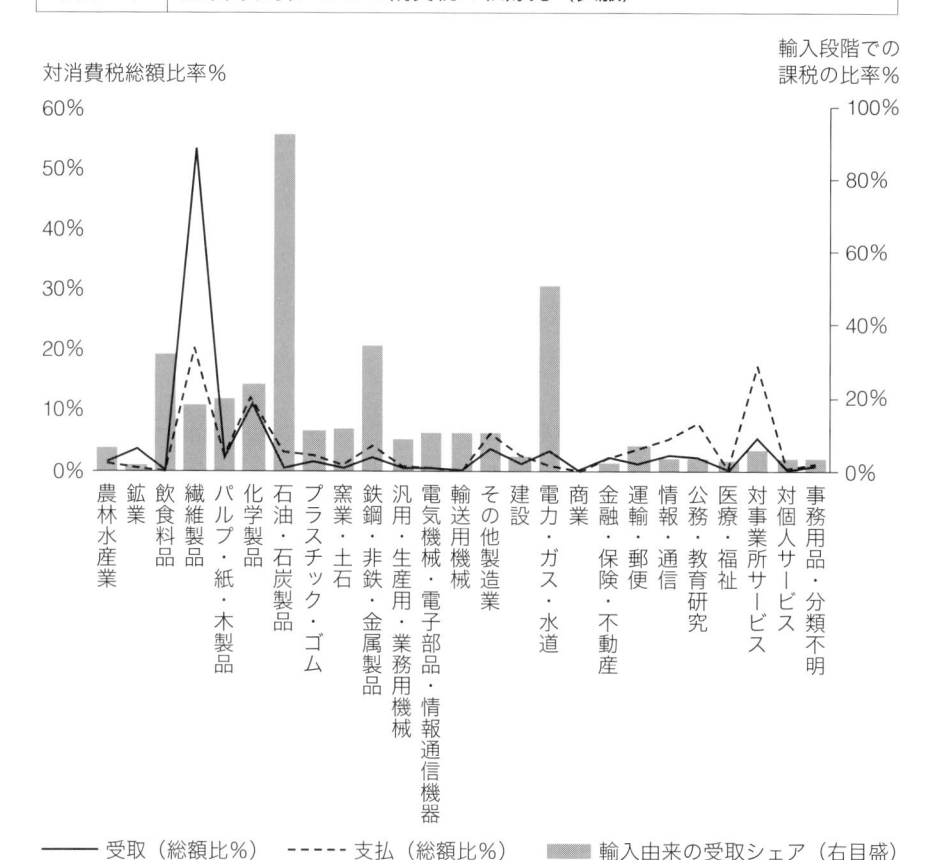

対消費税総額比率%

輸入段階での
課税の比率%

―― 受取（総額比%）　- - - - 支払（総額比%）　▨ 輸入由来の受取シェア（右目盛）

注：「輸入由来の受取シェア」とは，消費税の受取合計のうち輸入段階で転嫁された消費税
　　が占める比率%。

　第1に，産業連関分析における価格モデルに関する検討から，消費税率の引き上
げに伴う税の増加を，その商品の製造販売に関与した産業別に分解することが可能
であることを示した。産業連関分析では，（産業別付加価値率×逆行列係数）とい
う算式により価格を求めるので，この算式を要素ごとに分解すれば，それが各産業
の税額寄与度となる。また，消費税のユニット・ストラクチャー分析を用いると，
ある商品の生産に起因する直接間接の生産過程と，これらの中間段階で転嫁される

消費税額を推計できることを示した。

　第2に，総務省2011年表をもとにセクター数が187個からなる価格モデルを構築し，消費税の転嫁構造を推計したところ，多くの商品では転嫁される消費税額の4割強は187セクターのうち1つだけのセクターによって形成されていることがわかった。この上位1位のセクターは自産業であることが多いが，主要な原材料を供給する周辺産業であることもある。上位1〜5位のセクターによる寄与度の合計は7割前後に達している。多くの原材料を活用しつつ付加価値ベースでみると，ごく少数の産業セクターが価格形成に貢献しており，消費税の形成に関与する産業は限定される。また，いずれの産業においても小売，卸売といった商業部門による寄与度が2割弱を占めている。以上を消費税の過剰転嫁や過小転嫁という点から考えると，この1位セクターや商業部門が，需要条件に応じて自産業における付加価値を調整すれば，税込み価格は比較的大きく変化するので，完全転嫁以外のケースが生じる可能性は高いことが予想される。

　第3に，ユニット・ストラクチャーに関する推計結果によると，自セクターへの消費税の転嫁が過半を占めるが，これ以外に中間財・サービスの間で転嫁される消費税が存在する。ネットベースでみた消費税の累増における貢献が小さくても，実際には前工程から受け継いだグロスの消費税を含むので，転嫁額はさらに増加する点に注意が必要である。消費税の転嫁対策が対象とするのは，このような産業間取引であり，最終製品の直前段階であるに1次サプライヤーなどによる転嫁額は少なくないことが示唆される。転嫁対策により中間段階における税込み価格を監視しても，それが最終製品における消費税の税込み価格に与える影響は小さい。しかし，ほぼすべての取引が課税対象となっており，買い叩きを防ぐためには，中間財・サービスにおける取引を監視する必要があることが改めて確認された。なお，工業製品では中間段階における消費税の2割程度は輸入段階で発生していた。

付表6−1　消費税の転嫁のバリューチェーン（めん・パン・菓子類）

転嫁元　＼　転嫁先	1 農林水産	2 鉱業	3 飲食料品	4 繊維	5 パルプ	6 化学	7 石油製品	8 プラスチック	9 窯業	10 金属
1.　農林水産業	3.6 %	0.0 %	11.2 %	0.0 %	0.2 %	0.0 %	0.0 %	0.0 %	0.0 %	0.0 %
2.　鉱業	0.0 %	0.0 %	0.0 %	0.0 %	0.0 %	0.2 %	0.1 %	0.0 %	0.0 %	0.1 %
3.　飲食料品	0.6 %	0.0 %	20.3 %	0.0 %	0.0 %	0.0 %	0.0 %	0.0 %	0.0 %	0.0 %
4.　繊維製品	0.1 %	0.0 %	0.3 %	0.1 %	0.0 %	0.0 %	0.0 %	0.0 %	0.0 %	0.0 %
5.　パルプ・紙・木製品	0.3 %	0.0 %	2.8 %	0.0 %	2.0 %	0.1 %	0.0 %	0.0 %	0.0 %	0.0 %
6.　化学製品	2.4 %	0.0 %	1.5 %	0.1 %	0.2 %	1.7 %	0.0 %	0.4 %	0.0 %	0.0 %
7.　石油・石炭製品	0.5 %	0.1 %	0.6 %	0.0 %	0.1 %	0.4 %	0.1 %	0.0 %	0.0 %	0.0 %
8.　プラスチック・ゴム	0.1 %	0.0 %	2.0 %	0.0 %	0.0 %	0.1 %	0.0 %	0.9 %	0.0 %	0.0 %
9.　窯業・土石	0.1 %	0.0 %	0.1 %	0.0 %	0.0 %	0.1 %	0.0 %	0.0 %	0.1 %	0.0 %
10.　鉄鋼・非鉄・金属製品	0.1 %	0.2 %	1.0 %	0.0 %	0.1 %	0.2 %	0.0 %	0.1 %	0.0 %	1.1 %
11.　汎用・生産用・業務用機械	0.0 %	0.0 %	0.0 %	0.0 %	0.0 %	0.0 %	0.0 %	0.0 %	0.0 %	0.0 %
12.　電気機械・電子部品・情報通信機器	0.0 %	0.0 %	0.0 %	0.0 %	0.0 %	0.0 %	0.0 %	0.0 %	0.0 %	0.0 %
13.　輸送用機械	0.0 %	0.0 %	0.0 %	0.0 %	0.0 %	0.0 %	0.0 %	0.0 %	0.0 %	0.0 %
14.　その他製造業	0.0 %	0.0 %	2.6 %	0.0 %	0.0 %	0.1 %	0.1 %	0.0 %	0.0 %	0.1 %
15.　建設	0.2 %	0.1 %	0.2 %	0.0 %	0.2 %	0.0 %	0.0 %	0.0 %	0.0 %	0.0 %
16.　電力・ガス・水道	0.0 %	0.0 %	0.7 %	0.0 %	0.0 %	0.0 %	0.0 %	0.0 %	0.0 %	0.0 %
17.　商業	0.0 %	0.0 %	0.0 %	0.0 %	0.0 %	0.0 %	0.0 %	0.0 %	0.0 %	0.0 %
18.　金融・保険・不動産	0.1 %	0.2 %	0.7 %	0.0 %	0.0 %	0.0 %	0.0 %	0.0 %	0.0 %	0.0 %
19.　運輸・郵便	0.1 %	0.2 %	0.9 %	0.0 %	0.1 %	0.1 %	0.0 %	0.0 %	0.0 %	0.0 %
20.　情報・通信	0.1 %	0.1 %	1.4 %	0.0 %	0.1 %	0.2 %	0.0 %	0.0 %	0.0 %	0.0 %
21.　公務・教育研究	0.0 %	0.2 %	1.4 %	0.0 %	0.1 %	1.0 %	0.0 %	0.2 %	0.0 %	0.1 %
22.　医療・福祉	0.0 %	0.0 %	0.2 %	0.0 %	0.0 %	0.0 %	0.0 %	0.0 %	0.0 %	0.0 %
23.　対事業所サービス	1.0 %	0.7 %	8.1 %	0.0 %	0.2 %	0.6 %	0.0 %	0.3 %	0.1 %	0.1 %
24.　対個人サービス	0.0 %	0.0 %	0.2 %	0.0 %	0.0 %	0.0 %	0.0 %	0.0 %	0.0 %	0.0 %
25.　事務用品・分類不明	0.4 %	0.1 %	0.2 %	0.0 %	0.0 %	0.0 %	0.0 %	0.0 %	0.0 %	0.0 %
26.　中間取引計	10 %	2 %	56 %	0 %	3 %	5 %	0 %	2 %	0 %	2 %

注1：187セクターに関する推計結果を25部門に集約したもの。
注2：数値は，めん・パン・菓子類セクターの生産に要したすべての産業間の中間取引において転嫁された消費税額（最終製品の付加価値に対応し最終段階で上乗せされた消費税額を除いたもの）の対総額比％。
注3：「受取」とは，産業間取引で転嫁された消費税の受け手に関するもの。
注4：「支払」とは，産業間取引で消費税を転嫁した出し手に関するもの。
注5：2019年予定の消費増税シナリオとして，酒類と飲食サービスを除く食料品と新聞には軽減税率8％を適用した。

（消費税率 10 ％＋軽減税率適用ケース）

11 一般機械	12 電気機械	13 輸送用機械	14 他製造業	15 建設	16 電力	17 商業	18 金融	19 運輸	20 情報通信	21 公務	22 医療	23 対事業所サ	24 対個人サ	25 不明	26 中間取引計
0.0 %	0.0 %	0.0 %	0.0 %	0.0 %	0.0 %	0.0 %	0.0 %	0.0 %	0.0 %	0.0 %	0.0 %	0.0 %	0.0 %	0.0 %	15 %
0.0 %	0.0 %	0.0 %	0.0 %	0.0 %	0.2 %	0.0 %	0.0 %	0.0 %	0.0 %	0.0 %	0.0 %	0.0 %	0.0 %	0.0 %	1 %
0.0 %	0.0 %	0.0 %	0.0 %	0.0 %	0.0 %	0.0 %	0.0 %	0.0 %	0.0 %	0.0 %	0.0 %	0.0 %	0.0 %	0.0 %	21 %
0.0 %	0.0 %	0.0 %	0.0 %	0.0 %	0.0 %	0.0 %	0.0 %	0.0 %	0.0 %	0.0 %	0.0 %	0.0 %	0.0 %	0.0 %	1 %
0.0 %	0.0 %	0.0 %	0.4 %	0.1 %	0.0 %	0.0 %	0.0 %	0.0 %	0.1 %	0.0 %	0.0 %	0.0 %	0.0 %	0.1 %	6 %
0.0 %	0.0 %	0.0 %	0.1 %	0.0 %	0.0 %	0.0 %	0.0 %	0.0 %	0.0 %	0.0 %	0.0 %	0.0 %	0.0 %	0.0 %	7 %
0.0 %	0.0 %	0.0 %	0.0 %	0.0 %	0.2 %	0.0 %	0.0 %	0.1 %	0.0 %	0.0 %	0.0 %	0.1 %	0.0 %	0.0 %	2 %
0.0 %	0.0 %	0.0 %	0.2 %	0.0 %	0.0 %	0.0 %	0.0 %	0.0 %	0.0 %	0.0 %	0.0 %	0.1 %	0.0 %	0.0 %	4 %
0.0 %	0.1 %	0.0 %	0.0 %	0.1 %	0.0 %	0.0 %	0.0 %	0.0 %	0.0 %	0.0 %	0.0 %	0.0 %	0.0 %	0.0 %	1 %
0.1 %	0.1 %	0.0 %	0.0 %	0.2 %	0.0 %	0.0 %	0.0 %	0.0 %	0.0 %	0.0 %	0.0 %	0.0 %	0.0 %	0.0 %	3 %
0.1 %	0.0 %	0.0 %	0.0 %	0.0 %	0.0 %	0.0 %	0.0 %	0.0 %	0.0 %	0.0 %	0.0 %	0.6 %	0.0 %	0.0 %	1 %
0.0 %	0.1 %	0.0 %	0.0 %	0.0 %	0.0 %	0.0 %	0.0 %	0.0 %	0.0 %	0.0 %	0.0 %	0.3 %	0.0 %	0.0 %	0 %
0.0 %	0.0 %	0.1 %	0.0 %	0.0 %	0.0 %	0.0 %	0.0 %	0.0 %	0.0 %	0.0 %	0.0 %	0.1 %	0.0 %	0.0 %	0 %
0.0 %	0.0 %	0.0 %	0.2 %	0.0 %	0.0 %	0.0 %	0.0 %	0.0 %	0.3 %	0.1 %	0.0 %	0.2 %	0.0 %	0.0 %	4 %
0.0 %	0.0 %	0.0 %	0.0 %	0.0 %	0.3 %	0.0 %	0.0 %	0.0 %	0.0 %	0.0 %	0.0 %	0.0 %	0.0 %	0.0 %	1 %
0.0 %	0.0 %	0.0 %	0.0 %	0.0 %	0.2 %	0.0 %	0.0 %	0.0 %	0.0 %	0.0 %	0.0 %	0.0 %	0.0 %	0.0 %	1 %
0.0 %	0.0 %	0.0 %	0.0 %	0.0 %	0.0 %	0.0 %	0.0 %	0.0 %	0.0 %	0.0 %	0.0 %	0.0 %	0.0 %	0.0 %	0 %
0.0 %	0.0 %	0.0 %	0.0 %	0.0 %	0.1 %	0.0 %	0.1 %	0.0 %	0.2 %	0.1 %	0.0 %	0.1 %	0.0 %	0.0 %	2 %
0.0 %	0.0 %	0.0 %	0.3 %	0.0 %	0.1 %	0.0 %	0.1 %	0.1 %	0.1 %	0.1 %	0.0 %	0.1 %	0.0 %	0.1 %	2 %
0.0 %	0.0 %	0.0 %	0.0 %	0.0 %	0.1 %	0.0 %	0.2 %	0.0 %	0.8 %	0.2 %	0.0 %	1.9 %	0.0 %	0.0 %	5 %
0.1 %	0.1 %	0.0 %	0.0 %	0.0 %	0.0 %	0.0 %	0.0 %	0.0 %	0.0 %	0.0 %	0.0 %	0.0 %	0.0 %	0.0 %	0 %
0.1 %	0.1 %	0.0 %	0.2 %	0.1 %	0.7 %	0.0 %	0.5 %	0.2 %	0.9 %	0.4 %	0.0 %	2.2 %	0.0 %	0.1 %	17 %
0.0 %	0.0 %	0.0 %	0.0 %	0.0 %	0.0 %	0.0 %	0.0 %	0.0 %	0.2 %	0.0 %	0.0 %	0.1 %	0.0 %	0.0 %	1 %
0.0 %	0.0 %	0.0 %	0.0 %	0.0 %	0.0 %	0.0 %	0.0 %	0.0 %	0.0 %	0.0 %	0.0 %	0.1 %	0.0 %	0.0 %	1 %
1 %	1 %	0 %	2 %	1 %	2 %	0 %	1 %	1 %	3 %	1 %	0 %	6 %	0 %	1 %	100 %

参考文献

浅利一郎，土居英二（1988），「付加価値税導入と産業・家計・財政への影響の推計：産業連関分析（均衡価格モデル）を通じて」『静岡大学法経研究』37巻1号，pp.179-216.

安部和彦（2015），『消費税の税率構造と仕入れ税額控除―医療非課税を中心に』白桃書房.

阿部修人，新関剛史（2010），「Homescanによる家計消費データの特徴」『経済研究』61巻3号，pp.224-236.

阿部修人，塩谷匡介（2011），「Homescanによる家計別の物価変化率の特徴」『経済研究』62巻4号，pp.356-370.

阿部修人，稲倉典子（2015），「消費税率改定時の家計購買行動」『経済研究』66巻4号，pp.321-336.

阿部修人，外木暁幸，渡辺努（2008），「企業出荷価格の粘着性―アンケートとPOSデータに基づく分析」『経済研究』62巻4号，pp.305-316.

石弘光（2008），『現代税制改革史―終戦からバブル崩壊まで』東洋経済新報社.

石弘光（2009），『消費税の政治経済学‐税制と政治のはざまで』日本経済新聞出版社.

伊藤裕香子（2013），『消費税日記―検証増税786日の攻防』プレジデント社.

井堀利宏（2003），『課税の経済理論』岩波書店.

今井聡，渡辺努（2016），「POSデータによる商品の新陳代謝と価格設定分析―減量による実質値上げが意味するもの」，渡辺編『慢性デフレ真因の解明』所収，pp.115-140，日本経済新聞出版社.

岩崎健久（2013），『消費税の政治力学』中央経済社.

上坂吉則（2010），『Scilabプログラミング入門』牧野書店.

上田晃三，須藤直，渡辺広太（2016），「POSデータによる「特売」の分析―景気との相関とデフレマインド醸成への含意」，渡辺編『慢性デフレ真因の解明』所収，pp.97-114，日本経済新聞出版社.

上村敏之（2001），『財政負担の経済分析―税制改革と年金政策の評価』関西学院大学出版会.

上村敏之（2006），「家計の間接税負担と消費税の今後―物品税時代から消費税時代の実効税率の推移」『会計検査研究』33号，pp.11-29

宇野洋輔，西岡慎一，原尚子（2015），「物価変動とその中での経済主体の行動変化」，日本銀行ワーキングペーパーシリーズ，No.15-J-8.

宇野洋輔，永沼早央梨，原尚子（2017），「企業のインフレ予想形成に関する新事実：Part1-粘着情報モデル再考」，日本銀行ワーキングペーパーシリーズ，No.17-J-3.

翁邦雄（2015），『経済の大転換と日本銀行』岩波書店.

尾崎巌（1980），「経済発展の構造分析（三）―経済の基本的構造の決定―」『三田学会雑誌』73巻5号，pp.66-94.

小塩隆士（2010），『再分配の厚生分析―公平と効率を問う』日本評論社．

大日康史・有賀健（1995），「日本における価格硬直性の実証研究―ミクロモデルからのマクロ的インプリケーション」『日本経済研究』30 号．

戒能一成（2008），「原油価格高騰などに伴う価格転嫁に関する動態的分析」RIETI Discussion Paper Series，08-J-061，経済産業研究所．

金子敬生（1981），「一般消費税と商品価格の変動」『経済研究』32 巻 2 号，pp.120-127．

金子敬生（1990），「価格変動と産業連関表」『産業連関の経済分析』，pp.19-43，勁草書房．

金子宏（1995），「総論―消費税制度の基本的問題点」『日税研論集』30 巻，pp.1-28．

金子能宏，サリディナンター・プーチット（2006），「社会保障財源としての消費税負担の影響―消費者物価水準への転嫁の検証」『季刊・社会保障研究』42 巻 3 号，pp.219-234．

金子能宏，田近栄治（1989），「勤労所得税と間接税の厚生コストの計測」『フィナンシャル・レビュー』15 号，pp.95-129．

貝塚啓明（2003），『財政学』第 3 版，東京大学出版会．

軽部謙介，西野智彦（1999），『検証経済失政―誰が，何を，なぜ間違えたか』岩波書店．

金井恵美子（2016），『消費税軽減税率早わかり』中央経済社．

金井恵美子（2017），「税率構造―軽減税率の法制化を踏まえて」『日税研論集』70 巻，pp.403-463．

北村行伸，宮崎毅（2013），『税制改革のミクロ実証分析』岩波書店．

北本卓也（2009），『Scilab プログラミング入門』ピアソン・エデュケーション．

國枝繁樹（2013），「インフレ促進策としての消費税増税」『租税研究』763 号，pp.4-30．

クライン，J. P., M. L. メシュベルガー著，打波訳（2012），『生存時間解析』丸善出版．

クラインバウム，D. G., M. クライン著，神田・藤井訳（2015），『生存時間解析』サイエンティスト社．

倉知善行，平木一浩，西岡慎一（2016），「ミクロデータからみた価格改定頻度の増加はマクロの価格粘着性にどのような影響を及ぼすか―価格改定の一次性に着目した分析」， 日本銀行ワーキングペーパーシリーズ，No.16-J-6．

経済財政諮問会議（2018），「経済財政運営と改革の基本方針 2018」内閣府．

才田友美，肥後雅博（2007），「『小売物価統計調査』を用いた価格粘着性の計測：再論」日本銀行ワーキングペーパーシリーズ，No.07-J-11．

佐藤主光（2017），『公共経済学 15 講』新世社．

清水真人（2013），『消費税―政と官との「十年戦争」』新潮社．

白井さゆり（2016），『超金融緩和からの脱却』日本経済新聞社．

白井岳彦，伊藤香代（2016），『軽減税率のしくみと実務がよくわかる本』日経 BP 社．

白石浩介（2016a），「消費税率の引き上げと消費者物価」『拓殖大学政治行政研究』7 巻，pp.25-52．

白石浩介 (2016b)，「Point-of-Sale（POS）データによる消費増税時の価格転嫁」『財政研究』12 巻，pp.119-146．有斐閣．

白石浩介 (2016c)，「マイクロデータを用いた消費税の価格転嫁に関する研究」『拓殖大学政治・経済・法律研究』19 巻 1 号，pp.41-71．

白石浩介 (2017)，「産業連関分析による消費税の価格転嫁に関する研究」『拓殖大学政治行政研究』8 巻，pp.19-59．

白石浩介 (2018a)，「食料品における消費税の帰着」『拓殖大学政治行政研究』9 巻，pp.35-61．

白石浩介 (2018b)，「消費税の転嫁に関する研究」（平成 29 年度博士論文）名古屋市立大学リポジトリ．

白石浩介 (2019)，「消費税転嫁のバリューチェーン」『拓殖大学政治行政研究』10 巻，pp.21-60．

関口智之 (2017)，「国の財政と消費税の歴史的展開」『日税研論集』70 巻，pp.89-159．

総務省 (2015)，『平成 23 年（2011 年）産業連関表（総合解説編）』総務省．

醍醐聡 (2012)，『消費増税の大罪 - 会計学者が明かす財源の代案』柏書房．

高山憲之，白石浩介 (2011)，「給付つき税額控除による消費税負担の軽減」一橋大学経済研究所世代間問題研究機構，ディスカッション・ペーパー，No.503．

田村なつみ (2018)，「消費税率引き上げの影響と対策」国立国会図書館『調査と情報』，No.1029．

玉岡雅之 (2007)，「仕入高控除法の付加価値税における複数税率の取り扱いについて：消費税における複数税率に関連して」『国民経済雑誌』195 巻 6 号，pp.69-81．

玉岡雅之 (2013)，「「付加価値」税としての付加価値」『国民経済雑誌』207 巻 4 号，pp.47-58．

知念裕 (1995)，『付加価値税の理論と実際』税務経理協会．

辻美枝 (2017)，「非課税取引（1）―金融取引等」『日税研論集』70 巻，pp.261-318．

内閣府 (2011)，『社会保障・税一体改革の論点に関する研究報告書』内閣府．

中井英雄 (1981)，「一般消費税の産業別価格効果―1 次効果と 2 次効果の計測と比較」『近畿大学商経学叢』28 巻，1 号，pp.55-81．

中里透 (2010)「1996 年から 98 年にかけての財政運営が景気・物価動向に与えた影響について」井堀編『財政政策と社会保障』，pp.111-142，慶應義塾大学出版会．

長澤哲也，石井崇，植村幸也，河野良介 (2013)，『実務解説　消費税転嫁特別措置法』商事法務．

中西貢 (1989)，「消費税導入と均衡価格モデル」『埼玉大学社会科学論集』68 巻，pp.63-91．

新長章典 (1992)，「消費税率の変更と産業連関分析」『広島経済大学経済研究論集』15 巻 2 号，pp.177-196．

西山由美（2017），「仕入税額控除」『日税研論集』70 巻，pp.465-514.

日本銀行（2014），「金融経済統計月報」3 月号.

日本経済新聞社編（2016），『Q&A　すぐわかる軽減税率』日本経済新聞出版社.

橋本恭之（1989），「税制改革の計量分析」『大阪大学経済学』38 巻 3・4 号，pp.185-207.

花園誠（2018），『産業組織とビジネスの経済学』有斐閣.

林宏明，橋本恭之（1987），「売上税の価格効果―産業連関表による分析」『大阪大学経済学』 37 巻 3 号，pp.36-51.

林宏明・橋本恭之（1991），「消費税の価格分析―昭和 55 年産業連関表と昭和 60 年産業連 関表による分析」『四日市大学論集』3 巻 2 号，pp.19-31.

林正義（2015），「最適課税論：消費における単一税率を巡って」青木・大住・田中・林編 『トピックス応用経済学Ⅱ―財政，公共政策，イノベーション，経済成長』pp.77-94，勁 草書房.

藤川清史（1991），「消費税導入の経済効果―伝票方式と帳簿方式の相違を考慮した産業連 関分析」『大阪経大論集』42 巻 3 号，pp.41-66.

藤川清史（1997），「消費税導入の経済効果―1990 年産業連関表を用いた予測とその評価」 『甲南経済学論集』38 巻 1 号，pp.55-91.

藤川清史（1999），「消費税導入の経済効果―1990 年産業連関表を用いた予測とその評価」 藤川清史著『グローバル経済の産業連関分析』，pp.247-277，創文社.

藤川清史（2010），「税制の分析：価格モデルの応用例」宍戸監修・環太平洋産業連関分析学 会編，『産業連関分析ハンドブック』，pp.291-301，東洋経済新報社.

渕圭吾（2017），「非課税取引（2）―医療・教育等」『日税研論集』70 巻，pp.319-353.

本間正明，滋野由紀子，福重元嗣（1995），「消費税導入による消費者物価上昇効果の分析」 『経済研究』，463 号，pp.193-215.

水野貴之・渡辺努（2008），「オンライン市場における価格変動の統計的分析」『経済研究』， 59 巻 4 号，pp.317-329.

水野貴之，渡辺努，齊藤有希子（2010），「価格の実質硬直性―計測手法と応用例」『経済研 究』，61 巻 1 号，pp.68-81.

水野忠恒（1995），「消費税の構造」『日税研論集』30 巻，pp.85-113.

宮島洋編（2003），『消費課税の理論と課題』二訂版，税務経理協会.

村澤知宏，湯田道生，岩本康志（2005），「消費税の軽減税率適用による効率と公平のトレー ドオフ」『経済分析』176 号，pp.19-41.

持田信樹，堀場勇夫，望月正光（2010），『地方消費税の経済学』有斐閣.

望月正光（2013），「付加価値税理論の新潮流―オールド VAT からニュー VAT へ」関東学院 大学『経済系』254 集，

森徹，森田雄一（2016），『租税の経済分析―望ましい税制をめざして』中央経済社.

森信茂樹（2000），『日本の消費税』納税協会連合会.

森信茂樹編著（2008），『給付つき税額控除―日本型児童税額控除の提言』中央経済社.

矢野秀利，橋本恭之，上西左大信，金井恵美子（2014），『消費税軽減税率の検証―制度の問題点とジブ無への影響をめぐって』清文社.

山田誠治，荻原泰治（2012），「続応用産業連関分析講座（1）Scilab で産業連関」『産業連関』20 巻第 2 号，pp.188-197.

山田弘，片桐一幸，伊藤豊（2014），『消費税転嫁対策特別措置法の解説』公正取引協会.

横山直子（2016），『徴税と納税制度の経済分析』中央経済社.

米澤義衛（2016），「消費税と消費者物価―消費税転嫁の実証分析」『青山経済論集』67 巻 4 号，pp.49-76.

渡辺努（2015），「東大指数で分かったデフレ退治は進んでいない」『文芸春秋』5 月号，文芸春秋社.

渡辺努，渡辺広太（2016），「価格硬直化の原因とマイルドデフレ長期化への影響」渡辺編『慢性デフレ真因の解明』，pp49-93，日本経済新聞出版社.

第 183 回国会衆議院経済産業委員会第 10 号（2013），杉本和行公正取引委員会委員長答弁，2013 年 7 月 26 日.

Abe, N. and A. Tonogi (2010). Micro and macro price dynamics in daily data. *Journal of Monetary Economics 57*, 716-728.

Abe, N., T. Enda, N. Inakura and A. Tonogi (2015). Effects of new goods and product turnover on price indexes. *RCESR-DP15-2.* Institute of economic research, Hitotsubashi University.

Álvarez L.J., P. Burriel and I. Hernando (2005). Price setting behavior in spain ― evidence from micro PPI data. *Working Paper Series 522.* European Central Bank.

Asano, S. and T. Fukushima (2006). Some empirical evidence on demand system and optimal commodity taxation. *The Japanese Economic Review 57* (1), 50-68.

Atkinson, A.B. and J.E. Stiglitz (1976). The design of tax structure: direct vs. indirect taxation. *Journal of Public Economics* (6), 55-75.

Atkinson, A.B. and J.E. Stiglitz (2015). *Lectures on Public Economics.* Princeton Univeristy Press.

Atkinson, A.B. (2014). *Public Economics in an Age of Austerity.* Routledge.

Auerbach, A.J. and J.R. Hines (2002). Taxation and ecnomic efficiency. *Handbook of Public Economics 3*, chapter 21.

Baker, P. and V. Brechling (1992). The impact of excise duty changes on retail prices in the UK. *Fiscal Studies 13* (2), 48-65.

Benzarti, Y., D. Carloni, J. Harju, and T. Kosonen (2017). What goes up may not come down: Asymmetric incidence of value-added taxes. *NBER working paper series 23849.*

Berger, J. and L. Strohner (2011). The effect of VAT on price-setting behavior. *A Retrospective evaluation of elements of the EU VAT System*, Chapter 8. Institute for Fiscal Studies.

Besley, T. and H.S. Rosen (1999). Sales taxes and prices: an empirical analysis. *National Tax Journal 52* (2), 157-178.

Boadway, R. (2012). *From Optimal Tax Theory to Tax Policy — Retrospective and Prospective Views.* MIT Press.

Bundesbank (2008). Price and volume effects of VAT increase on 1 January 2007. *Monthly Report (April)*. Deutsche Bundesbank.

Bunn, P. and C. Ellis (2012). Examining the behavior of individual UK consumer prices. *The Economic Journal 122*, 35-55.

Bye, B., B. Strom and T. Avitsland (2012). Welfare effects of VAT reforms: a general equilibrium analysis. *International Tax and Public Finance 19*, 368-392.

Carare, A. and S. Danninger (2008). Inflation smoothing and the modest effect of VAT in Germany. *IMF Working Paper,* WP/08/175. IMF.

Carbonnier, C. (2005). Is tax shifting asymmetric? evidence from French VAT reforms, 1995-2000. *Working Paper,* 2005-34. Paris-Jourdan Sciences Economiques.

Carbonnier, C. (2007). Who pays sales taxes? Evidence from French VAT reforms, 1987-1999. *Journal of Public Economics 91*, 1219-1229.

Cashin, D and T. Unayama (2016). Measuring intertemporal substitution in consumption: Evidence from a VAT increase in Japan. *Review of Economics and Statistics 98* (2), 285-297.

Cremer, H. and J. F. Thisse (1994). Commodity taxation in a differentiated oligopoly. *International Economic Reviews 35* (3), 613-633.

Delipalla, S. and M. Keen (1992). The comparison between ad valorem and specific taxation under imperfect competition. *Journal of Public Economics 49*, 351-367.

Dhyne, E. D., L. J. Alvarez, H. Le Bihan, G. Veronese, D. Dias, J. Hoffmann, N. Jonker, P. Lunnemann, F. Rumler and J. Vilmunen (2006). Price changes in the Euro area and the United States: Some facts from individual consumer price data. *Journal of Economic Perspectives 20* (2), 171-192.

Dietzenbacher, E. (1997). In vindication of the Ghosh model: A reinterpretation as a price model. *Journal of Regional Science 37* (4), 629-651.

Dixit, A. K. and J. E. Stiglitz (1977). Monopolistic competition and optimum product diversity. *American Economic Review 67*, 297-308.

Druant, K., S. Fabiani, G. Kezdi, A. Lamo, F. Martins and R. Sabbatini (2009). How are firms'wages and prices linked — survey evidence in Europe. *Working Paper Series 1084*. European Central Bank.

Ebrill, L, M. Keen, J.P. Bodin, and V. Summers (2001). *The Modern VAT*, IMF.

European Commission (2017). *VAT rates applied in the member states of the European union*. European Commission.

Fabiani, S., C. Loupias, F. Martins and R. Sabbatini ed. (2007). *Pricing Decisions in the Euro Area — How Firms Set Prices and Why*, Oxford University Press.

Fullerton, D. and G. E. Metcalf (2002). Tax incidence. *Handbook of Public Economics 4*, chapter 26.

Gautier, E. (2006). The behavior of producer prices: some evidence from the French PPI micro data. *Working Paper*. Banque de France.

Greenslade, J. V. and M. Parker (2012). New insights into price-setting behavior in the UK: Introduction and survey results. *Economic Journal 122*, 1-15.

Harberger, A.C. (1962). The incidence of the corporation income tax. *Journal of Political Economy 70*, 215-240.

Harju, J., T. Kosonen and O.N. Skans (2018). Firm types, price-sttting strategies, and consumption-tax incidence. *Journal of Public Economics 165*, 48-72.

Hindriks, J. and G. D. Myles (2013). *Intermediate Public Economics 2nd ed.*. MIT Press.

James, K. (2015). *The Rise of the Value-Added Tax*. Cambridge University Press.

Jha, R. (2010). *Modern Public Economics 2nd ed.*. Routledge.

Jonker, N., C. Folkertsma and H. Bligenberg (2004). An empirical analysis of price setting behavior in the Netherlands in the period 1998-2003 using micro data. *Working Paper Series 413*. European Central Bank.

Klenow, P. J. and B. A. Malin (2011). Microeconomic evidence on price-setting. *Handbook of Monetary Economics 3A*, chapert 6.

Kosonen, T. (2015). More and cheaper haircuts after VAT cut? On the efficiency and incidence of service sector consumption taxes. *Journal of Public Economics 131*, 87-100.

Marion, J. and E. Muehlegger (2011). Fuel tax incidence and supply conditions. *NBER Working Paper 16863*.

Matsuoka, T. (2012). Retail price stickiness, market structure and distribution channels. *Working paper series 4*. Research center for price dynamics, Institute of economic research, Hitotsubashi University.

Mirrlees, J. A. (chair) (2010). *Dimensions of Tax Design*. Oxford University Press.

Mirrlees, J. A. (chair) (2011). *Tax by Design*. Oxford University Press.

Myles, G.D. (1991). An assessment of recent reluts on the tax treatment of labour inputs and intermediate goods. *Fiscal Studies 12* (4), 56-68.

Naito, H. (1999). Re-examination of uniform commodity taxes under a non-liner income tax sysytem and its implications for product effecincy. *Journal of Public Economics 71*, 168-188.

Nakamura E. (2008). Pass-Through in Retail and Wholesale. *American Economic Review 98* (2), 430-437.

Nakamura E. and J. Steinsson (2008). Five facts about prices: A reevaluation of menu cost models. *The Quarterly Journal of Economics 123* (4), 1415-1464.

Nakamura E. and D. Zerom (2010). Accounting for incomplete pass-through. *Review of Economic Studies 77* (3), 1192-1230.

OECD (2018). *Consumption Tax Trends 2018*. OECD.

Pindyck.R.S. and D.L. Rubinfeld (2018). *Microeconomics 9ᵗʰ ed.*. Pearson.

Poterba, J. M. (1996). Retail price reactions to changes in state and local sales taxes. *National Tax Journal 49* (2), 165-176.

Reinhorn, L.J. (2012). Optimal taxation with monopolistic competition. *International tax and public finance 19* (2), 216-236.

Richards, T. J., M.I. Gomez and J. Lee (2014). Pass-through and consumer search: An empirical analysis. *American Journal of Agricultural Economics 96* (4), 1049-1069.

Salanié, B. (2011). *The Economics of Taxation 2nd ed.*. MIT Press.

Sandmo, A. (1976). Optimal taxation — an introduction to the literature. *Journal of Public Economics 6*, 37-54.

Schenk A., V. Thuronyi and W. Cui (2015). *Value Added Tax — A Comparative Approach 2ⁿᵈ ed.*. Cambridge University Press.

Shioji, E. (2015). Time varying pass-thorough: Will the yen depreciation help Japan hit the inflation target? *Journal of the Japanese and International Economics 37*, 43-58.

Shioji, E and T. Uchcino (2011). Pass-through of oil prices to Japanese domestic prices. *Commodity Prices and Markets*. University of Chicago Press.

Slemrod, J. and C. Gillitzer (2014). *Tax Systems*. MIT Press.

Stahl, H. (2005). Time-dependent or state-dependent price setting? — Micro-evidence from German metal-working industries. *Working Paper Series 534*. European Central Bank.

Stiglitz, J.E. (2018). Pareto efficient taxation and expenditures: Pre- and re-distribution. *Journal of Public Economis 162* (C), 101-119.

Sudo, N, K. Ueda and K. Watanabe (2014). Micro price dynamics during Japan's lost decades. *Asian Economic Policy Review 9*. 44-64.

Tamaoka, M. (1994). The regressivity of a value added tax: tax credit method and subtraction method — A Japanese case. *Fiscal Studies 15* (2), 57-73.

Tuomala, M. (2016). *Optimal Redistributive Taxation*, Oxford University Press.

Varian, H.R. (2014). *Intermediate Microeconomics — A Modern Approach 9ᵗʰ ed.*. Norton.

Valadkhani, A. (2005). Goods and services tax effects on good and services included in the consumer price index basket. *The Economic Record 81* (255), Vol.81, 104-114. Economic society of Australia.

Vermeulen, P., D. Dias, M. Dossche, E. Gautier, I. Hernando, R. Sabbatini and H.Stahl (2007). Price setting in the Euro area — Some stylized facts from individual producer price data. *Working Paper Series 727*. European Central Bank.

論文初出一覧

第1章　日本の消費税
　書下ろし

第2章　消費税の経済理論
　書下ろし

第3章　消費者物価指数に見る消費税の転嫁
　白石浩介（2016a）「消費税率の引き上げと消費者物価」『拓殖大学政治行政研究』第7巻，pp.25-52，白石浩介（2018b）「消費税の転嫁に関する研究」名古屋市立大学リポジトリをもとに作成。

第4章　Point-of-Sale（POS）データに見る消費税の転嫁
　白石浩介（2016b）「Point-of-Sale（POS）データによる消費増税時の価格転嫁」『財政研究』第12巻，pp.119-146，有斐閣，白石浩介（2018b）「消費税の転嫁に関する研究」名古屋市立大学リポジトリをもとに作成。

第5章　マイクロデータに見る消費税の転嫁
　白石浩介（2016c）「マイクロデータを用いた消費税の価格転嫁に関する研究」『拓殖大学政治・経済・法律研究』第19巻1号，pp.41-71，白石浩介（2018a）「食料品における消費税の帰着」『拓殖大学政治行政研究』第9巻，pp.35-61，白石浩介（2018b）「消費税の転嫁に関する研究」名古屋市立大学リポジトリをもとに作成。

第6章　産業連関分析に見る消費税の転嫁
　白石浩介（2017）「産業連関分析による消費税の価格転嫁に関する研究」『拓殖大学政治行政研究』第8巻，pp.19-59，白石浩介（2018b）「消費税の転嫁に関する研究」名古屋市立大学リポジトリ，白石浩介（2019）「消費税転嫁のバリューチェーン」『拓殖大学政治行政研究』第10巻，pp.21-60をもとに作成。

索　引

【さ行】

【著者紹介】

白石　浩介 (しらいし　こうすけ)

1965 年生まれ。1988 年早稲田大学政治経済学部卒業 (経済学士)。1994 年 London School
of Economics 修士課程修了 (MSc. Economics, MSc. Politics)。2018 年名古屋市立大学
博士課程修了 (博士 (経済学))。三菱総合研究所 (1988〜2013 年)，大阪大学経済学研究
科客員助教授 (2003〜2007 年)，一橋大学経済研究所特任准教授 (2007〜2009 年) を経
て，2013 年より現職。

現在，拓殖大学政経学部教授。

主な著作に，『財政投融資制度の改革と公債市場』(共著，税務経理協会，2003 年)，「公的
年金改革のマイクロシミュレーション」(財政研究，第 5 巻，2009 年)，「米国型 EITC の
日本への導入効果」(共著，経済研究，第 61 巻第 2 号，2010 年)，「年金と高齢者就業：
パネルデータ分析」(共著，年金研究，第 6 巻，2017 年) など。

著者との契約により検印省略

令和元年 9 月 20 日　初版第 1 刷発行　　拓殖大学研究叢書（社会科学）50

消費税の転嫁と帰着
—2014年増税が物価に与えた影響—

著　者	白	石	浩	介	
発 行 者	拓	殖	大	学	
制　作	大	坪	克	行	
印 刷 所	美研プリンティング株式会社				
製 本 所	牧製本印刷株式会社				

製　作　〒161-0033　東京都新宿区
　　　　下落合2丁目5番13号　　　株式会社　税務経理協会

振　替　00190-2-187408　　電話　(03)3953-3301（編集部）
Ｆ Ａ Ｘ　(03)3565-3391　　　　　 (03)3953-3325（営業部）
URL　http://www.zeikei.co.jp/
乱丁・落丁の場合は，お取替えいたします。

ISBN978-4-419-06649-9　C3034